"十三五"职业教育国家规划教材

物流服务与管理

教育部中等职业教育专业技能课立项教材

物流单证实务

WULIU DANZHENG SHIWU

主编／刘国成　王彩娥

中国人民大学出版社
·北京·

图书在版编目（CIP）数据

物流单证实务/刘国成，王彩娥主编. —北京：中国人民大学出版社，2018.9
教育部中等职业教育专业技能课立项教材
ISBN 978-7-300-25694-8

Ⅰ.①物… Ⅱ.①刘… ②王… Ⅲ.①物流-原始凭证-中等专业学校-教材 Ⅳ.①F252

中国版本图书馆 CIP 数据核字（2018）第 069315 号

"十三五"职业教育国家规划教材
教育部中等职业教育专业技能课立项教材
物流单证实务
主　编　刘国成　王彩娥
副主编　毕丽丽　杨学映　谷家红
参　编　于寅虎　孙明燕　张洪峰
　　　　管珊珊　任义娥　张　慧
Wuliu Danzheng Shiwu

出版发行	中国人民大学出版社		
社　　址	北京中关村大街 31 号	**邮政编码**	100080
电　　话	010－62511242（总编室）		010－62511770（质管部）
	010－82501766（邮购部）		010－62514148（门市部）
	010－62515195（发行公司）		010－62515275（盗版举报）
网　　址	http：//www. crup. com. cn		
经　　销	新华书店		
印　　刷	北京宏伟双华印刷有限公司		
规　　格	185 mm×260 mm　16 开本	**版　　次**	2018 年 9 月第 1 版
印　　张	13	**印　　次**	2023 年12月第 4 次印刷
字　　数	310 000	**定　　价**	29.00 元

前 言

Preface

物流服务与管理专业要求学生不仅要熟悉各种物流理论知识，更要掌握物流设备的操作和物流现场的作业流程，对学生的实操能力要求非常高。为了使学生通过实践教学、技能训练提高实操能力，使学习过程模拟成为工作过程，实现工作与学习的结合，达到促进学生就业、为社会提供合格人才的目的，经校企共同研讨，开发了本教材。

本书内容是围绕仓储、陆运、海运、空运、多式联运单据流转展开的，力求在教学过程中不仅让学生掌握相关的作业流程，还要让学生学会填写相关单据，从而提高对仓储作业、运输作业、海运、空运和多式联运的整体认识，提高单证填制的操作效率和准确性，使学生将来入职后能很快适应物流单证岗位的相关业务要求，为职业发展和成为基层管理人才储备知识并提高技能。

本书按照货物进口和出口的实际业务流程进行设计，共分为仓储单据、陆运单据、海运单据、空运单据、多式联运单据和综合实训六个项目。本书的编写以学生为本，注重在教学过程中与学生充分互动，选用典型活动项目，由任课老师组织学生开展活动。

本书由北京市商业学校刘国成、王彩娥担任主编，北京市商业学校毕丽丽、云南保山市昌宁县职业技术学校杨学映、宁波经贸学校谷家红担任副主编。于寅虎、孙明燕、张洪峰、管珊珊、任义娥及北京络捷斯特科技发展有限公司张慧参与编写工作。

本书在编写过程中，得到了北京络捷斯特科技发展有限公司、北京祥龙物流（集团）有限公司、上海畅联国际物流股份有限公司的大力支持和帮助，编者同时还参阅、借鉴了许多专家和同行的成果，在此一并表示感谢。

由于能力、水平和编写时间有限，书中难免有不足之处，敬请广大读者提出宝贵意见和建议，以便进一步修订和完善。

编者

目 录

Contents

项目一 仓储单据

问题引入

最近，飞腾物流有限公司仓储部门招了一批实习生来从事单证制作工作。如果你是这批刚进入物流企业的实习生之一，你知道工作中涉及哪些仓储单证吗？你知道这些单证的填制方法吗？你能否快速准确地填好这些单证？希望你完成本项目的学习后，能够顺利胜任单证制作工作。

任务导读

仓储单据包括入库单、退货申请单、储位分配单、盘点单、移库单、出库单、拣货单等。仓储单据贯穿仓储类企业入库作业、在库管理、出库作业的全过程。企业每年招聘仓储人才时，都非常重视考察从业人员对仓储单证实际填制技能的掌握情况。

本项目分为三大任务：

任务一　入库单据

任务二　在库单据

任务三　出库单据

学习目标

认知目标

1. 熟悉各种仓储单据的标准形式。
2. 掌握仓储单据的填制要求和技巧。

技能目标

1. 掌握物流仓储单据的流转过程。
2. 学会缮制和应用各种仓储单据。

情感目标

1. 形成认真、细心、严谨的工作作风。
2. 形成标准化、流程化的工作意识。

任务一　入库单据

一、任务导入

2017 年 2 月 13 日，上海天宝物流有限公司配送中心的订单处理中心收到供应商上海商贸有限公司（供应商编号：S0000789）的入库通知单，详见表 1－1。

表 1－1　　入库通知单

上海商贸有限公司
入库通知单

入库通知单号：ASN201702130105
客户：上海天宝物流有限公司
收货地点：上海市××区梅华路 300 号上海天宝物流有限公司配送中心
收货人：陈刚　　电话：（021）5962××××
发货日期：2017 年 2 月 15 日　　计划到货日期：2017 年 2 月 18 日

序号	货品编号	货品名称	规格	单位	计划数量	备注
1	1001765436	男士保暖内衣 NX118	30×100 套	箱	100	
2	1001157257	女士保暖内衣 NX117	30×120 套	箱	120	
3	1001157258	女士保暖内衣 NX116	30×80 套	箱	80	
4	1002103918	儿童保暖内衣 XL165	30×50 套	箱	50	
				合计	350	

制单人：李明　　审核人：王伟　　第 1 页 共 1 页

制单要求：

（1）请以仓管员陈刚的身份为入库任务准备入库单。

（2）请以仓管员陈刚的身份填写退货申请单。

（3）请以仓管员陈刚的身份为储备任务准备储位分配单。

二、知识探究

（一）入库单

1. 入库单的含义

入库单常用于仓储作业，是甲与乙之间互相调货的凭证，如：甲给乙送去货品，然后乙制作一张入库单，上面写明什么时间收到什么货品、什么型号和多少数量，并且要写明双方责任人的名称，这张入库单可作为收款依据。这样就简化了经常合作的双方责任人之间的交易程序，也使交易更加流动化。入库单常依据入库通知单填写。

2. 入库单填制要点

（1）明确制单人。

（2）入库单号、仓库编号、供应商名称、供应商编号、入库通知单号、货品名称、货品编号、规格、单位、计划数量、制单人等信息均为录入输入状态，应以入库通知单中的相关内容为准。

（3）明确入库单的具体内容，如货品名称不能笼统填写商品类，必须按照入库通知单填写具体类别名称，其他栏也要根据入库通知单内容仔细填写。

（4）对于批次、备注栏，根据实际情况填写，若没有涉及，则不填。

（5）实际数量一栏，若没有完成入库检验，则不填；当验收合格后，再补充填写。

（二）退货申请单

1. 退货申请单的含义

退货申请单常用于仓库与供应商（客户）之间，是指双方交易的货品经过质量检验后，某一部分货品由于质量、外包装、内包装、封口、型号等问题，质检员或入库收货人拒绝将其入库时，仓库工作人员与供应商（客户）进行沟通，双方确认后由仓储管理人员向供应商（客户）提出的书面退货申请。

2. 退货申请单填制要点

（1）退货单号、供应商名称、货品名称、货品编号、规格、单位、退货数量、质检单号、退货原因、制单人、仓管员等信息必须以实际信息为准。

（2）在制单之前，应明确制单人的身份，并且确认其有无参与实际的验收作业。

（3）在退货申请单中涉及的角色有制单人和仓管员，制单人和仓管员（仓库员）可为同一人，也可为不同的人。

（4）退货申请单依据入库通知单、入库单、质检报告或相关质检单据填写。

（5）退货申请单中“退货原因”栏目依据质检报告或相关质检单据中明确说明的不合格、不能正常入库的原因填写。

（6）对于备注等信息，没有涉及的，则不填。

（三）储位分配单

1. 储位分配单的含义

储位分配单是现代仓储管理体现实效性的一种动态管理工具，重点体现货品在拣货出库时的数量、位置变化，从而配合其他仓储作业。储位分配单体现了货品在仓库处于“被保管状态”时具体的储存位置，当货品的位置发生变化时能够准确记录，使管理者能够随时掌握货品的数量、位置和去向。

2. 储位分配单填制要点

（1）作业单号、入库单号、仓库编号、制单人、库区、储位、货品名称、货品编号、规格、单位、应放数量等信息必须以实际信息为准。

（2）在制单之前，首先要明确制单人的身份，并且确认其有无参与实际的入库作业。

在储位分配单中，涉及的角色有制单人和作业人。

（3）单据表体部分关于货品的说明必须正确。

（4）储位分配单依据入库单填写。

（5）作业明细中的序号从数字 1 开始按顺序填写。

（6）备注栏信息没有涉及的，则不用填。

三、任务实施

（一）入库单的填制

2017 年 2 月 18 日上午，上海商贸有限公司入库通知单中的货物到达上海天宝物流有限公司配送中心。上海商贸有限公司所有商品的出入库和库内保管由仓储部的仓管员陈刚负责，并且查知上海商贸有限公司的商品存储在 KF001 仓库。仓管员陈刚根据上述信息编写入库单号为 ZYJHDH546 的入库单。

以仓管员陈刚的身份为入库货物准备入库单，见表 1－2。

表 1－2 **入库单**

入库单号：

仓库编号							
供应商名称			供应商编号			制单时间	
入库通知单号							
货品名称	货品编号	规格	单位	计划数量	实际数量	批次	备注

仓管员：　　　　制单人：　　　　第 1 页共 1 页

（二）退货申请单的填制

在这批货物验收过程中，仓管员陈刚发现有 5 箱编号为 1001157258 的女士保暖内衣 NX116 的外包装破损，保暖内衣已经污损。经过与供应商协商，这 5 箱保暖内衣做拒收处理并由送货司机直接带回给供应商，其他货品均与入库通知单一致。仓管员陈刚当天根据入库通知单和实际收货情况补填入库单号为 ZYJHDH546 的入库单实际收货数量，并签字确认。根据质检单号为 QT012302311 的质检单制作退货单号为 RT00210322 的退货申请单，并将退货申请单与所退商品一起由送货司机带回给供应商作为退货凭证。

以仓管员陈刚的身份填写退货申请单，见表 1－3。

表 1-3　**退货申请单**

退货单号：

供应商名称					申请日期		
货品名称	货品编号	规格	单位	退货数量	质检单号	退货原因	备注

制单人：　　　　　　仓管员：　　　　　　第 1 页共 1 页

（三）储位分配单的填制

根据货品储存原则和仓库可用货位的情况，仓管员陈刚将质量合格的男士和女士保暖内衣统一入库到 KF001 仓库的服装 5 区，其中男士保暖内衣 NX118 储存到 A00001 储位，女士保暖内衣 NX117 有 100 箱储存到 A00002 储位，20 箱储存到 A00003 储位，女士保暖内衣 NX116 储存到 A00004 储位。儿童保暖内衣属于热销商品，不入储位直接配送到各门店。仓管员陈刚于 2017 年 2 月 18 日依据此信息缮制了作业单号为 IB000012011 的储位分配单，并交操作组进行货品的入储位作业，作业结果由操作组在储位分配单上反馈。

仓管员陈刚缮制好储位分配单后，将入库单和储位分配单全部交给操作部主管王华，由王华安排作业人傅俊来完成后续的理货作业。最后根据实际情况填写实际数量并签名。

以仓管员陈刚的身份为储备任务准备储位分配单，见表 1-4。

表 1-4　**储位分配单**

作业单号：

入库单号						仓库编号			
仓管员						日期			
作业明细									
序号	库区	储位	货品名称	货品编号	规格	应放数量	实放数量	单位	备注

制单人：　　　　　　作业人：　　　　　　第 1 页共 1 页

四、任务评价

评价标准见表 1-5。

表 1-5 评价标准

项目	评价标准	成绩
入库单	每空 1 分；物料信息每行 2 分	
退货申请单	每空 1 分；物料信息每行 2 分	
储位分配单	每空 1 分；物料信息每行 2 分	

五、拓展练习

（1）入库涉及哪些单据？其中哪个单据比较难？

（2）入库单是根据什么来填写的？

（3）请在网上搜索商品入库涉及的其他单据。

（4）什么情况下需要填写退货申请单？

六、知识链接

货物检验合格，即应办理入库手续，进行登账、立卡、建档，这是货物验收入库阶段的最后环节，也是重要的基础性工作。

（一）登账

货物入库，仓库应建立详细反映货物储存的明细账，登记货物入库、出库、结存情况，用以记录库存货物动态和出入库过程。

登账的内容主要有：货物名称、规格、数量、件数、累计数（结存数）、存货人（提货人）、批次、入库时间、保质期、金额、货位号、接（发）货经办人等。

登账的规则有下列四点：

（1）必须以正式合法的凭证为依据。

（2）记账应连续、完整，不得跳行、隔页。

（3）用蓝色、黑色墨水笔记账，用红色墨水笔改错、冲账等。

（4）数字一般应占格距的 1/2。

（二）立卡

货物入库或上架后，将物品名称、规格、数量和出入库状态等内容填在料卡上，称为立卡。立卡又称为货卡、货牌，插放在货垛的正面明显位置。立卡按其作用不同，可分为货物状态卡、标志卡、储存卡。

（1）货物状态卡。货物状态卡是用于反映货物质量状态的货卡，它是货物所处的业务状态或阶段的标识，如待检、合格、隔离等。

（2）标志卡。标志卡用于反映货物的名称、规格、生产商等。

（3）储存卡。储存卡是货物入库、出库与库存动态的标识，货物入库堆码完毕，应立即建立储存卡，一垛一卡。见表 1-6。

表 1－6 **储存卡**

品名________规格________

年		摘要	入库数量	出库数量	结存数量
月	日				

（三）建档

（1）仓库应为所接收的货品或者委托人建立货品档案或客户档案，以便管理货品及与客户保持联系，也为将来可能发生的争议保留凭据。应一货一档，将该货品的技术资料、报表、记录、事故记载、作业安排、回收及入库、保管、交付的相应单证等资料的原件或者复印件与相关附件存档。

（2）档案应统一编号，妥善保管，长期保存。

（四）签单

货品验收入库后，应及时按照仓库货品检验记录的要求签回单据。

签单的作用如下：

（1）向供货单位和货主表明收到货品的情况。

（2）如有短少等情况，可作为货主向供货方交涉的依据。

任务二　在库单据

一、任务导入

（一）盘点任务

根据公司日清日结的规定，2018 年 2 月 18 日下班前，仓管员陈刚根据库存对上海商贸有限公司在 KF001 仓库的所有货品按库区分别编制了盘点单。其中，服装 3 区的库存情况见表 1－7。

制单要求：请以仓管员陈刚的身份填制服装 3 区的盘点单（盘点单号：ST0004005）。

表 1-7 库存表

库区	货位	货品编号	货品名称	规格	单位	质量状态	库存数量	批次	入库日期
服装 3 区	C01022	CMS26-991T	男士休闲 T 恤	10 件/箱	箱	正常	45	201802	2018-02-05
服装 3 区	C01023	CMS10-021Q	男士 POLO 衫	10 件/箱	箱	正常	40	201803	2018-03-02
服装 3 区	C01024	CMS10-021Q	男士 POLO 衫	10 件/箱	箱	正常	20	201801	2018-01-04

（二）移库任务

2017 年 6 月 23 日，仓管员陈刚为了提高出入库速度，根据货物的出入库频率对仓库内各储区的货物进行了优化管理，决定将立库存储区"B00300"储位上名称为联想笔记本电脑（货品编码为 9787500697176，数量为 20 箱）的货物移至立库存储区"B00000"储位上。

制单要求：请以仓管员陈刚的身份填写移库单。

二、知识探究

（一）盘点单

盘点单又称盘点卡，是定期或不定期地对仓库各个储位储存的货品进行清点，并记录账面数量与实际清点数量差异的单据。

（二）盘点单填制要点

（1）盘点单号、仓库编号、库区、储位、货品编号、货品名称、规格、单位、库存数量、实际数量、制单人、盘点人等信息必须以实际信息为准。

（2）在制单之前，应明确制单人的身份，并且确认其有无参与实际的盘点作业。在盘点单中涉及的角色有制单人和盘点人。

（3）填制盘点单有两个环节：一是在准备进行盘点，为在库盘点下达任务时填写，该环节主要的制单人为单证处，依据实际库存填写；二是由实际参与盘点作业的人员在盘点完成后依据实际盘点数量填写。

（4）单据表体部分关于货品的说明必须全部正确。

（5）备注栏有涉及的要填写，若没有涉及，则不需要填写。

（三）盘点方式

填制盘点单时，要明确盘点方式，一般采用的盘点方式有明盘、盲盘、半盲盘三种。

（1）明盘：依据制单人已经给出的盘点明细进行盘点单的补充和核实。

（2）盲盘：填制一张空白盘点单，只给出需要盘点的仓库和库区。

（3）半盲盘：列出需要盘点的库区物料明细，补充完成其他内容。

（四）移库的定义与流程

移库作业作为在库作业的一种，是根据需要调整库存储位的手段。移库是指业务流程中将库存货品从A仓库转移到B仓库或从A库位转移到B库位，再进行储存与保管。

移库作业的一般流程如下：

(1) 打印移库单。在信息系统中对库内数据进行分析后，打印移库单，交给移库作业人员。

(2) 移库作业。移库作业人员凭移库单进行移库作业，并对完成的移库作业进行确认。

(3) 调整储位。在信息系统中对确认过的移库作业进行储位信息的更新，完成移库作业。

（五）移库的目的

(1) 优化储位。根据货品的周转率进行ABC分析，对货品进行储位的移动，以优化库存结构。

(2) 提高仓储效率。为了提高库内仓储效率，对不满一个托盘的货品进行拼盘作业，以提高储位的仓储效率。

（六）移库准备

在货品移库前，要进行以下准备工作：

(1) 整理仓库。将源库区相同型号的货品集中存放、堆码整齐，并清点数量。将目标库区清扫干净，做好必要的苫垫等准备工作。

(2) 设备调配。安排两三辆叉车以便加快装卸速度、提高工作效率。

(3) 人员组织。安排两三名仓管员组织协调移库作业。

(4) 填制移库单。根据工作任务，由仓储商务人员编制移库单。

(5) 打印移库单。仓储商务人员将移库单打印出来，签字盖章，交给仓管员进行移库作业。

（七）移库反馈

移库反馈是指在移库操作结束之后，明确并核对有关物品移库操作信息的操作。主要包括以下几点：

(1) 签单。签单即签移库单。仓管员在完成入库立卡操作后，可签移库单，标注具体的目的库货位，并签上自己的姓名。

(2) 返单。仓管员将签单完毕的移库单仓库联留存，其余返给仓储商务人员。

(3) 移库确认。仓储商务人员根据仓管员签字后的移库单进行处理，主要核对货品名称、型号、数量、目的库位等信息，做移库确认。

三、任务实施

（一）完成盘点任务

根据库存情况，以仓管员陈刚的身份为服装3区的盘点任务准备盘点单（见表1-8）。

表 1-8 盘点单

盘点单号：

仓库编号					制单日期					
货品信息										
库区	储位	货品编号	货品名称	规格	单位	库存数量	实际数量	盈亏数量	损坏数量	备注

制单人： 盘点人：

（二）完成移库任务

根据仓管员陈刚的移库要求，完成联想笔记本电脑的移库任务并填写移库单（见表 1-9）。

表 1-9 移库单

作业计划单号： 编号：

下达日期			执行日期				
源库			目的库				
货品信息							
编码	名称	单位	批次	源位置	目标位置	移库量	备注

四、任务评价

评价标准见表 1-10。

表 1-10 评价标准

项目	评价标准	成绩
盘点单	每空 1 分	
移库单	每空 1 分	

五、拓展练习

（一）盘点作业

2017 年 8 月 2 日，仓库主管交给仓管员陈刚一份平堆区的库存明细（见表 1-11），要求陈刚作为盘点人员对平堆区进行一次盘点。请根据任务要求准备盘点单，并填写盘点单。

表 1-11　　平堆区库存明细表

Z00995	平堆区库存图 单位：箱								
储位	A00000	A00001	A00002	A00003	A00004	A00005	A00006	A00007	A00008
货物名称	饮水机	饮水机	饮水机	饮水机	饮水机	无	无	无	无
数量	10	10	10	10	5	0	0	0	0
储位	B00000	B00001	B00002	B00003	B00004	B00005	B00006	B00007	B00008
货物名称	冰箱	冰箱	冰箱	冰箱	冰箱	冰箱	无	无	无
数量	10	10	10	10	10	7	0	0	0
储位	C00000	C00001	C00002	C00003	C00004	C00005	C00006	C00007	C00008
货物名称	洗衣机	洗衣机	洗衣机	洗衣机	洗衣机	洗衣机	无	无	无
数量	20	20	20	20	20	10	0	0	0
储位	D00000	D00001	D00002	D00003	D00004	D00005	D00006	D00007	D00008
货物名称	3D 电视	3D 电视	3D 电视	3D 电视	3D 电视	3D 电视	无	无	无
数量	20	20	20	20	20	10	0	0	0
储位	E00000	E00001	E00002	E00003	E00004	E00005	E00006	E00007	E00008
货物名称	热水器	热水器	热水器	热水器	热水器	热水器	无	无	无
数量	20	20	20	20	20	20	0	0	0
储位	F00000	F00001	F00002	F00003	F00004	F00005	F00006	F00007	F00008
货物名称	燃气灶	燃气灶	燃气灶	燃气灶	燃气灶	燃气灶	无	无	无
数量	25	25	25	25	25	25	0	0	0

（二）移库作业

2017 年 9 月 21 日，仓管员陈刚为了提高出入库速度，根据货物出入库频率对仓库内各储区的货物进行了优化管理，决定将托盘货架区 B 排第三层的货物全部下移至本货架的第一层储位上。货物移库信息见表 1-12。

表 1-12　　货物移库信息表

源储位	B00200	B00201	B00202	B00203	B00204	B00205
货物名称	文具盒	削笔器	剪刀	胶带	尺子	橡皮
目标储位	B00000	B00001	B00002	B00003	B00004	B00005

制单要求：请根据上述信息完成移库作业制单。

六、知识链接

（一）货位管理

货位管理是指对仓库存放物资的货位进行规划、分配、使用、调整等工作。不少管理者因企业库存不大、硬件设施不全等，没有实施货位管理。其实，货位管理是一种运作思想，它以物流中心自有的定义标准，统一不同货品的属性，方便基层人员的具体操作，可有效提高物流中心的工作效率。

（二）储位管理的范围

货物进入仓库之后，应该如何科学、合理地摆放、规划和管理？这就涉及储位管理。仓库的全部作业都在保管区内进行，因此，保管区属于储位管理的管理范围。按照仓库作业性质，保管区可分为预备储区、保管储区、动管储区和移动储区 4 个储区。仓库作业和储区的关系是进货作业在预备储区、入库作业在保管储区、拣货作业在动管储区、发货作业在预备储区、配送作业在移动储区，如图 1－1 所示。

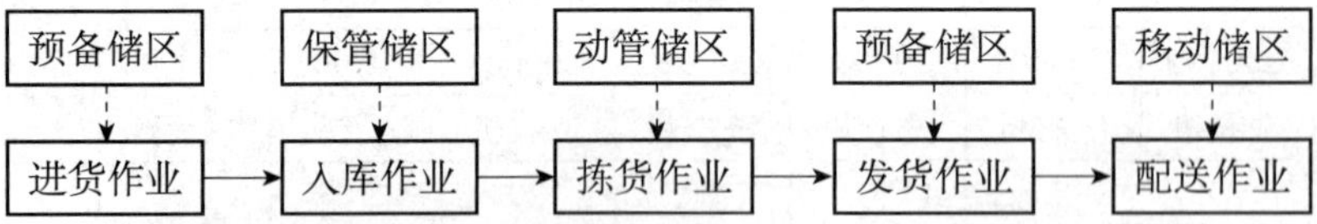

图 1－1 仓库作业与储区的对应关系

（三）货位管理的基本原则

货位管理的基本原则有以下几点：

（1）货位准确性。在仓储中，必须详细规划区分储区，并标识货位编号，从而让每一件货物都有明确的存放位置。

（2）储存有效性。依据货物保管区域的不同，寻求合适的储存单位、储存策略、指派法则，把货物有效地配置在先前规划的储位上。所谓有效性，就是根据货物合理安排相应的储位，如冷冻货物存放于冷库、易燃易爆货物存放于特殊仓库、高流通货物存放于靠近出入口处等。

（3）储货明晰性。当货物被放入储位后，要对货物的数量、品种、存放位置、拣货取出、淘汰更新和损伤等变化情况进行详细登记，做到货物与账单完全吻合。

任务三 出库单据

一、任务导入

2017 年 3 月 16 日，北京万象物流中心订单中心的计划员李圆圆收到货主北京金典日化有限公司的发货通知单。发货通知单信息见表 1－13。

表 1-13　　发货通知单

北京金典日化有限公司
发货通知单

发货通知单号：ASN201703160001

收货客户：北京家乐福有限公司
收货地址：北京市××区××西路 199 号家乐福×××店　　收货人：鲍中新
收货人电话：(010) 8335××××　　发货日期：2017 年 3 月 17 日
发货仓库：北京万象物流中心　仓库地址：北京市××路 140 号　仓库类别：第三方物流仓库
仓库联系人：李圆圆　仓库电话：(010) 8390××××

序号	货品编号	货品名称	规格	单位	计划数量	实际数量	备注
1	NHP36-202C	500ml 金典丝瓜水	500ml	箱	30		
2	NHP36-268C	100g 金典深层净化洗面乳	100g	箱	45		
3	NWQ10-359T	600ml 金典去屑洗发露	600ml	箱	20		
				合计	95		

制单人：李博　　审核人：王亮亮　　第 1 页 共 1 页

制单要求：

(1) 请以仓管员王强的身份填制出库单。

(2) 请以仓管员王强的身份填写拣货单。

二、知识探究

(一) 出库单

1. 出库单的含义

出库单是商家之间互相调货的凭证，是为了方便对账和结算、减少现金支付的一种手段。出库单一式多份，用不同颜色区分，上面填有货品名称、数量、规格、买卖方、经手人、日期等。提货方可以凭借盖印章或签名的出库单找供货方提货。

2. 出库单填制要点

(1) 出库单号、制单人根据实际情况填写。

(2) 货主名称、发货通知单号、收货客户、收货地址、收货人、收货人电话及货品信息按照发货通知单中的具体内容填写。

(3) 在准备出库单阶段，实际数量、收货人签收数量和收货人这三栏不填；在实际出库时，仓管员根据实际出库情况填写出库单实发数量并签上自己的名字；货物到达收货人处时，再由收货人签收并签名。

(4) 备注信息有涉及则填写，没有涉及的，不填。

(5) 单据表体部分关于货品的说明必须全部正确。

（二）拣货单

1. 拣货单的含义

拣货单是仓储中心给装卸搬运组依据出库单下达拣货任务时的单据，该单据记录货品在仓储中心或仓库的具体存储位置和拣货货品名称、数量。装卸搬运组按照拣货单的指令拣取货物，准备出库。

2. 拣货单填制要点

（1）制单人、制单日期和作业单号根据具体内容填写。

（2）货主名称、出库单号根据出库单填写。

（3）根据具体库存情况填写仓库编号、货品明细。

（4）拣货人和实拣数量栏要在拣货作业完成后填写，所以要看清楚制单要求中以谁的身份填制，没有完成拣货作业，这两栏不填。

（5）序号栏填写阿拉伯数字，即“1、2、3…”的形式。

（6）备注栏有涉及则填写，无涉及的不填。

（7）单据表体部分关于货品的说明必须全部正确。

三、任务实施

（一）出库单的填制

计划员李圆圆将发货通知单交接给仓储部专门负责北京金典日化有限公司货品的仓管员王强，王强首先根据发货通知单查询库存情况，北京金典日化有限公司所有货品都存放在仓库编号为 KF010 的仓库。

以仓管员王强的身份填制出库单，见表 1－14。

表 1－14　　出库单

出库单号：

货主名称					发货通知单号		
收货客户					发货日期		
收货地址				收货人			收货人电话
货品编号	货品名称	规格	单位	计划数量	实际数量	收货人签收数量	备注

仓管员：　　　　制单人：　　　　收货人：

（二）拣货单的填制

该货主所有货品的库存情况见表 1－15。

表 1-15　　库存表

库区	储位	货品编号	货品名称	规格	单位	质量状态	库存数量	批次	入库日期
日用品 3 区	R03011	XSP26-991C	250ml 金典沐浴乳	250ml	箱	正常	45	201611	2016-11-24
日用品 3 区	R03012	XSP26-991C	250ml 金典沐浴乳	250ml	箱	正常	45	201612	2016-12-05
日用品 3 区	R03013	YMP10-021Q	50g 金典迷你香	50g	箱	正常	40	201611	2016-11-02
日用品 3 区	R03014	YMP10-021Q	50g 金典迷你香	50g	箱	正常	40	201701	2017-01-04
日用品 4 区	B01001	NHP36-202C	500ml 金典丝瓜水	500ml	箱	正常	40	201611	2016-11-02
日用品 4 区	B01002	NHP36-202C	500ml 金典丝瓜水	500ml	箱	正常	40	201612	2016-12-19
日用品 4 区	B02001	NHP36-268C	100g 金典深层净化洗面乳	100g	箱	正常	45	201612	2016-12-29
日用品 4 区	B02004	NHP36-268C	100g 金典深层净化洗面乳	100g	箱	正常	35	201611	2016-11-14
日用品 5 区	B03005	NHP36-268C	100g 金典深层净化洗面乳	100g	箱	正常	30	201610	2016-10-04
日用品 5 区	B02002	NHP36-268C	100g 金典深层净化洗面乳	100g	箱	正常	45	201612	2016-12-11
日用品 5 区	B08003	NWQ10-359T	600ml 金典去屑洗发露	600ml	箱	正常	40	201701	2017-01-05
日用品 5 区	B09003	NWQ10-359T	600ml 金典去屑洗发露	600ml	箱	正常	40	201611	2016-11-17

仓管员王强根据以上库存信息并按入库日期先入先出的出库规则，于 2012 年 3 月 17 日编制了出库单号为 OB20170317104 的出库单和作业单号为 PK2017030025 的拣货单，其中拣货单交给拣货组拣货员薛超进行拣货作业。当天下午，拣货员薛超按拣货单完成了所有的拣货作业，并根据拣货情况对拣货单进行了反馈，所需货品没有出现库存不足等异常情况。

仓管员王强根据发货通知单和实际的拣货情况对出库单进行完成作业后的反馈，并于当天下午把出库单和出库的货品一起交给了配送部，由配送部进行配送。

以仓管员王强的身份填写拣货单，见表 1-16。

表 1-16　　拣货单

作业单号：

<table>
<tr><td colspan="2">货主名称</td><td colspan="3"></td><td colspan="2">出库单号</td><td colspan="3"></td></tr>
<tr><td colspan="2">仓库编号</td><td colspan="3"></td><td colspan="2">制单日期</td><td colspan="3"></td></tr>
<tr><td colspan="10">货品明细</td></tr>
<tr><td>序号</td><td>库区</td><td>储位</td><td>货品编号</td><td>货品名称</td><td>规格</td><td>单位</td><td>应拣数量</td><td>实拣数量</td><td>备注</td></tr>
<tr><td></td><td></td><td></td><td></td><td></td><td></td><td></td><td></td><td></td><td></td></tr>
<tr><td></td><td></td><td></td><td></td><td></td><td></td><td></td><td></td><td></td><td></td></tr>
<tr><td></td><td></td><td></td><td></td><td></td><td></td><td></td><td></td><td></td><td></td></tr>
<tr><td></td><td></td><td></td><td></td><td></td><td></td><td></td><td></td><td></td><td></td></tr>
<tr><td></td><td></td><td></td><td></td><td></td><td></td><td></td><td></td><td></td><td></td></tr>
<tr><td></td><td></td><td></td><td></td><td></td><td></td><td></td><td></td><td></td><td></td></tr>
<tr><td></td><td></td><td></td><td></td><td></td><td></td><td></td><td></td><td></td><td></td></tr>
</table>

制单人：　　　　拣货人：

四、任务评价

评价标准见表 1－17。

表 1－17 评价标准

项目	评价标准	成绩
出库单	每空 1 分；物料信息每行 2 分	
拣货单	每空 1 分；物料信息每行 2 分	

五、拓展练习

2017 年 10 月 26 日，青岛金椰王食品有限公司销售部王刚收到河北唐山玉田食品批发公司采购部李兴的订货单，要求订购一批原材料，于 2017 年 10 月 29 日上午 8:00 送到唐山玉田食品批发公司配送中心。10 月 27 日，仓储管理员许飞根据客户订单要求编制编号为 JHD032 的拣货单。10 月 27 日晚 6:00，许飞根据订单要求和资源编制了编号为 CKD001 的出库单。

货物信息如下：

01，椰丝，编号 CP01，箱装，100kg/箱，要求 10 箱，货物重量 1 吨。

02，椰蓉，编号 CP02，箱装，100kg /箱，要求 20 箱，货物重量 2 吨。

03，椰浆，编号 CP03，箱装，100kg /箱，要求 8 箱，货物重量 0.8 吨。

金椰王食品有限公司货物堆放的信息如下：

01，椰丝，编号 CP01，箱装，100kg /箱，存放于编号 CK02 的仓库一区。

02，椰蓉，编号 CP02，箱装，100kg /箱，存放于编号 CK02 的仓库二区。

03，椰浆，编号 CP03，箱装，100kg /箱，存放于编号 CK02 的仓库一区。

仓储部将所有货物集齐后转到仓库 CKL001D 的暂存一区存放，收到发货通知单（单号：FHTZD001）后，于 10 月 28 日装运上车。

拣货工作由仓库 CKL001D 的负责人康金负责，并负责回单。10 月 28 日，玉田食品批发公司配送中心负责人李云将货物提取装车运走。

制单要求：

（1）请以仓管员许飞的身份填写出库单。

（2）请以仓管员许飞的身份填制拣货单。

六、知识链接

（一）领料单的流转

（1）下达生产计划。

（2）物料发放。

（3）物料交接。

(4) 账目记录。

(5) 表单的保存与分发。

(二) 出库单的流转

出库单证主要是指提货单，它是向仓库提取货品的正式凭证。在仓储企业中，货品出库主要有自提和送货两种方式。

1. 自提方式下的出库单证流转

自提是提货人持提货单来仓库提货的出库形式。账务人员在收到提货单后，经审核无误，向提货人开具货品出门证，出门证上列有每张提货单的编号。出门证的第一联交给提货人，账务人员根据出门证的另一联和提货单在货品明细账出库记录栏内登账，并在提货单上签名，批注出库吨数和结存吨数，将提货单传给仓管员发货。提货人凭出门证向仓管员领取所提货品，待货付讫，仓管员应盖付讫章并签名，同时将提货单返回账务人员。提货人凭出门证提货出门，并将出门证交给门卫。门卫在每天下班前应将出门证交给账务人员，账务人员凭此与已经回笼的提货单号码和所编代号逐一核对。如果发现提货单或出门证短少，应该立即追查，不得拖延。

2. 送货方式下的出库单证流转

在送货方式下，一般采用先发货后记账的形式。提货单随同送货单经内部流转到仓库后，一般是直接给理货员，而不先经过账务人员。理货员接单后，经过理单、编写储区代号，分送给仓管员发货，待货发讫后再交给账务人员记账。采用其他的出库方式，单证的流转与账务的处理过程也基本相同。

取样和移库对于货主单位而言并不是货品的销售和调拨，但对仓库来说却是一笔出库业务。货主单位签发的取样单和移库单也是仓库发货的正式凭证，它们的流转和账务处理程序与提货单基本相同。货品的过户对于仓库来说，货品本身并不移动，只是所有权在货主单位之间转移。所以，过户单可以代替入库通知单，开给过入单位储存凭证，并另建新账务，即作入库处理；对过出单位来说，等于所有货品出库。

(三) 出库管理子系统

(1) 录入出库单。

(2) 审核，备货。

(3) 理货，确定出库单。

(4) 开出门证。

(5) 发货确认。

(6) 出库作业管理。

(7) 出库管理，出库单查询，出库作业查询。

出库流程图如图 1－2 所示。

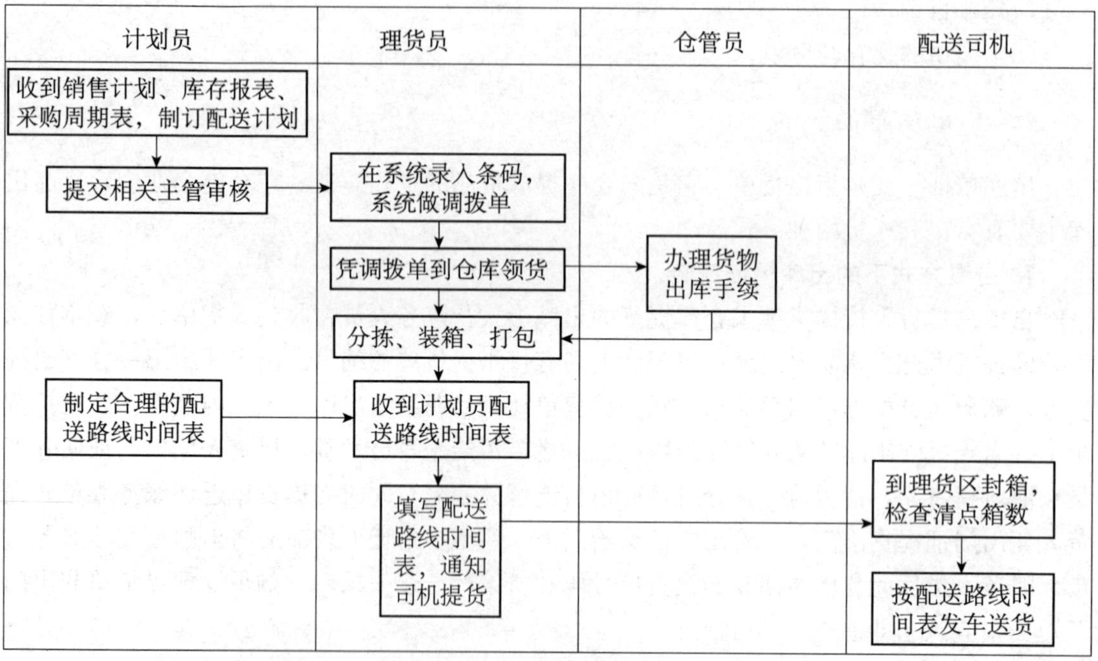

图 1－2　出库流程图

项目小结

本项目对仓储作业涉及的主要单据的填制要求和方法进行了介绍。通过学习，学生能够根据不同的实际工作需求，填制各种仓储单据，具备在仓储类企业单证岗位工作的能力，并养成认真仔细的职业习惯和严谨的职业态度。在所有的仓储单据中，储位分配单和拣货单相对比较难，需要重点学习。

实训练习

1. 入库单是根据______________________________填写的。
2. 拣货单是根据______________________________填写的。
3. 盘点的方式有哪些？
4. 在制作仓储单据时，你认为哪些单据比较难？为什么？
5. 案例分析。

2017 年 2 月 19 日，上海天宝物流有限公司订单中心收到货主上海商贸有限公司的发货通知单，信息见表 1－18。

表 1-18　　发货通知单

上海商贸有限公司
发货通知单

发货通知单号：ASN201702190007
收货客户：上海新世界百货有限公司　　收货地址：上海市××区石岩物流园 299 号
收货人：石晓宇　收货人电话：(021) 8989××××　发货日期：2017 年 2 月 20 日
发货仓库：上海天宝物流中心　仓库地址：上海市××区梅华路 300 号　仓库类别：第三方物流仓库
仓库联系人：陈刚　　仓库电话：(021) 5962××××

序号	货品编号	货品名称	规格	单位	计划数量	实际数量	备注
1	1001765436	男士保暖内衣 NX118	30×100 套	箱	40		
2	1001157257	女士保暖内衣 NX117	30×120 套	箱	70		
3	1001157258	女士保暖内衣 NX116	30×80 套	箱	40		
				合计	150		

制单人：李明　　审核人：王伟　　第 1 页 共 1 页

仓管员陈刚根据发货通知单查询库存情况后，依据库存信息，按先入先出的出库规则，于 2017 年 2 月 19 日缮制出库单号为 OC20170219107 的出库单和作业单号为 PK2017021916 的拣货单，并将拣货单交给拣货组拣货员姜伟平进行拣货作业。当天下午，拣货员姜伟平按拣货单完成所有的拣货作业并根据拣货情况对拣货单进行了反馈，所需货品没有出现库存不足等异常情况。

制单要求：

(1) 请以仓管员陈刚的身份为出库任务准备出库单。

(2) 请以仓管员陈刚的身份填制拣货单。

项目二 陆运单据

问题引入

最近，远通物流有限公司运输部门招了一批实习生，这批实习生主要从事单证制作与填写工作。如果你是这批刚进入该物流企业的实习生之一，你知道工作中会涉及哪些陆运单据吗？你知道这些单据的填制方法吗？你能否快速准确地填好这些单据？希望你完成本项目的学习后，能够顺利胜任这个岗位。

任务导读

陆运单据一般包括公路运输的运输计划、集货单、公路货物运单、货物交接清单、配载清单、送/取货调度单，以及铁路运输的铁路货物运单、铁路货票等单据。这些单据贯穿陆运运输的全过程。企业每年招聘单证人才时，非常重视考察从业人员对陆运单证实际填制技能的掌握情况。

本项目分为四大任务：

任务一　集货单据

任务二　运输交接单据

任务三　保险理赔

任务四　铁路单据

学习目标

认知目标

1. 熟悉各种陆运单据的标准形式。
2. 掌握陆运单据的填制要求和技巧。

技能目标

1. 掌握陆运单据的流转过程。
2. 学会缮制和应用各种陆运单据。

情感目标

1. 形成认真、细心、严谨的工作作风。
2. 形成标准化、流程化的工作意识。

任务一 集货单据

一、任务导入

2017年10月26日，远通物流有限公司客服部李敏收到两份客户托运订单。

托运订单一的相关信息见表2-1。

表2-1 托运订单一

运单号	YD2017102603
托运人	北大青鸟集团有限公司苏州分公司（联系人：刘涛；电话：0512-6516××××；地址：苏州长虹东路188号；邮编：215120）
托运货物	70箱液晶显示器（单件体积：0.06m^3；单件重量：11kg） 150箱电源适配器（单件体积：0.08m^3；单件重量：15kg）
收货人	北大青鸟集团有限公司北京分公司（联系人：王帅；电话：010-6257××××；地址：北京市海淀区成府路298号；邮编：100026）
托运要求	（1）要求取货和送货，取货地联系信息与托运人联系信息相同，送货地联系信息与收货人联系信息相同； （2）10月29日12:00前到货
结算	（1）结算方式：月结，托运人账户：C3378； （2）凭客户签字的运单作为回执； （3）运费为3 500元，取/送货费用各200元
投保	该票业务投保，该批货物货值18万元，保险费率为货值的1%，周婷负责向保险公司投保

托运订单二的相关信息见表2-2。

表2-2 托运订单二

运单号	YD2017102604
托运人	苏州百灵软件技术有限公司（联系人：周涛；电话：0512-6533××××；地址：苏州工业园区唯亭镇金陵东路120号；邮编：215121）
托运货物	90箱二极管（总体积：2.7m^3，总重量：1 152kg）
收货人	徐州晨光科技有限公司（联系人：杨婷；电话：0516-4321××××；地址：徐州桐山区科技园203号；邮编：221009）
托运要求	（1）要求取货和送货； （2）10月28日16:30前到货； （3）凭客户签字的运单作为回执
结算	（1）结算方式：现结； （2）取货费用和送货费用各120元，无其他杂费
投保	该票业务不投保

客服部李敏将两份托运订单信息传递给调度陆红。

10月26日，调度陆红根据收到的两份托运订单信息进行干线运输调度。调度安排见表2-3。

表2-3　　调度安排

运单号	YD2017102603，YD2017102604
车牌号	苏E 4××96
车辆属性	车辆编号为KJ1398，车容20m³，核载6吨
司机	赵秦，联系电话：1580633××××
运行情况	此干线运输车辆从苏州站的发车时间为2017年10月27日20:00，到达徐州站的时间为2017年10月28日6:00，卸下目的站为徐州的货物，并装载徐州始发去往北京的货物后，从徐州站发车的时间为2017年10月28日16:00，到达北京站的时间为2017年10月29日2:00
备注	苏州到徐州的公路里程为565km，徐州到北京的公路里程为814km

调度陆红根据以上调度安排，编制编号为YSJH2017102703的运输计划后安排集货。10月27日，陆红安排王光随车取货，司机为张弛，预计4小时完成取货作业。调度陆红编制编号为JHD1110231的集货单，发指令给场站调度张向，要求当天14:00前集货到场站，然后于18:00装车，并安排货运员陈静编制运单号为YD2017102603和YD2017102604的公路货物运单。

制单要求：

（1）请以调度陆红的身份填写运输计划，并反映其调整后的结果。

（2）请以调度陆红的身份填写集货单。

（3）请以货运员陈静的身份填写运单号为YD2017102603和YD2017102604的公路货物运单。

二、知识探究

（一）运输计划

计划调度按照本站始发及转运货物的运单需求和陆运要求，根据本站实际资源，平衡运力与运量、流向与流量，从陆运中选择合理路由，并以运输计划的形式向执行调度下达作业指令。

运输计划的编制要点如下：

（1）发运时间：填写车辆在始发站的发运时间。

（2）收货时间：填写货物到达经停站或目的站后，货物完好签收的时间。

（3）计费里程、全行程：填写始发站到目的站的公路里程。

（4）预计装载量：填写该车辆所运货物的总重量。

（5）到达时间（始发站、经停站、目的站）：分别填写车辆在经停站、目的站的预计到达时间，始发站的到达时间不用填。

（6）发车时间（始发站、经停站、目的站）：分别填写车辆在始发站、经停站的预计发车时间，目的站的发车时间不用填。

（7）经停站托运订单信息：填写车辆所载货物中，目的站为本车辆经停站的托运订单信息，其中发货人填写托运人单位，重量、体积为某条托运订单信息中的总重量和总体积，收货人填写收货人单位，收货时间为托运人的要求到货时间。

（8）目的站托运订单信息：填写车辆所载货物中，目的站为本车辆目的站的托运订单信息，其中发货人填写托运人单位，重量、体积为某条托运订单信息中的总重量和总体积，收货人填写收货人单位，收货时间为托运人的要求到货时间。

（9）备注信息：客户对所托运货物有特殊要求的在本栏注明，如“易碎商品”等。

（二）集货单

集货是将分散的或小批量的货品集中起来，以便进行运输、配送作业。集货单是按订单信息和运输计划编写的，用于集齐每票货物，一般分为调度联、场站联和统计联。

集货单的填写要点如下：

（1）单据号、班车编号、车牌号：分别填写集货单的单号、干线运输车辆的班车编号、干线运输车辆的车牌号。

（2）运单号：分别填写各运单的运单号码，如果同一张运单上有不同型号的多种货品，则分别列出各自对应的运单号。

（3）集货截止时间：填写按调度要求的集货完成时间。

（4）发车时间、预计到站时间：分别填写班车发车时间和预计到站时间，时间格式为×年×月×日×时。

（5）总数量、总体积：分别填写货物的总数、货物的体积之和。

（6）发货人、发货地址：分别填写货物的发货单位、货物发货单位的地址。

（7）始发站、目的站：填写城市名称，如“广州”。

（8）制单人：填写初次填写单据的工作人员。

（9）填表时间：填写制单人填单时间，时间格式为×年×月×日×时。

（三）公路货物运单

1. 公路货物运单的含义

公路货物运单是公路货物运输及运输代理的合同凭证，是运输经营者接受货物并在运输期间负责保管和据以交付的凭据，也是记录车辆运行和行业统计的原始凭证。

公路货物运单分为甲、乙、丙三种。其中，甲种运单适用于普通货物、大件货物、危险货物运输；乙种运单适用于集装箱汽车运输；丙种运单适用于零担货物运输。

2. 公路货物运单的填写要求

（1）一张运单托运的货物必须是同一托运人、收货人、装货地点和卸货地点；对拼装分卸的货物，应将每一拼装或分卸情况在运单记事栏内注明。

（2）易腐货物、易碎货物、易溢漏的液体、危险货物与普通货物，以及性质相抵触或运输条件不同的货物，不得用一张运单托运。

（3）托运人要求自理装卸车的，经承运人确认后，在运单内注明。

（4）托运政府限运和须经国家有关部门查验的货物时，应附有关证明和检验证明，并在运单中注明。

（5）运单应使用钢笔或圆珠笔填写，字迹清楚，内容准确。

（6）已填运单如有更改，必须在更改处签字盖章。

（7）准确填写托运人和收货人的名称（姓名）和地址（住所）、电话、邮政编码。

（8）准确表明货物的名称、性质、件数、重量、体积和包装方式。

（9）准确表明运单中的其他有关事项。

（10）一张运单托运的件货，凡不是具备同品名、同规格、同包装的，应提交物品清单。

（11）托运人对所填写的内容及所提供的有关证明文件的真实性负责，并签字盖章；托运人或承运人改动运单时，亦须签字盖章说明。

3. 公路货物运单的填写要点

（1）运单号码：填写托运单号。

（2）托运人姓名、电话、单位、详细地址、邮编：分别填写托运人的联系人姓名、电话、托运人的单位名称、托运人的地址、托运人的邮编。

（3）托运人账号：结算方式为月结的，必须填写有效的托运人账号；其他情况，如现结的，则该栏目为空。

（4）取货地联系人姓名、电话、单位、详细地址、邮编：分别填写取货地的联系人姓名、电话、取货地的单位名称、取货地的地址、取货地的邮编。

（5）收货人姓名、电话、单位、详细地址、邮编：分别填写收货人的联系人姓名、电话、收货人的单位名称、收货人的地址、收货人的邮编。

（6）收货人账号：该栏目为空。

（7）送货地联系人姓名、电话、单位、详细地址、邮编：分别填写送货地的联系人姓名、电话、送货地的单位名称、送货地的地址、送货地的邮编。

（8）始发站、目的站：填写城市名称，如“广州”。

（9）运距、全行程：填写始发站到目的站的公路里程。

（10）路由：填写货物的行走路线，格式如下。

不需中转（不更换运输工具）：始发站—目的站，如“北京—广州”；

需中转（更换运输工具）：始发站—中转站—目的站，如“北京—武汉—广州”。

（11）起运日期：需要取货的运单填写取货时间，否则填写托运人自行送站时间。

（12）取货人签字、签字时间：实际取货的人签字和签字时间。

（13）计费重量、体积：填写货物的实际总重量、实际总体积。

（14）取/送货费：填写取货费用和送货费用的合计数，精确到元。

（15）费用小计：填写运费、取/送货费、杂费的合计数，精确到元。

（16）运杂费合计：填写费用小计、保险费的合计数，精确到元。

（17）付费账号：结算方式为月结的，必须填写有效的托运人账号；其他情况，如现结的，该栏目为空。

（18）制单人：填写初次填写单据的工作人员。

（19）受理日期：需要取货的运单需填写取货时间，否则填写制单时间。

（20）受理单位：填写制单人的所在工作单位名称。

三、任务实施

（一）填写运输计划

以调度陆红的身份编制编号为 YSJH2017102703 的运输计划，见表 2－4。

表 2－4　运输计划

发运时间：　　　　　　　　　　　　　　　　　　　　　　　　编号：

车牌号		核载（t）		车容（m^3）		—	始发站	经停站	目的站
计费里程（km）		司机		联系方式		到达时间			
全行程（km）		备用金（元）		预计装载量		发车时间			

经停站托运订单信息										
发货人	发货地址	货物名称	包装方式	数量（件）	重量（kg）	体积（m^3）	收货人	收货地址	收货时间	备注

目的站托运订单信息										
发货人	发货地址	货物名称	包装方式	数量（件）	重量（kg）	体积（m^3）	收货人	收货地址	收货时间	备注

（二）填写集货单

以调度陆红的身份填写集货单，见表 2－5。

表 2-5　　　　　　　　　　　　　集货单

<table>
<tr><td colspan="2">单据号</td><td colspan="2"></td><td colspan="2">始发站</td><td colspan="2"></td><td colspan="2">集货截止时间</td><td></td></tr>
<tr><td colspan="2">班车编号</td><td colspan="2"></td><td colspan="2">目的站</td><td colspan="2"></td><td colspan="2">预计装车时间</td><td></td></tr>
<tr><td colspan="2">车牌号</td><td colspan="2"></td><td colspan="2">总数量（件）</td><td colspan="2"></td><td colspan="2">发车时间</td><td></td></tr>
<tr><td colspan="2">总重量（kg）</td><td colspan="2"></td><td colspan="2">总体积（m³）</td><td colspan="2"></td><td colspan="2">预计到站时间</td><td></td></tr>
<tr><td>序号</td><td>运单号</td><td>发货人</td><td>发货地址</td><td>货物名称</td><td>包装材料</td><td>收货人</td><td>件数（件）</td><td>重量（kg）</td><td>体积（m³）</td><td>备注</td></tr>
<tr><td></td><td></td><td></td><td></td><td></td><td></td><td></td><td></td><td></td><td></td><td></td></tr>
<tr><td></td><td></td><td></td><td></td><td></td><td></td><td></td><td></td><td></td><td></td><td></td></tr>
<tr><td colspan="2">甩货说明</td><td colspan="9"></td></tr>
</table>

制单人：　　　　　　　　　　　　　　　　　　　　　　填表时间：

（三）填写公路货物运单

以货运员陈静的身份填写运单号为 YD2017102603 和 YD2017102604 的公路货物运单，见表 2-6、表 2-7。

表 2-6　　　　**公路货物运单**

运单号码：YD2017102603

托运人姓名		电话		收货人姓名		电话	
托运人单位				收货人单位			
托运人详细地址				收货人详细地址			
托运人账号		邮编		收货人账号		邮编	
取货地联系人姓名		单位		送货地联系人姓名		单位	
电话		邮编		电话		邮编	
取货地详细地址				送货地详细地址			
始发站		目的站		起运日期		要求到货日期	
运距（km）		全行程（km）		是否取送		是否要求回执	

路由		取货		送货		运单		客户单据	

货物名称	包装方式	件数	计费重量（kg）	体积（m^3）	取货人签字	
						年　月　日　时　分
					托运人或代理人签字或盖章	
					实际发货件数（件）	
						年　月　日　时　分
					收货人或代理人签字或盖章	
合计					实际发货件数（件）	
收费项	运费	取/送货费	杂费	费用小计		年　月　日　时　分
金额（元）					送货人签字	
客户投保声明	不投保		投保			年　月　日　时　分
	投保金额（元）			保险费（元）		备注：

运杂费合计（大写）		万		仟		佰		拾		元		角	

结算方式					
现结		月结		预付款（元）	
到付		付费账号			

制单人		受理日期		年		月		日		时	受理单位	

表 2-7 **公路货物运单**

运单号码：YD2017102604

托运人姓名		电话		收货人姓名		电话							
托运人单位				收货人单位									
托运人详细地址				收货人详细地址									
托运人账号		邮编		收货人账号		邮编							
取货地联系人姓名		单位		送货地联系人姓名		单位							
电话		邮编		电话		邮编							
取货地详细地址				送货地详细地址									
始发站		目的站		起运日期		要求到货日期							
运距（km）		全行程（km）		是否取送		是否要求回执							
路由				取货		送货		运单		客户单据			
货物名称	包装方式	件数	计费重量（kg）	体积（m^3）	取货人签字								
						年		月		日		时	分
					托运人或代理人签字或盖章								
					实际发货件数（件）								
						年		月		日		时	分
					收货人或代理人签字或盖章								
合计					实际发货件数（件）								
收费项	运费	取/送货费	杂费	费用小计		年		月		日		时	分
金额（元）					送货人签字								
客户投保声明	不投保		投保			年		月		日		时	分
	投保金额（元）		保险费（元）		备注：								
运杂费合计（大写）		万		仟		佰		拾		元		角	
结算方式													
现结		月结		预付款（元）									
到付		付费账号											
制单人		受理日期		年		月		日		时	受理单位		

四、任务评价

评分标准见表 2－8。

表 2－8 评价标准

项目	评价标准	成绩
运输计划	每空 1 分	
集货单	每空 1 分	
公路货物运单	每空 1 分	

五、拓展练习

2017 年 3 月 2 日上午，北京速达物流有限公司（银行账号：69584984956××××）信息员周捷接到调度部发来的一封邮件，同时，托运人已在业务受理窗口等待受理托运。周捷迅速阅读邮件，邮件信息内容如下：

客户幸福粮油食品有限公司（银行账号：16889938783××××）有一批食用油需从北京运至上海，此批托运货品及相关详细信息见表 2－9。

表 2－9 托运业务详细信息

客户	幸福粮油食品有限公司 北京市密云区宋庄 57 号 赵清云 1390283××××
收货人	上海宏展连锁经销商 上海市闵行区中北路 90 号 李博鸣 1380872××××
装货地点	北京市密云区宋庄 57 号
卸货地点	上海市闵行区中北路 90 号
货品信息	食用植物油 10t，共 50 箱，货值 100 000 元，三等普通货物
运杂费标准	普通货物基础运价 0.2 元/t · km，装卸费 9.00 元/t，单程空驶损失费 50%运费，保价费 3‰
时间要求	3 月 3 日起运，3 月 7 日 18:00 前到达

公司目前使用的公路货物运单见表 2－10，请帮助周捷根据托运信息填制编号为 01－L10－0302 的公路货物运单，采用厢式货车进行运输，运输距离为 1 490km。

表 2-10　　　　　　　　　　　　　　　　公路货物运单

日期：　　　　　　　　　　　　　　　　　　　　　　　　运单号码：

发货人		地址		电话		装货地点					
收货人		地址		电话		卸货地点					
付款人		地址		电话		约定起运时间	月/日	约定到达时间	月/日	需要车种	
货物名称及规格	包装形式	件数	体积（m^3）	件重（kg）	重量（t）	货物价值	货物等级	计费项目			
								项目	里程（km）	单价（元）	金额（元）
								运费			
								装卸费			
								单程空驶损失费			
								保价费			
合计	万　仟　佰　拾　元										
托运人记载事项			付款人银行账号		承运人记载事项			承运人银行账号			
注意事项	1. 货物名称应填写具体品名，如货物品名过多，不能在托运单内逐一填写，必须另附货物清单； 2. 保险或保价货物，在相应价格栏中填写货物声明价格							托运人 签章 年　月　日		承运人 签章 年　月　日	

说明：

1. 填在一张货物运单内的货物必须是属同一托运人的。对拼装分卸货物，应将拼装或分卸情况在运单记事栏内注明。易腐蚀、易碎、易溢漏的液体、危险货物与普通货物，以及性质相抵触或运输条件不同的货物，不得用同一张运单托运。托运人、承运人修改运单时须签字盖章。

2. 本托运单一式两联：第一联作受理存根，第二联作托运回执。

六、知识链接

（一）运输接单方式

（1）登门受理。即由运输部门选派工作人员去客户单位办理承托手续。

（2）产地受理。在农产品上市时节，运输部门选派工作人员去产地联系运输事宜。

（3）现场受理。在省、市、地区等召开物资分配、订货、展销、交流会议期间，运输部门在会议现场设立临时托运或服务点，现场办理托运。

（4）驻点受理。对生产量较大、调拨集中、对口供应的单位，以及货物集散的车站、码头、港口、矿山、油田、基建工地等单位，运输部门可设点或巡回办理托运。

（5）电话、传真、信函、网上托运。经运输部门认可，本地或外地的货主单位可通过电话、传真、信函、网上办理托运，由运输部门的业务人员受理登记，代填托运单。

（6）签订运输合同。根据承托双方签订的运输合同或协议，办理货物运输。对于长期货运合同，每一次提货同样也要办理提货手续。

（7）站台受理。货物托运单位派人直接到运输部门办理托运。

（二）运输订单

在填制运输订单时，须向客户明确以下订单信息基本项：

（1）报价：与公司签订合同的客户订单，按合同约定报价；未与公司签订合同的客户订单，依据对外公开的报价或是通过销售员或销售经理确定价格。

（2）结算方式：每票只能选择唯一结算方式，明确付款方式。

（3）保险：根据货物价值，明确保险费率，说明责任义务。

（4）货物信息：预计货量，是否属于公司承运范围，是否已备妥货物。

（5）取货时间：向客户确认何时取货。

（6）提货相关证明或资料：一般视具体情况而定。

（7）取货/发运/派送信息：托运人和收货人的电话及详细地址，始发站，目的站。

（8）运输要求：时限，包装，取否/送否。

（9）单据需求：是否需要签单，对于此增值服务如何收费。

（三）运输调度

物流公司接到货运任务后，调度人员就要着手安排运输任务。调度工作的主要内容就是根据运输任务，安排正确的车辆、正确的驾驶员和正确的路线。

1. 车辆调度

车辆调度的目的就是安排正确的车辆，主要应考虑以下几个方面：

（1）车辆品牌。车辆品牌有东风、解放、五十铃等，在选择时应考虑这些品牌车辆的质量水平和性能，但车辆品牌的选择并不是主要的因素。

（2）车辆吨位。运输企业的车辆有限载为 3 吨、5 吨、10 吨等不同的情况，在选择吨位时，主要考虑本次运输任务的货量大小。

（3）车辆容积。车辆容积应与车辆吨位结合起来考虑。在安排车辆的时候，要通过各种途径了解货物的实际情况，许多时候，重量没问题，但超出了车辆容积。

（4）车辆货箱形式。目前，车辆货箱形式主要有平板车、低栏板车、高栏板车、篷布车、厢式车（普通厢、冷藏厢）。在安排车辆的时候，这也是必须要考虑的因素。如果是高附加值的纸箱包装货物，最好安排厢式车；如果是机械设备类的货物，应该安排平板车或低栏板车；如果需要考虑防雨，则应该安排厢式车。

（5）车况。车况的好坏是车辆安排时要重点考虑的因素。运输企业的车况肯定是有差异的。车况较好的车辆应该安排在长途运输、复杂道路、重要客户、重要货物上；车况差一些的车辆可以安排在短途运输或不是很重要的运输上，即使出现问题，影响也比较小，比较好解决问题。

2. **驾驶员安排**

调度的另一项内容就是安排驾驶员。对于“人车定位”的运输企业来说，车辆安排好了，驾驶员也就安排好了。所以在安排车辆的时候，就要考虑驾驶员的情况。在安排驾驶员时，主要考虑以下因素：

（1）驾驶经验与技术水平。在安排驾驶员的时候，这是最重要的考虑因素之一。一般情况下，应该安排驾驶经验丰富、驾驶技术好的驾驶员执行道路条件复杂的运输任务。

（2）维修技术水平。有的驾驶员具有一定的维修技术，一般的车辆故障都能自行解决，可以安排这样的驾驶员驾驶车况较差的车辆或执行长途运输任务。

（3）工作态度。驾驶员往往要直接与客户或客户的客户接触，他们的工作态度会直接影响物流企业的形象，也影响着运输质量。对于比较复杂的运输任务，一定要安排工作态度较好的驾驶员去执行，尽量避免出现麻烦。

（4）性格特点。性格内向的驾驶员，应该安排比较简单的运输任务，而那些需要与客户沟通的运输任务，最好安排性格外向、善于沟通的驾驶员去执行。性格比较急躁、喜欢开快车的驾驶员，应该少安排其跑高速和城市道路。同时安排两个驾驶员跑长途时，要考虑两个驾驶员的性格特点是否能够很好地配合。如果两个人之间存在矛盾，就会影响行车安全。

（5）文化水平。当涉及国际货运（转关运输、保税物流等）时，环节多、单证多（英文单证），就需要文化水平高一点的驾驶员去出车。

（6）身体条件。主要考虑两方面：一方面是驾驶员本身的身体条件，如身高、体重、有无病史等；另一方面是驾驶员当前的身体状况，如是否生病等。由于这些情况涉及行车安全，所以在安排出车时一定要考虑。

（7）思想状况。思想状况是指驾驶员有无思想包袱，是否愿意执行本次运输任务。调度人员不要强迫某人出车，如果他不愿意去，要了解他不愿意去的原因，做好其思想工作。如果做思想工作无效，最好更换驾驶员。

（8）家庭情况。调度人员也应该对驾驶员的家庭情况有所了解。有强烈恋家倾向的驾驶员，最好少安排他跑长途。如果知道其家里有纠纷，也最好少安排其出车。

3. **线路安排**

运输路线安排需要考虑的因素如下：

（1）道路情况。一是考虑同一辆车的货物是否同向，是否顺路；二是考虑道路的具体通行情况，如高速公路是否封闭修路等。这要求调度人员要熟悉道路情况。

（2）车辆装载情况。车辆不能超载，但也不能装载太少，如核载 8 吨的车执行长途运输任务至少要装载 6 吨以上。

（3）卸货点之间的距离。如果同一辆车上载有多个卸货点的货物，且这些地点相距比较远，要考虑前面的地点卸货后，车辆上还有多少货物。如果大多数的货物都在前面的地点卸完了，后面的长距离运输可能只有少量货物，车辆的吨位利用率就会很低。

（4）每个卸货点的卸货时间。卸货速度慢的卸货点，应尽量放在后面到达，否则会影响其他卸货点的到货时间。

（5）具体的到货时间。有的卸货点在市中心，而在很多城市，货车白天不能在市中心通行，只有晚上才能卸货。这时，就要考虑具体的到货时间，安排到货时应尽量避开白天到达该卸货点。

（6）天气条件。比如是否下雪、下雾等。

任务二　运输交接单据

一、任务导入

2017年6月10日，北京华宇物流有限公司张强接到北京震鹏腾达商贸有限公司的托运订单，具体内容见表2-11。

表2-11　托运订单信息

运单号	YD201706101
托运人	北京震鹏腾达商贸有限公司（联系人：赵城；联系电话：010-5786××××，地址：大兴亦庄开发区力宝广场9-2201；邮编：102600）
托运货物	箱包
货物详情	货物名称：箱包；数量：2箱；件数：40件；样品实际重量为25kg，每箱体积为70cm×60cm×50cm，规格为20件/箱
收货人	郑州市风和丽商贸有限公司（联系人：于海平；联系电话：0371-7175××××；地址：郑州市金水区东单北大街82号；邮编：450000）
托运要求	2017年6月15日前到达目的地
计费重量	35kg
实际重量	25kg
运费	人民币572元；其他费用（燃油附加费）人民币85.8元
支付方式	托运人预付
投保	货值为12 000元，保险费率为货值的0.06%

北京华宇物流有限公司客服人员张强获得全部托运信息后，登录公司系统录入相关信息。张强在6月10日10:50将运单号为YD201706101的托运信息编制成一张作业通知单和运单号为20170610001的公路货物运单，并将填好的资料转交公司执行调度。执行调度根据信息和公司自身情况编制运输计划和集货单，并在此基础上完成货物交接清单、配载清单、送货调度单的填制。

制单要求：

（1）请以执行调度的身份填制货物交接清单。

（2）请以执行调度的身份填制配载清单。

（3）请以执行调度的身份填制送货调度单。

二、知识探究

（一）货物交接清单

执行调度确认提交该集货单到场站，确认干线运输费用并在 TMS 待发运模块中进行相应处理，然后打开 TMS 系统的发运到达模块，将货物交接清单打印出来。

货物交接清单的填制要点如下：

（1）编号：填写货物交接清单的单号。

（2）始发站、目的站：填写城市名称，如“广州”。

（3）车牌号、车辆性质、核载、车容：分别填写干线运输货车的车牌号、车辆类别、额定载重量和车辆装载容积。

（4）发车时间、预计到站时间：分别填写班车发车时间和预计到站时间，时间格式为×年×月×日×时。

（5）运单号、客户名称、货物名称：分别填写运单号码（如果同一张运单上有不同型号的多种货品，则分别列出各自对应的运单号）、托运方的单位名称及货物品名。

（6）包装方式、件数、总体积、总重量：分别填写货物的包装、货物的数量之和、货物的体积之和、货物的重量之和。

（7）发站记事栏：分别填写货车施封锁枚数、对应的施封号码和随车设备。

（8）制单人：填写初次填写单据的工作人员。

（9）制单时间：填写制单人填单时间，时间格式为×年×月×日×时。

（二）配载清单

执行调度确认待装货物已集结到场站后，编制配载清单并传递至场站，作为货物装车作业计划。

配载清单的填制要点如下：

（1）清单编号：填写配载清单的单号。

（2）班线：填写线路名称，如“北京—郑州—西安”。

（3）班次号：填写班次编号。

（4）经停站、目的站：填写城市名称，如“广州”。

（5）车牌号、核载、车容积：分别填写干线运输货车的车牌号、额定载重量和车辆装载容积。

（6）运单号、发货人、货物名称：分别填写运单号码（如果同一张运单上有不同型号的多种货品，则分别列出各自对应的运单号）、托运方的单位名称及货物品名。

（7）包装方式、件数、总体积、总重量：分别填写货物的包装、货物的数量之和、货物的体积之和、货物的重量之和。

（8）装载要求：填写特殊货物装载时的要求。

（三）送货调度单

送货作业一般是运输作业的最后一个环节。送货不仅涉及货物空间的转移，而且涉及送货方与收货方之间权利与义务的划分，因此送货过程中货物单据的交接是很重要的。

送货调度单的填制要点如下：

（1）单号：填写送货调度单单号。

（2）货运员、车牌号：根据实际运力资源情况填写。

（3）出发时间、返回时间：按调度要求分别填写作业时间。

（4）客户信息栏运单号：按送货顺序依次填写所承运货物的运单号码。

（5）收货人、地址、电话、姓名、邮编：分别填写与运单号对应的收货人、地址、电话、姓名、邮编。

（6）货物信息栏运单号、货物名称、件数、重量、体积、包装方式：分别填写运单号及与运单号对应的所承运货物的名称、件数、重量、体积、包装方式。

（7）总数量、总重量、总体积：分别填写所有托运单的总件数之和、总重量之和、总体积之和。

（8）填表人：填写初次填写单据的工作人员姓名。

（9）填表时间：填写填制该表的年月日。

三、任务实施

（一）填制货物交接清单

集货单的所有货品集齐后，执行调度对 TMS 待发运模块进行处理，然后对 TMS 发运到达模块进行处理，填制并打印货物交接清单，见表 2-12。

表 2-12　　货物交接清单

编号：

始发站		车牌号		核载（t）		发车时间		
目的站		车辆性质		车容（m^3）		预达时间		
序号	运单号	客户名称	包装	货物名称	件数（件）	体积（m^3）	重量(kg)	备注
合计								

发站记事	施封	封锁（枚）		封号		随车设备		发站调度	发货人	司机	到站调度
到站记事	施封	封锁（枚）		封号		到达时间					
	收货及货损描述										

制单人：　　　　　　　　　　制单时间：

（二）填制配载清单

配载清单的主要用途是指导装车，并与货物交接清单相互印证，作为零担仓库与随车理货员的交接凭证，每车编制一份，见表 2－13。

表 2－13　　配载清单

制单日期：　　年　月　日

班线			班次号				清单编号		
车牌号		核载（t）		车容积(m^3)			预计载重(t)		
司机 1		联系方式		司机 2			联系方式		
经停站：									
运单号	发货人	货物名称	数量	包装	重量	体积	收货人	积载因子	装载要求
目的站：									
运单号	发货人	货物名称	数量	包装	重量	体积	收货人	积载因子	装载要求

制单：　　　　仓管员：　　　　理货员：

（三）填制送货调度单

（1）接收分析送货指令，对车辆和人力资源进行调度。

（2）在 TMS 系统中填制送货调度单，见表 2－14。

表 2－14　　送货调度单

单号：

货运员				出发时间		
车牌号				返回时间		
客户信息						
序号	运单号	收货人	地址	电话	姓名	邮编
货物信息						
运单号	货物名称	件数（件）	重量（kg）	体积（m^3）	包装方式	
总数量（件）		总重量（kg）		总体积（m^3）		

填表人：　　　　填表时间：　　年　　月　　日

四、任务评价

评价标准见表 2－15。

表 2－15　　评价标准

项目	评价标准	成绩
货物交接清单	每空 1 分	
配载清单	每空 1 分	
送货调度单	每空 1 分	

五、拓展练习

2017 年 8 月 1 日，德邦物流有限公司北京分公司李丽接到北京震鹏腾达商贸有限公司的托运订单，具体内容见表 2－16。

表 2－16　　托运订单信息

运单号	YD201708011
托运人	北京震鹏腾达商贸有限公司（联系人：赵城；联系电话：010－5786××××，地址：大兴亦庄开发区力宝广场 9－2201；邮编：102600）
托运货物	箱包
货物详情	货物名称：箱包；数量：20 箱；件数：400 件；样品实际重量为 20kg，每箱体积为 70cm×60cm×50cm，规格为 20 件/箱
收货人	郑州市风和丽商贸有限公司（联系人：于海平；联系电话：0371－7175××××；地址：郑州市金水区东单北大街 82 号；邮编：450000）
托运要求	2017 年 8 月 7 日前到达目的地
计费重量	35kg
实际重量	20kg
运费	人民币 672 元；其他费用（燃油附加费）人民币 95.8 元
支付方式	托运人预付
投保	货值为 18 000 元，保险费率为货值的 0.06%

德邦物流有限公司客服人员李丽获得全部托运信息后，登录公司系统录入相关信息。在此基础上，请帮助李丽完成货物交接清单、配载清单、送货调度单的填制。

六、知识链接

（一）公路货物运费的计算公式

整批货物运费的计算公式如下：

整批货物运费（元）＝吨次费（元/t）×计费重量（t）＋整批货物运价（元/t·km）×计费重量（t）×计费里程（km）＋货物运输其他费用（元）

其中，整批货物运价按货物运价价目计算。

零担货物运费的计算公式如下：

零担货物运费（元）＝计费重量（kg）×计费里程（km）×零担货物运价（元/kg·km）＋货物运输其他费用（元）

其中，零担货物运价按货物运价价目计算。

集装箱运费的计算公式如下：

重（空）集装箱运费（元）＝重（空）箱运价（元/箱·km）×计费箱数（箱）×计费里程（km）＋箱次费（元/箱）×计费箱数（箱）＋货物运输其他费用（元）

其中，重（空）箱运价按计价类别和货物运价价目计算。

计时包车运费的计算公式如下：

包车运费（元）＝包车运价（元/t·h）×包用车辆吨位（t）×计费时间（h）＋货物运输其他费用（元）

其中，包车运价按照包用车辆的不同类别分别制定。

由以上公路货物运费的计算公式可以看出，计算公路货物运费，关键在于明确公路货物运输的运价价目、计费重量（箱数）、计费里程（时间）和货物运输的其他费用。

（二）公路货物运价价目

1. 基本运价

（1）整批货物基本运价：指一等整批普通货物在等级公路上运输的每吨公里运价。

（2）零担货物基本运价：指零担普通货物在等级公路上运输的每千克公里运价。

（3）集装箱基本运价：指各类标准集装箱重箱在等级公路上运输的每箱公里运价。

2. 吨（箱）次费

（1）吨次费：对整批货物运输，在计算运价费用的同时按货物重量加收吨次费。

（2）箱次费：对汽车集装箱运输，在计算运价费用的同时按不同箱型加收箱次费。

3. 普通货物运价

普通货物实行分等计价，以一等货物为基础，二等货物加成15％，三等货物加成30％。

4. 特种货物运价

（1）大型特型笨重货物运价分为两级：一级大型特型笨重货物在整批货物基本运价的基础上加成40％～60％；二级大型特型笨重货物在整批货物基本运价的基本上加成60％～80％。

（2）危险货物运价分为两级：一级危险货物在整批（零担）货物基本运价的基础上加

成 60%～80%；二级危险货物在整批（零担）货物基本运价的基础上加成 40%～60%。

（3）贵重、鲜活货物运价。在整批（零担）货物基本运价的基础上加成 40%～60%。

5. 特种车辆运价

按车辆的不同用途，特种车辆运价在基本运价的基础上加成计算。特种车辆运价和特种货物运价两个价目不准同时加成使用。

6. 非等级公路货运运价

在整批（零担）货物基本运价的基础上加成 10%～20%。

7. 快速货运运价

按计价类别在相应运价的基础上加成计算。

8. 集装箱运价

（1）标准集装箱运价。重箱运价按照不同规格箱型的基本运价执行，空箱运价在标准集装箱重箱运价的基础上减成计算。

（2）非标准箱运价。重箱运价按照不同规格的箱型，在标准集装箱基本运价的基础上加成计算，空箱运价在非标准集装箱重箱运价的基础上减成计算。

（3）特种箱运价。在箱型基本运价的基础上按装载不同特种货物的加成幅度加成计算。

9. 出入境汽车货物运价

按双边或多边出入境汽车运输协定，由两国或多国政府主管机关协商确定。

（三）公路货物运费的计价标准

1. 计费重量（箱数）

（1）计量单位。

1）整批货物运输以 t 为单位。

2）零担货物运输以 kg 为单位。

3）集装箱运输以箱为单位。

（2）计费重量（箱数）的确定。

1）一般货物。整批、零担货物的计费重量均按毛重（含货物包装、衬垫和运输需要的附属物品）计算。货物计费重量一般以起运地过磅重量为准。起运地不能或不便过磅的货物，由承、托双方协商确定计费重量。

2）轻泡货物。整批轻泡货物的计费重量按车辆标记吨位计算。零担运输轻泡货物以货物包装最长、最宽、最高部位尺寸计算体积，按每立方米折合 333kg 计算其计费重量。

3）包车运输的货物。按车辆的标记吨位计算其计费重量。

4）散装货物。散装货物包括砖、瓦、砂、土、矿石、木材等，按体积由各省、自治区、直辖市统一规定的重量换算标准计算其计费重量。

5）托运人自理装车的货物。按车辆额定吨位计算其计费重量。

6）统一规格的成包成件货物。根据某一标准件的重量计算全部货物的计费重量。

7）接运其他运输方式的货物。无过磅条件的，按前程运输方式运单上记载的重量计算。

8）拼装分卸的货物。按最重装载量计算。

2. 计费里程

（1）计费里程的单位。公路货物运输计费里程以 km 为单位，尾数不足 1km 的，进整为 1km。

（2）计费里程的确定。

1）货物运输的计费里程，按装货地点至卸货地点实际载货的营运里程计算；营运里程以省、自治区、直辖市交通行政主管部门核定的营运里程为准，未经核定的里程，由承、托双方商定。

2）同一运输区间有两条（含两条）以上营运路线可供行驶时，应按最短的路线计算计费里程或按承、托双方商定的路线计算计费里程。

3）拼装分卸的货物，其计费里程为从第一装货地点起至最后一个卸货地点止的载重里程。

4）出入境汽车货物运输的境内计费里程以交通主管部门核定的里程为准；境外里程按毗邻国（地区）交通主管部门或有权认定部门核定的里程为准。未核定里程的，由承、托双方协商或按车辆实际运行里程计算。

5）因自然灾害造成道路中断，车辆需绕道行驶的，按实际行驶里程计算。

6）城市市区里程按当地交通主管部门确定的市区平均营运里程计算；当地交通主管部门未确定的，由承、托双方协商确定。

3. 计时包车货运计费时间

（1）计时包车货运计费时间以小时为单位，起码计费时间为 4 小时；使用时间超过 4 小时，按实际包用时间计算。

（2）整日包车，每日按 8 小时计算；使用时间超过 8 小时，按实际使用时间计算。

（3）时间尾数不足半小时的舍去，达到半小时的进整为 1 小时。

4. 运价的单位

各种公路货物运输的运价单位分别为：

（1）整批运输：元/（t·km）。

（2）零担运输：元/（kg·km）。

（3）集装箱运输：元/（箱·km）。

（4）包车运输：元/（吨位·小时）。

出入境运输，涉及其他货币时，在无法按统一汇率折算的情况下，可使用其他自由货币为运价单位。

（四）公路货物运输的其他费用

1. 调车费

应托运人要求，车辆调出所在地而产生的车辆往返空驶，应计收调车费。

2. 延滞费

车辆按约定时间到达约定的装货或卸货地点，因托运人或收货人责任造成车辆和装卸延滞，应计收延滞费。

3. 装货（箱）落空损失费

应托运人要求，车辆开至约定地点装货（箱）落空造成的往返空驶里程，按其运价的50%计收装货（箱）落空损失费。

4. 排障费

运输大型特型笨重物件时，因对运输路线的桥涵、道路及其他设施进行必要的加固或改造所发生的费用，称为排障费。排障费由托运人负担。

5. 车辆处置费

应托运人要求，运输特种货物、非标准箱等需要对车辆进行改装、拆卸和清理所发生的工料费用，称为车辆处置费。车辆处置费由托运人负担。

6. 检验费

在运输过程中，国家有关检疫部门对车辆的检验费及因检验造成的车辆停运损失，由托运人负担。

7. 装卸费

装卸费由托运人负担。

8. 通行费

货物运输需支付的过渡、过路、过桥、过隧道等通行费由托运人负担，承运人代收代付。

9. 保管费

货物运达后，明确由收货人自取的，从承运人向收货人发出提货通知书的次日（以邮戳或电话记录为准）起计，第4天开始核收货物保管费；应托运人的要求或托运人的责任造成的需要保管的货物，计收货物保管费。货物保管费由托运人负担。

10. 道路阻塞停车费

公路货物运输过程中，如因自然灾害等不可抗力造成道路阻滞，无法完成全程运输，需要就近卸存、接运的，卸存、接运费用由托运人负担。

11. 运输变更手续费

托运人要求取消或变更货物托运手续，应收变更手续费。

（五）公路货物运费的结算

结算公路货物运费时，应遵守以下规定：

（1）货物运费在货物托运、起运时一次结清，也可按合同采用预付费用的方式，随运随结或运后结清。托运人或者收货人不支付运费、保管费及其他运输费用的，承运人对相应的运输货物享有留置权，但当事人另有约定的除外。

（2）运费尾数以元为单位，不足1元时四舍五入。

（3）货物在运输过程中因不可抗力灭失，未收取运费的，承运人不得要求托运人支付运费；已收取运费的，托运人可以要求返还。

任务三　保险理赔

一、任务导入

烟台华宝有限公司与烟台鹏捷物流有限公司签订了一份货物运输合同，委托其将一批电子音乐玩具（编号：100A45；数量：200件）运送至济南。烟台鹏捷物流有限公司采用公路运输的方式（9.6米敞车），准备于2017年11月6日起运，该批货物先由烟台运送至潍坊，再由潍坊转运至目的地济南。烟台鹏捷物流有限公司为规避运输风险，为承运的此批货物购买了一份陆上货物运输保险，保险金额为10 000元，保险险别为基本险。

制单要求：请填写国内货物运输险投保单。

二、知识探究

（一）陆上货物运输保险的概念

陆上货物运输保险是货物运输保险的一种。陆上货物运输保险的责任起讫采用“仓至仓”责任条款。陆上货物运输保险的索赔时效为2年，从被保险货物在最后目的地车站全部卸离车辆后开始计算。中国人民保险公司的陆上货物运输保险条款以火车和汽车为限，其主要险别分为陆运险和陆运一切险。

（二）陆上货物运输保险的险别

1. 陆运险

陆运险的责任范围如下：

（1）被保险货物在运输途中遭受暴风、雷电、洪水、地震等自然灾害，或由于运输工具遭受碰撞倾覆、出轨，或在驳运过程中因驳运工具遭受搁浅、触礁、沉没、碰撞，或由于遭受隧道坍塌、崖崩，或失火、爆炸等意外事故造成的全部损失或部分损失。

（2）被保险人对遭受危险的承保责任范围内的货物采取抢救、防止或减少货损的措施而支付的合理费用，但以不超过该被救货物的保险金额为限。

2. 陆运一切险

陆运一切险的责任范围除了陆运险的责任外，保险人还负责被保险货物在运输途中由于外来原因所致的全部损失或部分损失。

（三）陆运险的免责范围

（1）被保险人的故意行为或过失所造成的损失。

（2）属于发货人责任所引起的损失。

（3）在保险责任开始前，被保险货物已经存在的品质不良或数量短差所造成的损失。

（4）被保险货物的自然损耗、本质缺陷、特性，以及因市价跌落、运输延迟所引起的损失和费用。

（5）陆上货物运输战争险条款和陆上货物运输罢工险条款规定的责任范围和除外责任。

（四）保险的索赔

被保险人应按照保单的规定向保险公司办理索赔手续，同时还应以收货人的身份向承运人办妥必要的手续，以维护自己的索赔权利。

1. 损失通知

当被保险人获悉或发现保险货物遭损时，应马上通知保险人，以便保险人检验损失，提出施救意见，确定保险责任，查核发货人或承运人责任。延迟通知会耽误保险人进行有关工作，引起异议，影响索赔。

2. 向承运人等有关方提出索赔

被保险人或其代理人在提货时若发现货物明显受损或整件短少，除向保险公司报损外，还应立即向承运人、受托人、海关、港务局等索取货损货差证明。若这些损失涉及承运人、受托人或其他有关方面（如码头、装卸公司）的责任，应立即以书面形式向其提出索赔，并保留追偿权利，必要时还要申请延长索赔时效。

3. 采取合理的施救、整理措施

保险货物受损后，被保险人应该对受损货物采取措施，防止损失扩大。由于相对于保险人而言，被保险人对于货物的性能、用途更加熟悉，因此，残货原则上由货方处理。

4. 备全必要的索赔单证

（1）保单或保险凭证正本。

（2）运输契约，如提单、运单和邮单等。

（3）发票。

（4）装箱单、磅码单。

（5）向承运人或责任方请求赔偿的书面文件。

（6）检验报告。

（7）海事报告摘录或海事声明书。

（8）货损货差证明。

（9）索赔清单。

（五）保险单的填制

保险单的填制要点如下：

（1）被保险人：要按照保险利益的实际有关人填写。

（2）标记：应该和提单上所载的标记符号相一致，特别要同刷在货物外包装上的实际标记符号一样，以免索赔时引起检验、核赔、确定责任的混乱。

（3）保险货物名称：要具体填写，一般不要笼统地写纺织品、百货、杂货等。

（4）保险金额：通常按照发票 CIF 价加成 10%～20%计算，如发票价为 FOB 带保险或 CFR，应将运费、保费相应加上去，再另行加成。需要指出的是，保险合同是补偿性合同，被保险人不能通过保险赔偿获得超过实际损失的赔付，因此溢额投保（如过高的加成、明显偏离市场价格的投保金额等）是不能得到全部赔付的。

（5）运输工具及转载工具：需写明运输工具，转运也需注明，联运需注明联运方式。

（6）航程或路线：如到目的地的路线有两条，要写上自××经××至××。

（7）承保险别：必须注明承保险别，如有特别要求也在这一栏填写。

（8）赔款偿付地点：除特别声明外，一般在保险目的地支付赔款。

其他注意事项如下：

（1）应在运输工具开行前投保。

（2）投保申报情况必须属实。

（3）投保险别、币种及其他条件必须和信用证上所列保险条件的要求一致。

（4）投保后发现投保项目有错漏的，要及时向保险公司申请批改，如保险目的地变动、船名错误、保险金额增减等。

三、任务实施

填写国内货物运输险投保单，见表 2－17。

表 2－17　　国内货物运输险投保单

编号：

我处下列货物拟向你处投保国内货物运输保险：

<table>
<tr><td colspan="2">被保险人</td><td colspan="9"></td></tr>
<tr><td colspan="2">标记或发票号码</td><td colspan="3">保险货物名称</td><td colspan="3">件数</td><td colspan="2">提单或通知单号次</td><td>保险金额</td></tr>
<tr><td colspan="2"></td><td colspan="3"></td><td colspan="3"></td><td colspan="2"></td><td></td></tr>
<tr><td colspan="2"></td><td colspan="3"></td><td colspan="3"></td><td colspan="2"></td><td></td></tr>
<tr><td>运输工具及转载工具</td><td></td><td colspan="7">约于　　年　　月　　日起运</td><td>赔款偿付地点</td><td></td></tr>
<tr><td>运输路线</td><td>自</td><td colspan="2"></td><td>经</td><td colspan="2"></td><td>到</td><td></td><td>转载地点</td><td></td></tr>
<tr><td rowspan="2">承保险别</td><td colspan="2">基本险</td><td colspan="3">附加险别</td><td colspan="3">基本险费率（%）</td><td colspan="2">附加险费率（%）</td></tr>
<tr><td colspan="2"></td><td colspan="3"></td><td colspan="3"></td><td colspan="2"></td></tr>
<tr><td colspan="11">投保单位（签章）</td></tr>
</table>

四、任务评价

评价标准见表 2－18。

表 2－18　评价标准

项目	评价标准	成绩
投保单	每空 1 分	

五、拓展练习

2016 年 6 月 15 日，沈阳某运输公司投保了国内公路货物运输定额保险，保期一年。被保险人为沈阳某运输公司，并且保的是主险，保险金额 30 万元，保险费率 10‰，保险费3 000 元。2016 年6 月 30 日，该运输公司从沈阳经公路至哈尔滨运输汽车配件，7 月 1 日到达哈尔滨，在卸货时发现一件汽车配件受损。被保险人向保险人报案并索赔。由于是异地出险，故保险公司委托哈尔滨分公司查勘定损，并根据哈尔滨分公司出具的现场查勘报告，确认所运输的汽车零件受损情况属实。

制单要求：请根据以上资料填制国内货物运输险投保单。

六、知识链接

被保险人有如下义务：

（1）被保险货物运抵保险单所载目的地以后，被保险人应及时提货。当发现被保险货物遭受任何损失时，应立即向保险单上所载明的检验、理赔代理人申请检验。如发现被保险货物整件短少或有明显残损货痕迹，应立即向承运人、受托人或有关当局索取货损货差证明。如果货损货差是由于承运人、受托人或其他有关方面的责任造成的，应以书面方式提出索赔，必要时还需取得延长时效的认证。

（2）对遭受危险的承保责任范围内的货物，应迅速采取合理的抢救措施，防止或减少货物损失。

（3）在向保险人索赔时，必须提供下列单证：保险单正本、提单、发票、装箱单、磅码单、货损货差证明、检验报告和索赔清单。如涉及第三者责任，还须提供向责任方追偿的有关函电及其他必要单证或文件。

任务四　铁路单据

一、任务导入

2017 年 4 月 16 日，王先生从杭州给广州的表弟寄东西，他选择了铁路托运物品的方式。具体托运的物品有：电视机 1 台，价值 2 850 元，15kg；洗衣机 1 台，价值 3 320 元，40kg；沙发 1 组，价值 7 800 元，45kg；电冰箱一台，价值 3 300 元，40kg。请完成相关单据的填写。

二、知识探究

（一）铁路货物运单的概念与填制要求

1. 铁路货物运单的概念

铁路货物运单是托运人与承运人为运输货物而签订的一种运输合同或运输合同的组成部分，它是确定托运人、承运人、收货人在铁路运输过程中的权利、义务和责任的原始依据。铁路货物运单既是托运人向承运人托运货物的申请书，也是承运人承运货物和核收运费、填制货票以及编制记录和备查的依据。

2. 铁路货物运单的填制要求

（1）发站、到站（局）：分别按铁路货物运价里程表规定的站名完整填写，不得填写简称。“到站（局）”填写到达主管铁路局名的第一个字，如“哈”“上”“广”等。

（2）到站所属省（市）、自治区：填写到站所在地的省（市）、自治区名称。托运人填写的到站、到达局和到站所属省（市）、自治区名称，三者必须相符。

（3）托运人：详细填写发货人姓名或发货单位的名称、地址和联系电话。

（4）收货人：详细填写收货人姓名或收货单位的名称、地址和联系电话。

（5）件数：按货物名称和包装种类，分别记明件数。若是集装箱运输，则以集装箱的个数为准，而不是按货物的件数计算。

（6）包装：以货物的外包装为准。若是集装箱货物，应在包装栏填写“集装箱”，并注明是几吨箱。

（7）货物价格：按货物的实际价格计算。

（8）托运人确定重量：集装箱货物以集装箱的最大载重量计算。

（二）铁路货票

铁路货票是铁路运营的主要票据之一，是铁路部门运输统计、财务管理、货流货物分析的原始信息，也是运输指挥作业不可缺少的基础依据。在车站，铁路货票具有货物运输合同运单副本的性质，是处理货运事故、向收货人支付逾期违约金和补退运杂费的依据；在运输过程中，铁路货票又是货物运输凭证，它跟随货物一直到达目的站。

铁路货票从运输业务上分为普通、联运、军运等不同形式。

铁路货票从货物运载形式上分为整体、零担、集装箱三种。

铁路货票票面记载的内容包括货物的运输、流向、名称、数量、包装、重量、计费等信息。根据运单填制的铁路货票印有固定号码，为四联复写式票据。

（三）货运记录

货运记录是指货物在铁路运输过程中（包括承运前保管和交付完毕后点回保管）发生货损、货差、有货无票、有票无货或其他情况，需要证明铁路同托运人或收货人间的责任时，由铁路编制的一种证明文件。

货运记录是分析货运事故发生的原因、确定责任方的根据，是承运人与托运人或收货人的经济纠纷中起法律效用的证明文件，也是托运人或收货人向承运人要求赔偿货物损失的依据。

三、任务实施

（一）铁路货物运单的填写

当事人的基本资料如下。

托运人：王伟；手机号码：13××××××××××；住址：杭州市××西街 120 号；邮编：3×××××。

收货人：李军；手机号码：15××××××××××；住址：广州市××天河路 185 号；邮编：5×××××。

铁路方采用 P117 次列车托运，施封号码为 118760，篷布号码为 2867，货票号码为 3576，运输号码为 789045。

根据以上内容完成铁路货物运单，见表 2－19。

表 2－19 **铁路货物运单**

货物指定于　月　日　　　××铁路局

货位

计划号码或运输号码：　　**货物运单**

运到期限 2 日　　托运人→发运人→到站→收货人　　货票第　　号

承运人/托运人	装车
承运人/托运人	装车

托运人						承运人					
发站		到站（局）				车种车号		货车标重			
到站所属省（市）、自治区						施封号码					
托运人	名称					经由		铁路货车篷布号码			
	住址		电话								
收货人	名称					运价里程		集装箱号码			
	住址		电话								
货物名称	件数	包装	货物价格	托运人确定重量（千克）	承运人确定重量（千克）	计费重量	运价类型	运价号	运价率	现付	
										费别	金额
合计											
托运人记载事项		保险：			承运人记载事项						

注：本单不作为收款凭证，托运方签约须知见背面。 规格：350×185mm	托运方盖章或签字 年　月　日	日期戳 到站交付	日期戳 发站承运

领货凭证

车种及车号

票第　　号

到期限　日

发站		
托运人		
收货人		
货物名称	规格	重量
托运人盖章或签字		
发站承运日期戳		

（二）填写铁路货票

铁路货票包括甲、乙、丙、丁四联，甲联见表2-20，丁联背面见表2-21。

表2-20　　铁路货票（甲联）

计划号码或运输号码　　　　（3）货　票　　　　甲　联

货物运到期限　　日　　　　发站存查　　　　A00001

发站		到站（局）			车种车号		货车标重		承运方/托运方装车
托运人	名称				施封号码				承运方/托运方施封
	住址		电话		铁路货车篷布号码				
收货人	名称				集装箱号码				
	住址		电话		经由		运价里程		
货物名称	件数	包装	货物重量（千克）		计费重量	运价号	运价率	现付	
			发货人确定	铁路确定				费别	金额
								运费	
								装费	
								取送车费	
								过秤费	
合计									
记事								合计	

发站承运日期戳

经办人盖章

表2-21　　铁路货票（丁联背面）

1. 货物运输变更事项

受理站	电报号	变更事项	运杂费收据号码
处理站日期戳	经办人盖章		

2. 关于记录事项

编制站	记录号	记录内容

3. 交接站日期戳

1.	2.	3.	4.	5.	6.

4. 货车在中途站摘车事项

车种、车号、车次、时间	摘车原因	货物发出时间、车次、车种、车号

摘车站日期戳　　　　经办人盖章

车种、车号、车次、时间	摘车原因	货物发出时间、车次、车种、车号

摘车站日期戳　　　　经办人盖章

四、任务评价

评价标准见表 2 - 22。

表 2 - 22　　评价标准

项目	评价标准	成绩
铁路货物运单	每空 1 分	
铁路货票	每空 1 分	

五、拓展练习

2018 年 3 月 18 日，青岛铁路货运营业部接待了一名客户，要求将一批服装运到广州。

托运人信息如下：

公司名称：青岛海宇服装有限公司，地址：青岛南京北路 387 号，电话：87695238，联系人：王国仁。

收货人信息如下：

公司名称：广州君兰经贸有限公司，地址：广州海昌南路 17 号，电话：31386007，联系人：张静。

托运货物信息见表 2 - 23。

表 2 - 23　　托运货物信息

货物名称	包装	规格（长×宽×高）	数量（箱）	重量（kg）	金额（元）
海宇服装	纸箱	90cm×70cm×80cm	50	8 400	18 000
注意事项	防止雨淋，注意防潮				

货物预计于 3 月 20 日进入青岛铁路货运站 3 号仓库，放入 A035627 货位。

根据青岛火车站的货物运营标准，服装的运价号为 7，基价 1 为 30 元/吨，基价 2 为 0.125 元/吨・公里，装卸按计重收费 40 元/吨。

青岛火车站到广州火车站的运营距离为 2 100km，青岛站始发，整车运输，预计运输时间为 2 天，3 月 23 日到达广州站，棚车标重 70t，棚车号码 P13916，由青岛火车货运站负责装车，青岛，有限公司施封，施封号码 03125。

3 月 20 日，货物运至青岛火车货运站指定货位，青岛货运站营业室工作人员编制运输号码为 QD025317、货票号码为 QD057683 的运单。

纸箱包装，不是轻泡货。

制单要求：请以青岛铁路货运营业部工作人员的身份填写铁路货物运单。

六、知识链接

（一）铁路货物运输种类

现行铁路货物运输种类分为整车、零担和集装箱。整车适用于大宗货物，零担适用于零星货物，集装箱适用于精密、贵重、易损货物。

托运人可以依据货物数量、性质、状态、形体等特点加以选择，达到安全、迅速、经济、便利地运送货物的目的。

（二）按一批运输办理的条件

铁路运输货物以批为单位。“一批”就是一个运输单位，也是承运人计算货物运输费用的一个单位。一批货物的托运人、收货人、发站、到站、装卸地点必须相同（整车分卸的货物可以例外）。

整车货物以一车为一批（但跨装、爬装和使用游车的货物，可以每一车组为一批），零担货物以每张货物运单所托运的货物为一批，集装箱货物以每张货物运单所托运的集装箱数为一批（每批必须同一箱型，至少一箱，最多不得超过铁路一辆货车所能装运的箱数）。

下列情况不能按一批办理：

（1）易腐货物与非易腐货物。

（2）危险货物与非危险货物。

（3）根据货物性质，不能混装运输的货物。

（4）保价运输货物与非保价运输货物。

（5）投保运输险的货物与未投保运输险的货物。

（6）运输条件不同的货物。

（三）货物运输合同

办理铁路货物运输，托运人与承运人应签订运输合同。大宗整车货物的运输合同可按季度、半年度、年度或更长期限签订，并提出月度铁路运输计划。其他整车货物可用铁路货物运输服务订单作为运输合同。整车货物交运时，还须向承运人递交铁路货物运单，零担货物和集装箱货物以铁路货物运单作为运输合同。

托运人在货物托运后，由于特殊原因需要变更的，经承运人同意，可以在货物所在的途中站或到站办理变更到站或收货人。由于货物运输合同的变更，打乱了正常的运输秩序，降低了货物计划运输质量，有时还会增加货车在途的调车作业和非生产停留时间，延缓货物送达，因此铁路对货物运输合同的变更采取了限制措施。下列情况，铁路不予办理货物运输合同的变更：

（1）违反国家法律、行政法规、物资流向、运输限制的变更。

（2）变更后，货物运到期限大于容许运输期限的。

（3）变更一批货物中的一部分。

（4）第二次变更到站。

货物运输变更要求书如表 2 - 24 所示。

表 2-24　　　　货物运输变更要求书

<table>
<tr><td>受理变更的序号</td><td>第　　号</td></tr>
</table>

提出变更单位名称和住址（印章）　　　　年　月　日

<table>
<tr><td>变更事项</td><td colspan="6"></td></tr>
<tr><td rowspan="5">原票据记载事项</td><td>运单号码</td><td>发站</td><td>到站</td><td>托运人</td><td>收费人</td><td>办理种别</td></tr>
<tr><td></td><td></td><td></td><td></td><td></td><td></td></tr>
<tr><td>车种车号</td><td colspan="2">货物名称</td><td>种数</td><td>数量</td><td>承运日期</td></tr>
<tr><td></td><td colspan="2"></td><td></td><td></td><td></td></tr>
<tr><td>记事</td><td colspan="5"></td></tr>
<tr><td>承运人记载事项</td><td colspan="4"></td><td colspan="2">经办人</td></tr>
</table>

（四）铁路货物运输服务订单

铁路货物运输服务订单是铁路运输企业在办理货物运输和运输服务时使用的，是铁路货物运输合同的组成部分，分为整车货物运输服务订单（如表 2-25 所示）和零担、集装箱、班列运输服务订单两种类型。铁路货物运输服务订单由铁路承运人提供，具有运输服务项目选择、报价和运力安排的功能。

表 2-25　　　　整车货物运输服务订单

铁路货物运输服务订单（整车）

年　月

<table>
<tr><td colspan="8" rowspan="2">提表时间：　　年　月　日
要求运输时间：　　日至　日
受理号码：</td><td colspan="3">发站</td><td colspan="7">名称　　　　略号</td></tr>
<tr><td colspan="3">发货单位盖章</td><td colspan="7">省/部名称　　代号
发货单位名称　　代号
地址　　　　电话</td></tr>
<tr><td rowspan="3">顺号</td><td colspan="3">到局：　　代号：</td><td colspan="4">收货单位</td><td colspan="3">货物</td><td rowspan="3">车种代号</td><td rowspan="3">车数</td><td rowspan="3">特征代号</td><td rowspan="3">换装港</td><td rowspan="3">终到港</td><td rowspan="3">报价（元/吨）（元/车）</td><td rowspan="3">备注</td></tr>
<tr><td rowspan="2">到站</td><td rowspan="2">到站电报略号</td><td rowspan="2">专用线名称</td><td colspan="2">省/部</td><td rowspan="2">名称</td><td rowspan="2">代号</td><td colspan="2">品名</td><td rowspan="2">吨数</td></tr>
<tr><td>名称</td><td>代号</td><td>名称</td><td>代码</td></tr>
<tr><td></td><td></td><td></td><td></td><td></td><td></td><td></td><td></td><td></td><td></td><td></td><td></td><td></td><td></td><td></td><td></td><td></td><td></td></tr>
<tr><td></td><td></td><td></td><td></td><td></td><td></td><td></td><td></td><td></td><td></td><td></td><td></td><td></td><td></td><td></td><td></td><td></td><td></td></tr>
<tr><td></td><td></td><td></td><td></td><td></td><td></td><td></td><td></td><td></td><td></td><td></td><td></td><td></td><td></td><td></td><td></td><td></td><td></td></tr>
<tr><td colspan="10">供托运人自愿选择的服务项目（由托运人填写，需要的项目打√）
□1. 发送综合服务　　□5. 代购、代加工装载加固材料
□2. 仓储保管　　□6. 代对货物进行包装
□3. 篷布服务　　□7. 代办一关三检手续
□4. 清运、消纳垃圾</td><td colspan="5">说明或其他要求事项

□保价运输</td><td colspan="3">承运人签章

年　月　日</td></tr>
</table>

说明：1. 涉及承运人与托运人、收货人的责任和权利，按《铁路货物运输规程》办理。
2. 实施货物运输，托运人还应该递交货物运单，承运人应按报价核收费用，装卸等需发生后确定的费用，应先列目，金额按实际发生核收。
3. 用户发现超出有关部门公告的铁路货运价格及收费项目和强制服务、强行收费的行为，有权举报。

托运人要求货物运输和货物运输服务时，填写铁路货物运输服务订单一式两份。车站对内容进行审核，按订单所提要求计算各项收费并填写报价金额。托运人对报价无异议的，按有关规定办理。在实施铁路货物运输时，托运人还应向铁路车站递交货物运单。

（五）铁路货物运单

托运人向承运人提出铁路货物运单是一种签订合同的要约行为，即表示其签订运输合同的意愿。托运人按铁路货物运单填记的内容向承运人交运货物，承运人按铁路货物运单记载接收货物、核收运输费用并在运单上盖章后，运输合同即告成立，托运人、收货人和承运人即开始负有法律责任。铁路货物运单由两部分组成，左侧为运单，右侧为领货凭证。运单和领货凭证背面分别印有“托运人须知”和“收货人领货须知”。每批货物填写一张铁路货物运单，根据栏目要求分别由托运人和承运人填写。填写内容必须翔实正确，文字规范，字迹清楚，不得使用铅笔或红色墨水笔填写。内容如有更改，在更改处须加盖托运人或承运人印章证明。

（六）委托书

托运人、收货人有自然人和法人之分。托运人、收货人是法人的，向铁路部门办理运输手续履行其权利义务时，可指定法定代表人（或称法定代理人）办理。法定代表人应凭托运人、收货人出具的委托书（见图 2-1），向承运人办理相应的运输手续。

委　托　书

兹委托　　为　　之代表人，全权代理在你站办理有关货物托运、领取之一切权利和义务。

此致

　　车站

委托权利和义务有效期间：

托运人或收货人

（签章）

年　月　日

图 2-1　委托书

（七）运输货物重量

运输货物的重量以千克为单位。整车货物和集装箱货物的重量由托运人确定，零担货物的重量由承运人确定，但下列情况亦可由托运人确定：

（1）标准重量的货物。

（2）包装上涂有重量标记的货物。

（3）附有全批过秤清单的货物。

（4）一件重量超过发站衡器最大称量的货物。

（5）经承运人同意，由专用线或专用铁路组织零担运输的货物。

货物的重量包括货物包装的重量。托运人确定的货物重量，铁路部门有权进行抽查。抽查结果超过衡器最大公差时，托运人或收货人应支付过秤费，并按规定处理。

（八）运输货物件数

运输货物，不论是整车、零担还是集装箱，均按件数和重量承运。但下列货物按整车条件办理时，只按重量承运，不计算件数：

（1）散堆装无法成件的货物。

（2）成件的货物规格相同（规格在3种以内相同，视为相同）一批数量超过2 000件，规格不同一批数量超过1 600件。

文具、百货、家用电器、医疗器械、玻璃仪器等按整车条件运输时，不论规格，每件平均重量在10千克以上，能按件点交时，都可按件数和重量承运。

（九）货物包装、标记

货物包装应符合国家包装标准或行业包装标准的规定。不符合包装标准时，应由托运人改善后承运。暂无包装标准的，经托运人要求及承运人在保证运输安全的基础上，可商定包装条件，并签订试运包装协议组织试运。对不符合包装标准的货物，不得签注免责特约。

货物有缺陷，经发站检查认为不致影响运输安全（货物自身安全和其他货物安全）的，可在货物运单“托运记载事项”栏内注明货物的具体情况。

货物标记（货签）应使用铁路规定的格式，见图2-2，按其规定内容正确填记。标记应牢固粘贴或拴挂在货件上，大件和笨重货物也可采取直接在货件上书写的方法。

0 0　0
运输号码—— 到　　站—— 收 货 人—— 货物名称—— 总 件 数—— 发　　站——

图2-2　货物标记（货签）式样

（十）货物托运、承运

托运人向承运人交运货物时应按批提出货物运单。使用机械冷藏车运输的货物，同一到站、同一收货人一起运输时，可以数批合提一份运单。整车分卸货物除提出基本运单外，每一个分卸站应增加分卸货物运单两份（分卸站和收货人各一份）。

按一批托运的货物品名过多或托运搬家货物，运单上的“货物名称”栏不够填写时，托运人须同时提出“物品清单”一式三份（一份发站存查、一份随运单交到站、一份退还收货人）。

托运人对货物及物品清单各栏填写内容的真实性负责。承运人对货物运单内托运人的填写事项进行检查，填制货票，在货物运单领货凭证、物品清单上加盖车站承运日期戳，填记货票号（整车货物包括车号、集装箱货物包括集装箱号）即为承运。

在承运的同时，承运人应将货票丙联、一份物品清单、领货凭证交给托运人，托运人将领货凭证及时交给收货人，收货人凭此联到站领取货物。

（十一）货物运输限制

下列货物须凭证明文件运输：

（1）物资管制方面的，如托运麻醉品、枪支、民用爆炸品，必须提交医药、公安部门的证明文件。

（2）卫生检疫方面的，如托运种子、苗木、动物和动物产品，应提交动、植物检疫部门的证明文件。

（3）物资运输归口管理方面的，如托运烟草、食用盐、酒类应提交物资管理部门的证明文件。

（4）国家行政管理方面的，如进出口部门规定须凭运输许可证运输的货物，应提交运输许可证。

须凭证明文件托运的货物，托运人不能提交规定的证明文件时，铁路部门可拒绝受理。

（十二）货物押运

下列货物运输，托运人应派人押运：

（1）活动物。

（2）需按时浇水的鲜活植物。

（3）生火加温的货物。

（4）挂运的机车和轨道起重机。

（5）按特殊规定应派押运人的货物。

押运人每批以1～2人为限。押运人须持托运人或收货人出具的身份证明。押运人姓名、证明文件名称、号码应填记在货物运单“托运人记载事项”栏内，车站按规定核收押运人乘车费。从货物承运时起至交付完毕时止，押运人对货物应采取保证安全运输的措施。押运人发生人身意外伤害时，比照《铁路旅客意外伤害强制保险条例》的规定进行处理。

（十三）装卸车作业组织

货物装车、卸车作业分为站内作业和专用线、专用铁路内作业两种。除另有规定外，在站内作业的，装车或卸车组织工作均由承运人负责；专用线、专用铁路内的装车或卸车组织工作由托运人或收货人自行负责。

托运人、收货人组织装车或卸车的货车，其装卸作业时间和货车在专用铁路内停留时间的标准，由铁路分局规定或由车站与专用线、专用铁路所有人在运输协议内商定。

（十四）货物运到期限

货物运到期限是对承运人的要求和约束，是对托运人、收货人合法权益的保护，有利于托运人和收货人据以安排经济活动。

货物运到期限由以下三部分时间组成：

（1）货物发送期限。包括从货物承运、装车到挂出，规定为1日。

（2）货物运输期限。这是货物在途中运送的时间，按我国目前货物平均运输速度计算，每250运价公里或其未满为1日，按快运条件运输的每500运价公里或其未满为1日。

(3) 特殊运到期限。这是针对有些货物特殊作业需要而规定的，如超过 250 公里的零担货物，使用冷藏车运送需要加冰盐的货物，笨重零担货物，零担危险货物，1 吨或 10 吨型的集装箱货物，整车分卸货物，等等，分别制定有不同的运到期限。

货物运到期限的起码日数为 3 日。

托运易腐货物和“短寿命”放射性货物时，托运人应在货运单上记明货物容许运到期限，货物容许运到期限必须大于该批货物运到期限 3 天。

（十五）运输费用支付

铁路货物运输费用收费项目和收费标准在《铁路货物运价规则》内规定，并在车站营业场所公告，未经公告，不得实行。

货物运输费用，除另有规定外，托运人应在发站承运货物的当日支付。18 时以后至 24 时装车的货物，可以在次日支付。途中或到站发生的运输费用，由收货人在到站支付。

对经常托运或领取货物的托运人或收货人，不必一批一付，可以按日汇总一次支付。具体办法由车站与托运人、收货人商定。

（十六）货物到达、通知、领取

承运人组织卸车的货物，卸车结束后应及时向收货人发出催领通知。到货通知有两种信息通道：一是托运人在货物承运后将领货凭证寄交收货人，收货人持领货凭证主动联系到站领取货物；二是货物到达后，由到站向收货人发出催领通知。

到站发出催领通知，可采取在营业场所贴公告、寄出信函、市内电话通知等方法。收货人也可与到站商定传真等其他方式，这种商定通知方式的费用，由收货人支付。

到站发出催领通知（不能实行催领通知的为卸车之后）的次日起，2 日内收货人应将货物全部搬出。对超过 2 日（铁路局可规定为 1 日）未能搬出者，车站向收货人核收货物暂存费。收货人拖延领取、拒绝领取或无人领取时，铁路采取解决措施无效后，自发出催领通知满 30 日（搬家货物为 60 日）仍无人领取或收货人未按规定期限提出处理意见的，承运人按无法交付货物进行处理。对性质不宜长期保管的货物，承运人根据具体情况可缩短处理期限。

企业单位、机关团体和个人用户到铁路托运货物的步骤见图 2-3。

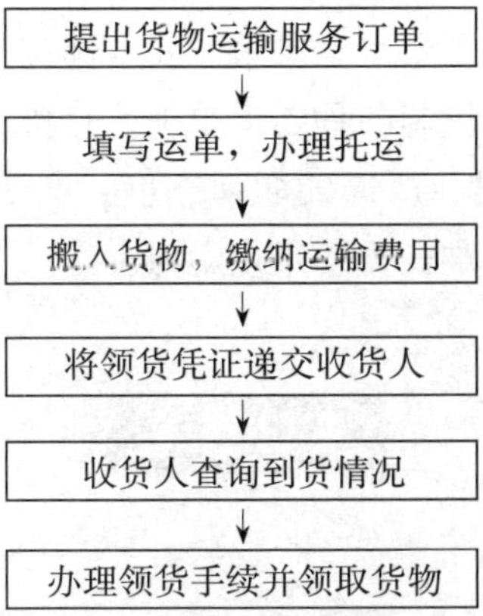

图 2-3 铁路托运货物步骤

铁路内部相应的作业过程如图 2-4 所示。

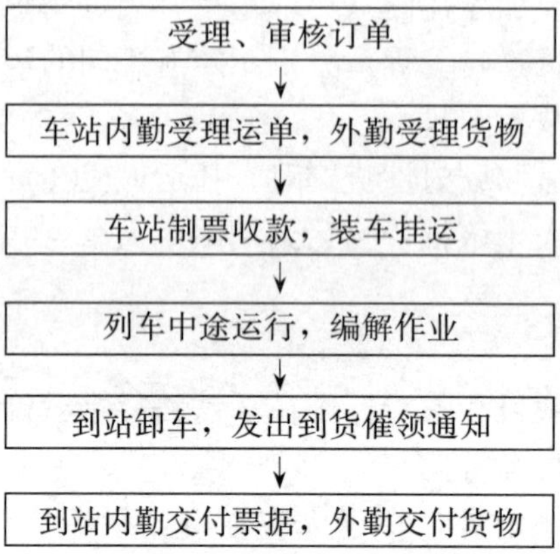

图 2-4　铁路内部作业过程

用户到铁路托运货物，不只是和铁路货运职员打交道，实际上也在和铁路货运规章制度打交道。铁路是现代化运输系统，运输生产组织严密，规章制度周全。就货运营业方面而言，托运人、收货人和承运人除了要遵守《中华人民共和国铁路法》外，还要共同执行《铁路货物运输规程》《国际铁路货物联运协定》《铁路货物运价规则》《铁路危险货物运输管理规则》《铁路鲜活货物运输规则》《铁路超限超重货物运输规则》《铁路货物装载加固规则》《铁路货物运输计划编制管理暂行办法》《铁路集装箱运输规则》《铁路保价运输规则》《铁路货物运输杂费管理办法》《国际铁路货物联运统一过境运价规程》《铁路和水路货物联运规则》等。这些规章规定了用户托运货物的程序、办理手续，与用户的切身权益有直接联系，因此用户有必要大体上了解有关规定，在享受铁路货运营销服务的同时，保护自己的合法权益。

项目小结

本项目对陆运作业所涉及的重要单据的填制要求和方法进行了介绍。通过学习，学生能够根据不同的实际工作需求，填制各种陆运单据，具备在货代类企业单证岗位工作的能力，并养成认真仔细的职业习惯和严谨的职业态度。在所有的陆运单据中，公路货物运单、运输计划和集货单相对比较难，需要重点学习。

实训练习

一、单选题

1.（　　）是公路货物运输及运输代理的合同凭证。

A. 货票

B. 货物清单

C. 货物运单

D. 送货调度单

2. 公路货物运单分为甲、乙、丙三种，其中（　　）适用于零担货物运输。

A. 甲种

B. 甲种和乙种

C. 乙种和丙种

D. 丙种

3. 集货单的正确流转程序是（　　）。

A. 执行调度→运输统计→站务员→执行调度

B. 站务员→执行调度→运输统计→执行调度

C. 执行调度→站务员→执行调度→运输统计

D. 站务员→运输统计→执行调度

4.（　　）是铁路运营的主要票据之一，是铁路部门运输统计、财务管理、货流货物分析的原始信息，也是运输指挥作业不可缺少的基础依据。

A. 货票

B. 铁路货物运单

C. 货运记录

D. 货物交接记录

二、多选题

1. 公路货物运单上须填写的内容有（　　）。

A. 发到站

B. 托运人和收货人

C. 货物重量和体积

D. 货物包装

2. 取货调度单上填写的主要内容有（　　）。

A. 货运员、车牌号

B. 始发站、目的站

C. 客户信息

D. 货物信息

3. 必要的索赔单证包括（　　）。

A. 保单或保险凭证正本

B. 发票

C. 装箱单、磅码单

D. 检验报告

三、判断题

1. 计划调度应在分析运输订单的基础上，结合本站资源，均衡流量、流向及时限，合理编制运输计划。（　　）

2. 取货所涉及的仅仅是货物空间的转移，不涉及取货方与发货方之间权利与义务的划分。（ ）

3. 集货单是按订单信息和取货调度单编写的，用于集齐每票货物。（ ）

4. 货物交接清单以一站一车为原则进行编制。（ ）

5. 配载清单的主要用途是指导装车，并与货物交接清单相互印证，作为零担仓库与随车理货员的交接凭证，每车编制一份。（ ）

项目三 海运单据

问题引入

新起点国际物流有限公司是一家国际货运代理商，其海运部门招了一批实习生，这批实习生主要从事单证制作工作。如果你是这批刚进入物流企业的实习生之一，你知道工作中会涉及哪些海运单证吗？你知道这些单证的填制方法吗？你能否快速准确地填好这些单证？希望你完成本项目的学习后，能够顺利胜任这个岗位。

任务导读

海运单据包括代理报检委托书、报检单、代理报关委托书、报关单、海运提单、集装箱装箱单、集装箱设备交接单、提货单等。海运单据贯穿国际货代企业进口作业、出口作业的全过程。企业每年招聘货代人才时，非常重视考察从业人员对货代单证实际填制技能的掌握情况。

本项目分为四大任务：

任务一　进出口报检单据

任务二　进出口报关单据

任务三　出口相关单据（除报检、报关外）

任务四　海运进口单据

学习目标

认知目标

1. 熟悉各种海运单据（报关单、报检单、提单、装箱单、设备交接单、提货单）的标准形式。

2. 理解报关单、报检单、提单、装箱单、设备交接单、提货单的填制要求。

技能目标

1. 掌握海运进出口单据的流转过程。

2. 学会缮制和应用各种海运进出口单据。

情感目标

1. 形成认真、细心、严谨的工作作风。

2. 形成 7S 管理意识，为今后的工作奠定基础。

任务一　进出口报检单据

一、任务导入

河北器械贸易有限公司（HEBEI EQUIPMENT TRADE CO.，LTD.）是一家经营大型器械的企业，该公司与印度 DTW 有限公司（INDIA DTW CO.，LTD.）签订了一份贸易合同，合同约定出口一台型号为 QX03212 的履带式挖掘机（H. S. CODE：8429521200）。河北器械贸易有限公司委托新起点国际物流有限公司作为国际货运代理办理报检等相关业务。业务员刘伟接到客户传真过来的相关信息后，将其交给报检部报检员王明进行操作。王明需要与客户沟通以便签订代理报检委托书，并根据合同、发票、装箱单等完成报检单。

二、知识探究

（一）代理报检委托书

1. 代理报检委托书的含义

代理报检委托书是进出口单位委托代理报检单位办理本企业进出口货物出入境检验检疫事宜的委托文件。它规定了委托人与被委托人的权利和义务，具有法律效力。

代理报检委托书一般一式三联，第一联检验检疫机构留存，第二联客户（进出口单位）留存，第三联代理报检单位留存。

2. 代理报检委托书填制要点

（1）出入境检验检疫局：填写申请报检机构所在城市。

（2）备案号/组织机构代码：填写委托人在检验检疫机构的注册登记号。

（3）时间：填写申请检验检疫的货物的出口或进口时间，具体到月即可。

（4）品名：填写报检货物的名称。

（5）H. S. 编码：填写《商品名称及编码协调制度》中所列货物的编码。

（6）数（重）量：填写申请检验检疫货物的数量，并注明货物计量单位的名称。

（7）包装情况：填写出口或进口货物的真实包装情况，如“纸箱”等。

（8）信用证/合同号：填写贸易双方就本批货物所签订的书面贸易合同编号或信用证

编号，编号唯一。

(9) 许可文件号：每份报检单都有特定文件编号（文号），由数字和英文字母组成，通常并不表明文件的主题。此栏目一般不填写内容。

(10) 进口/出口货物收货单位及地址：填写收货单位全称及具体地址。

(11) 提/运单号：填写相关运单号，一般为提单号。

(12) 报检单位：填写报检单位名称或注册登记号。

(13) 代理出入境事宜：填写委托报检单位代办事项，在相关事宜前的“□”内勾选即可。

(14) 委托人信息：填写委托人，若为出口，则为出口商公司的联系人、联系电话及本委托书有效时间，填写完毕，委托人签章并填写委托时间。

(15) 受托人信息：填写受托人（货运代理）联系人、联系电话等信息，填写完毕，受托人签章并填写委托时间。

（二）报检单

1. 报检单的含义

国家检验检疫部门根据检验、检疫、鉴定工作的需要，为保证检验检疫工作规范化和程序化，设置了报检单。报检单是报检人根据有关法律、行政法规或合同约定，申请检验检疫机构对检验检疫对象实施检验检疫，以获准出入境或销售使用及相关检验检疫证单的书面凭证。报检单也是检验检疫机构受理报检，对出入境货物、人员、交通工具等实施检验检疫并启动检验检疫程序的依据。

根据不同的检验检疫对象流向，报检单有特定的格式和内容，一般可分为入境货物报检单和出境货物报检单。

2. 出境货物报检单填制要点

(1) 编号：15位数字形式，前6位为检验检疫机构代码，第7位为出境货物报检类别代码“2”，第8位和第9位为年度代码，如2017年为“17”，第10至15位为流水号。实行电子报检后，该编号可在电子报检的受理回执中自动生成。

(2) 报检单位：填写报检单位的全称，并加盖报检单位公章或已向检验检疫机构备案的报检专用章。

(3) 报检单位登记号：填写报检单位在检验检疫机构备案或注册登记的代码。

(4) 联系人：填写报检人员姓名。电话：填写报检人员的联系电话。

(5) 报检日期：填写检验检疫机构受理报检的日期。

(6) 发货人：根据不同情况填写。预检报检的，可填写生产单位。出口报检的，应填写外贸合同中的卖方或信用证的受益人。

(7) 收货人：按外贸合同、信用证中所列买方名称填写。

(8) 货物名称：按外贸合同、信用证上所列品名和规格填写。

(9) H.S. 编码：填写本批货物10位数商品编码，以当年海关公布的商品税则编码分类为准。

(10) 产地：指本批货物的生产（加工）地，填写省、市、县名称。

(11) 数/重量：按申请检验检疫的数/重量填写，注明数/重量单位。重量还应填写毛/净重。

（12）货物总值：按外贸合同、发票上所列的货物总值和币种填写。

（13）包装种类及数量：填写本批货物运输包装的种类及数量，注明包装的材质。

（14）运输工具名称、号码：填写装运本批货物的运输工具的名称和号码。

（15）贸易方式：填写本批货物的贸易方式，根据实际情况选填一般贸易、来料加工、进料加工、易货贸易、补偿贸易、边境贸易、无偿援助、外商投资、对外承包工程进出口货物、出口加工区进出境货物、出口加工区进出区货物、退运货物、过境货物、保税区进出境仓储、转口货物、保税区进出区货物、暂时进出口货物、暂时进出口留购货物、展览品、样品、其他非贸易性物品、其他贸易性货物等。

（16）货物存放地点：填写本批货物存放的具体地点、厂库。

（17）合同号：填写外贸合同、订单或形式发票的号码。

（18）信用证号：填写本批货物对应的信用证编号。

（19）用途：填写本批货物的用途。根据实际情况，选填种用或繁殖、食用、观赏或演艺、伴侣动物、实验、药用、饲用、介质土、食品包装材料、食品加工设备、食品添加剂、食品容器、食品洗涤剂、食品消毒剂、其他。

（20）发货日期：填写出口装运日期，预检报检可不填。

（21）输往国家（地区）：指贸易合同中买方（进口方）所在的国家或地区。直接填写本次交易的最终目的地。

（22）起运地：指装运本批货物离境的交通工具的起运地区城市口岸名称，具体到港口中文名称。

（23）到达口岸：指装运本批货物的交通工具最终抵达目的地停靠的口岸中文名称。

（24）生产单位注册号：指生产/加工本批货物的单位在检验检疫机构的注册登记编号。

（25）集装箱规格、数量及号码：直接填写集装箱数量、规格即可，或直接填写集装箱号码。

（26）标记及号码：按出境货物实际运输包装标记填写。若信用证或其他单据没有标记说明，填写“N/M”。该标记栏不够位置填写时，可用附页填写。

（27）随附单据：按实际提供的单据，在对应的“□”打“√”。对报检单上未标出的单据名称，须自行在“□”后填写提供的单据名称。

三、任务实施

（一）代理报检委托书的填制

河北器械贸易有限公司（报检单位登记号 1301012350）外贸单证员王燕（联系电话：1341234××××）准备好商业发票、装箱单等资料，委托新起点国际物流有限公司（代理报检注册登记号 3101003833）向石家庄出入境检验检疫局报检。新起点国际物流有限公司指派报检部报检员王明（联系电话：1381981××××）协助办理河北器械贸易有限公司的委托报检事宜。相关信息见表 3-1。

表 3-1　　**报检相关信息**

品名	数量	包装	合同号	信用证号	提单号
履带式挖掘机（H. S. CODE：8429521200）	1SET	1CARTON	QXCK234	066708060466	COS128746209

制单要求：根据以上信息并结合填制说明填制代理报检委托书，见表 3-2。

表 3-2　　**代理报检委托书**

代理报检委托书

编号：

________出入境检验检疫局：

本委托人（备案号/组织机构代码____________）保证遵守国家有关检验检疫法律、法规的规定，保证所提供的委托报检事项真实、单货相符。否则，愿承担相关法律责任。具体委托情况如下：

本委托人将于________年________月间进口/出口如下货物：

品名		H. S. 编码	
数（重）量		包装情况	
信用证/合同号		许可文件号	
进口/出口货物收货单位及地址		进口/出口货物提/运单号	
其他特殊要求			

特委托________________________________（代理报检注册登记号______________________），代表本委托人办理上述货物的下列出入境检验检疫事宜：

□1. 办理报检手续；

□2. 代缴纳检验检疫费；

□3. 联系和配合检验检疫机构实施检验检疫；

□4. 领取检验检疫证单；

□5. 其他与报检有关的事宜：______________________________

联 系 人：______________________

联系电话：______________________

本委托书有效期至____________年________月________日　　　委托人（加盖公章）

年　　月　　日

受托人确认声明

本企业完全接受本委托书，保证履行以下职责：

1. 对委托人提供的货物情况和单证的真实性、完整性进行核实；
2. 根据检验检疫有关法律法规规定办理上述货物的检验检疫事宜；
3. 及时将办结检验检疫手续的有关委托内容的单证、文件移交委托人或其指定的人员；
4. 如实告知委托人检验检疫部门对货物的后续检验检疫及监管要求。

如在委托事项中发生违法或违规行为，愿承担相关法律和行政责任。

联 系 人：________________________

联系电话：________________________　　　受托人（加盖公章）

年　　月　　日

（二）报检单的填制

新起点国际物流有限公司报检员王明收到了河北器械贸易有限公司销售确认书（见表 3-3）、发票（见表 3-4）、装箱单（见表 3-5）及其他信息。

表 3-3　　销售确认书（SALE CONTRACT）

S/C NO.：QXCK234　DATE：2017-04-12

1. 商品名称、规格、数量、单价、总价

Name of Commodity，Specifications 商品名称、规格	Unit 单位	Quantity 数量	Unit Price 单价	Total Amount 总价
HYDRAULIC CRAWLER EXCAVATOR QX03212	CASE	1	USD23 500.00	USD23 500.00
Total Value 总值	USD23 500.00			

2. 唛头：DTW

3. 装运港：天津新港（XINGANG）

4. 卸货港：印度清奈（CHENNAI）

表 3-4　　发票（INVOCE）

NO.：QX0387-05
S/C NO.：QXCK234
DATE：05.2017
CONSIGNEE：河北器械贸易有限公司（报检单位登记号：1301012350）
PORT OF LOADING：XINGANG，TIANJIN
DESTINATION：CHENNAI，INDIA
TRANSPORTATION WAY：BY SEA
DELIVERY TERMS：CFR CHENNAI
PAYMENT TERMS：L/C

Name of Commodity，Specifications	Unit	Quantity	Unit Price	Total Amount
HYDRAULIC CRAWLER EXCAVATOR QX03212	CASE	1	USD23 500.00	USD23 500.00
Total Value	SAY USD TWENTY THREE THOUSAND FIVE HUNDRED ONLY			

表 3-5　　装箱单（PACKING LIST）

NO.：QX0387-05
S/C NO.：QXCK234
DATE：05.2017
CONSIGNEE：河北器械贸易有限公司（报检单位登记号：1301012350）
PORT OF LOADING：XINGANG，TIANJIN
DESTINATION：CHENNAI，INDIA
TRANSPORTATION WAY：BY SEA
DELIVERY TERMS：CFR CHENNAI

Description	Unit	Quantity	G.W（KGS）	N.W（KGS）
HYDRAULIC CRAWLER EXCAVATOR QX03212	CASE	1	2 450	2 400
Total Packing	1			
Total Gross Weight	2 450KGS			
Total Net Weight	2 400KGS			

补充资料：

（1）货物产地：河北石家庄。

（2）包装种类及数量：1 箱。

（3）贸易方式：一般贸易。

（4）运输船名/船次：TAGFRT 08574。

（5）随附单据：合同、发票、装箱单、换证凭单。

（6）备注：河北器械贸易有限公司联系人：王燕；联系方式：1341234××××。

制单要求：请你以王明的身份，根据销售确认书、发票、装箱单和补充资料完成出境货物报检单的填制（见表 3-6）。其中，“货物存放地点”“信用证号”“发货日期”“集装箱规格、数量及号码”“用途”“许可证/审批号”等内容本案未涉及，不用填写。

表 3-6 **出境货物报检单**

中华人民共和国出入境检验检疫

出境货物报检单

报检单位（加盖公章）： *编号：

报检单位登记号： 联系人： 电话： 报检日期： 年 月 日

<table>
<tr><td rowspan="2">发货人</td><td colspan="5">（中文）</td></tr>
<tr><td colspan="5">（外文）</td></tr>
<tr><td rowspan="2">收货人</td><td colspan="5">（中文）</td></tr>
<tr><td colspan="5">（外文）</td></tr>
<tr><td>货物名称（中/外文）</td><td>H. S. 编码</td><td>产地</td><td>数/重量</td><td>货物总值</td><td>包装种类及数量</td></tr>
<tr><td></td><td></td><td></td><td></td><td></td><td></td></tr>
<tr><td>运输工具名称、号码</td><td></td><td>贸易方式</td><td></td><td>货物存放地点</td><td></td></tr>
<tr><td>合同号</td><td></td><td>信用证号</td><td></td><td>用途</td><td></td></tr>
<tr><td>发货日期</td><td></td><td>输往国家（地区）</td><td></td><td>许可证/审批号</td><td></td></tr>
<tr><td>起运地</td><td></td><td>到达口岸</td><td></td><td>生产单位注册号</td><td></td></tr>
<tr><td>集装箱规格、数量及号码</td><td colspan="5"></td></tr>
<tr><td>合同、信用证订立的检验检疫条款或特殊要求</td><td colspan="2">标记及号码</td><td colspan="3">随附单据（画“√”或补填）</td></tr>
<tr><td></td><td colspan="2"></td><td>□合同
□信用证
□发票
□换证凭单
□装箱单
□厂检单</td><td colspan="2">□包装性能结果单
□许可/审批文件
□
□
□
□</td></tr>
<tr><td colspan="4">需要证单名称（画“√”或补填）</td><td colspan="2">*检验检疫费</td></tr>
<tr><td colspan="2" rowspan="3">□品质证书 __正__副
□重量证书 __正__副
□数量证书 __正__副
□兽医卫生证书 __正__副
□健康证书 __正__副
□卫生证书 __正__副
□动物卫生证书 __正__副</td><td colspan="2" rowspan="3">□植物检疫证书 __正__副
□熏蒸/消毒证书 __正__副
□出境货物换证凭单
□出境货物通关单
□
□
□</td><td>总金额
（人民币元）</td><td></td></tr>
<tr><td>计费人</td><td></td></tr>
<tr><td>收费人</td><td></td></tr>
<tr><td colspan="4" rowspan="3">报检人郑重声明：
1. 本人被授权报检。
2. 上列填写内容正确属实，货物无伪造或冒用他人的厂名、标志、认证标志，并承担货物质量责任。
签名：</td><td colspan="2">领取证单</td></tr>
<tr><td>日期</td><td></td></tr>
<tr><td>签名</td><td></td></tr>
</table>

注：有“*”号栏由出入境检验检疫机关填写。

四、任务评价

评价标准见表 3－7。

表 3－7 评价标准

项目	评价标准	成绩
代理报检委托书	每空 1 分	
报检单	每空 1 分	

五、拓展练习

入境货物报检单（见表 3－8）和出境货物报检单填制的一些基本项一致，以下罗列的是不一样的项目。

（1）发货人：填写外贸合同中的发货人。

（2）企业性质：根据实际情况，在对应的“□”内打“√”。

（3）收货人：填写外贸合同中的收货人。

（4）原产国（地区）：填写本批货物生产/加工的国家或地区。

（5）到货日期：填写运载所申报进口货物的运输工具到达进境口岸的日期。

（6）起运国家（地区）：填写装运本批货物的交通工具的起运国家或地区，若是从中国境内保税区、出口加工区入境的，填写保税区、出口加工区。

（7）卸毕日期：填写本批货物在口岸卸毕的日期。

（8）起运口岸：填写装运本批货物的交通工具的起运口岸，若是从中国境内保税区、出口加工区入境的，填写保税区、出口加工区。

（9）入境口岸：填写本批货物的入境口岸。

（10）索赔有效期至：按外贸合同规定的日期填写，注明截止日期。

（11）经停口岸：填写本批货物起运后，入境前中途曾经停靠的口岸名称。

（12）目的地：填写本批货物预定最后到达的交货地。

（13）外商投资财产：根据实际情况在对应的“□”内打“√”。

请根据前述案例的信息填写入境货物报检单。

表 3-8 入境货物报检单

中华人民共和国出入境检验检疫
入境货物报检单

报检单位（加盖公章）： *编号

报检单位登记号： 联系人： 电话： 报检日期： 年 月 日

发货人	（中文）		企业性质（画“√”）	□合资 □合作 □外资	
	（外文）				
收货人	（中文）				
	（外文）				
货物名称（中/外文）	H.S. 编码	原产国（地区）	数/重量	货物总值	包装种类及数量
运输工具名称、号码				合同号	
贸易方式		贸易国别（地区）		提单/运单号	
到货日期		起运国家（地区）		许可证/审批号	
卸毕日期		起运口岸		入境口岸	
索赔有效期至		经停口岸		目的地	
集装箱规格、数量及号码					
合同订立的特殊条款 以及其他要求				货物存放地点	
				用途	
随附单据（画“√”或补填）		标 记 及 号 码		*外商投资财产 （画“√”）	□是 □否
□合同 □发票 □提/运单 □兽医卫生证书 □植物检疫证书 □动物检疫证书 □卫生证书 □原产地证 □许可/审批文件	□到货通知 □装箱单 □质保书 □理货清单 □磅码单 □验收报告 □ □ □			*检验检疫费	
				总金额 （人民币元）	
				计费人	
				收费人	
报检人郑重声明： 1. 本人被授权报检。 2. 上列填写内容正确属实。				领取证单	
				日期	
签名：				签名	

注：有“*”号栏由出入境检验检疫机关填写。

六、知识链接

（一）报检的概念

报检是指进出口商品的收发货人或其代理人，根据《中华人民共和国进出口商品检验法》等有关法律、法规，对法定检验的进出口商品，在检验检疫机构规定的时限和地点，向检验检疫机构办理申请检验、配合检验、付费、取得商检单等手续的全过程。

（二）报检依据

（1）《中华人民共和国进出口商品检验法实施条例》。
（2）《中华人民共和国进出境动植物检疫法实施条例》。
（3）《中华人民共和国国境卫生检疫法实施细则》。
（4）《中华人民共和国食品安全法》。

（三）报检范围

（1）法律、行政法规规定必须由出入境检验检疫机构实施检验检疫的。
（2）输入国家或地区规定必须凭检验检疫机构出具的证书方准入境的。
（3）有关国际条约规定必须经检验检疫的。
（4）对外贸易合同约定须凭检验检疫机构签发的证书进行交接、结算的。
（5）申请签发一般原产地证明书、普惠制原产地证明书等原产地证明书的。

（四）报检单填写的一般要求

（1）报检单必须加盖报检单位印章，即报检单位公章或已向检验检疫机关备案的报检专用章。

（2）报检单所列项目应填写完整、准确，字迹清晰，不得涂改，无相应内容的栏目应填写“＊＊＊”，不得留空。

（3）报检单必须做到三个相符：一是单证相符，即报检单与合同、批文、发票、装箱单等内容相符；二是单货相符，即报检单所报内容与出入境货物实际情况相符，不得虚报、瞒报、伪报；三是单单相符，即纸质报检单所列内容与电子报检单载明的数据、信息相符。

任务二　进出口报关单据

一、任务导入

2017 年 7 月 15 日，高德玩具有限公司（以下简称“高德玩具”）与荷兰 CNN 玩具有限公司（以下简称“CNN玩具”）签订销售合同。双方约定装船日期为2017年8月1日，2017年8月25日将4 000件玩具运至鹿特丹。高德玩具委托新起点国际物流有限公司办理报关等相关业务。货代部操作员俞男在拿到进仓数据后联系报关部傅杰准备办理本批货物的报关业务。报关员傅杰需要与客户沟通以便签订代理报关委托书，并根据合同、发票、装箱单等完成报关单。

二、知识探究

（一）代理报关委托书

1. 代理报关委托书的含义

代理报关委托书是进出口货物的收货人或发货人委托其代理人办理报关等通关事宜，明确双方责任和义务的书面证明，具有法律效力。委托方应及时提供报关报检所需的全部单证，并对单证的真实性、准确性和完整性负责。

根据海关总署2004年第35号公告的规定，代理报关委托书和委托报关协议为一式三联，无碳复写。第一联为海关留存联，第二联为被委托方留存联，第三联为委托方留存联。

2. 代理报关委托书填制要点

（1）基础信息：包括代理时间、代理事项等内容，在对应的内容上打“√”，填写委托代理时间并签名。

（2）委托方和被委托方：委托方一般填写货主（出口商）单位中文名称；被委托方填写货运代理或代理报关行单位名称。

（3）货物名称和H.S.编码：依据合同发票内容填写货物名称，依据报检信息填写H.S.编码。

（4）货物总价：填写出口/进口商品货物总价值，可依据销售发票填写，此栏目一般不填写。

（5）进出口日期：直接填写货物进出口时间，可依据订舱确认凭证填写。

（6）提单号：可依据订舱确认凭证直接填写提单号，也可不填写。

（7）贸易方式：填写本次交易方式。

（8）收到单证情况：将委托人提交的单据进行描述和罗列。

（9）其他要求：若委托人在委托报关时有其他要求，可在此处填写。

（10）承诺说明：受托人对接受本次委托的承诺说明。

（11）委托方、受托方：双方公司名称、经办人签章和联系电话。

（12）其他栏目不填写内容。

（二）报关单

1. 报关单的含义

报关单是指进出口货物收发货人或其代理人，按照海关规定的格式对进出口货物的实际情况做出书面申明，以此要求海关对其货物按适用的海关制度办理通关手续的法律文书。它在对外经济贸易活动中具有十分重要的法律地位，既是海关监管、征税、统计以及开展稽查和调查的重要依据，又是加工贸易进出口货物核销以及出口退税和外汇管理的重要凭证，还是海关处理走私、违规案件，以及税务、外汇管理部门查处骗税和套汇犯罪活动的重要证书。

2. 出口货物报关单填制要点

（1）预录入编号：本栏目无须填报，报关单申报后系统自动返填。一般为报关单海关编号的后 9 位。

（2）海关编号：本栏目无须填报，报关单申报后系统自动返填。报关单海关编号为 18 位。一份报关单对应一个海关编号。

（3）出口口岸：本栏目应根据货物实际出境的口岸海关，填报海关规定的《关区代码表》中相应口岸海关的名称及代码。

特殊情况填报要求如下：出口转关运输货物应填报货物出境地海关名称及代码；按转关运输方式监管的跨关区深加工结转货物，出口报关单填报转出地海关名称及代码；其他无实际进出境的货物，填报接受申报的海关名称及代码。

（4）备案号：本栏目填报进出口货物收发货人在海关办理加工贸易合同备案或征、减、免税备案审批等手续时，海关核发的海关加工贸易手册、进出口货物征免税证明或其他备案审批文件的编号。

（5）合同协议号：本栏目填报进出口货物合同（包括协议或订单）编号。

（6）出口日期：出口日期指运载出口货物的运输工具办结出境手续的日期，本栏目在申报时免予填报。

（7）申报日期：本栏目在申报时免予填报，系统自动返填。

（8）经营单位：本栏目填报在海关注册登记的对外签订并执行进出口贸易合同的中国境内法人、其他组织或个人的名称及海关注册编码。

（9）发货单位：本栏目填报出口货物在境内的生产或销售单位的名称。

（10）申报单位：自理报关的单位填报进出口企业名称及海关注册编码；委托代理报关的单位填报经海关批准的报关企业名称及海关注册编码。

（11）运输方式：本栏目应根据货物实际进出境的运输方式或货物在境内流向的类别，按照海关规定的《运输方式代码表》选择填报相应的运输方式。

（12）运输工具名称：本栏目填报载运货物进出境的运输工具名称或编号。

（13）提运单号：本栏目填报进出口货物提单或运单的编号。一份报关单只允许填报一个提单或运单号，一票货物对应多个提单或运单时，应分单填报。

（14）贸易方式：本栏目应根据实际对外贸易情况按海关规定的《贸易方式代码表》选择填报相应的贸易方式简称及代码。一份报关单只允许填报一种贸易方式。

（15）征免性质：本栏目应根据实际情况按海关规定的《征免性质代码表》选择填报相应的征免性质简称及代码，持有海关核发的进出口货物征免税证明的，应按照进出口货物征免税证明中批注的征免性质填报。一份报关单只允许填报一种征免性质。

（16）结汇方式：按海关规定的《结汇方式代码表》选择填报相应的结汇方式名称或代码。

（17）许可证号：本栏目填报的许可证有进（出）口许可证、两用物项和技术进（出）

口许可证、两用物项和技术出口许可证（定向）、纺织品临时出口许可证、出口许可证（加工贸易）、出口许可证（边境小额贸易）。一份报关单只允许填报一个许可证号。

（18）运抵国（地区）：本栏目填报出口货物离开我国关境直接运抵或者在运输中转国未发生任何商业性交易的情况下最后运抵的国家。不经过第三国转运的直接运输进出口货物，以出口货物的指运港所在国为运抵国。经过第三国转运的进出口货物，如在中转国发生商业性交易，则以中转国作为运抵国。本栏目应按海关规定的《国别（地区）代码表》选择填报相应的运抵国中文名称及代码。无实际进出境的，填报“中国”（代码 142）。

（19）指运港：本栏目填报出口货物运往境外的最终目的港；最终目的港不可预知的，按尽可能预知的目的港填报。本栏目应根据实际情况按海关规定的《港口航线代码表》选择填报相应的港口中文名称及代码。指运港在《港口航线代码表》中无港口中文名称及代码的，可选择填报相应的国家中文名称或代码。无实际进出境的，本栏目填报“中国境内”（代码 142）。

（20）境内货源地：本栏目填报出口货物在国内的产地或原始发货地。出口货物产地难以确定的，填报最早发运该出口货物的单位所在地。本栏目应按海关规定的《国内地区代码表》选择填报相应的国内地区名称及代码。

（21）批准文号：本栏目填报出口收汇核销单编号。

（22）成交方式：本栏目应根据进出口货物实际成交价格条款，按海关规定的《成交方式代码表》选择填报相应的成交方式代码。无实际进出境的，进口填报 CIF，出口填报 FOB。

（23）运费：本栏目为出口货物运至我国境内输出地点装载后的运输费用。运费可按运费单价、总价或运费率三种方式之一填报，注明运费标记（运费标记“1”表示运费率，“2”表示每吨货物的运费单价，“3”表示运费总价），并按海关规定的《货币代码表》选择填报相应的币种代码。运保费合并计算的，填报在本栏目。

（24）保费：本栏目填报出口货物运至我国境内输出地点装载后的保险费用。保费可按保险费总价或保险费率两种方式之一填报，注明保险费标记（保险费标记“1”表示保险费率，“3”表示保险费总价），并按海关规定的《货币代码表》选择填报相应的币种代码。运保费合并计算的，本栏目免予填报。

（25）杂费：本栏目填报成交价格以外的，按照《中华人民共和国进出口关税条例》相关规定应计入完税价格或应从完税价格中扣除的费用。可按杂费总价或杂费率两种方式之一填报，注明杂费标记（杂费标记“1”表示杂费率，“3”表示杂费总价），并按海关规定的《货币代码表》选择填报相应的币种代码。

（26）件数：本栏目填报有外包装的出口货物的实际件数。

特殊情况填报要求如下：舱单件数为集装箱的，填报集装箱个数；舱单件数为托盘的，填报托盘数。本栏目不得填报为“0”，裸装货物填报为“1”。

（27）包装种类：本栏目应根据出口货物的实际外包装种类，按海关规定的《包装种类代码表》选择填报相应的包装种类代码。

（28）毛重（千克）：本栏目填报出口货物及其包装材料的重量之和，计量单位为千克，不足 1 千克的填报为“1”。

（29）净重（千克）：本栏目填报出口货物的毛重减去外包装材料后的重量，即货物本身的实际重量，计量单位为千克，不足1千克的填报为“1”。

（30）集装箱号：本栏目填报装载出口货物（包括拼箱货物）集装箱的箱体信息。一个集装箱填一条记录，分别填报集装箱号（在集装箱箱体上标示的全球唯一编号）、集装箱的规格和集装箱的自重。非集装箱货物填报为“0”。

（31）随附单证：本栏目根据海关规定的《监管证件代码表》选择填报除《海关进出口货物报关单填制规范》第二十条规定的许可证件以外的其他出口许可证件或监管证件代码及编号。

（32）生产厂家：本栏目填报出口货物境内生产企业。

（33）标记唛码及备注：本栏目填写除货物之外的有关补充和特殊事项的说明，包括关联备案号、关联报关单号。

（34）项号：本栏目分两行填报及打印。第一行填报报关单中的商品顺序编号；第二行专用于加工贸易、减免税等已备案、审批的货物，填报和打印该项货物在加工贸易手册或进出口货物征免税证明等备案、审批单证中的顺序编号。

（35）商品编号：本栏目填报的商品编号由10位数字组成。前8位为《中华人民共和国进出口税则》确定的出口货物的税则号列，也是《中华人民共和国海关统计商品目录》确定的商品编码，后2位为符合海关监管要求的附加编号。

（36）商品名称、规格型号：本栏目分两行填报及打印。第一行填报出口货物规范的中文商品名称，第二行填报规格型号。

（37）数量及单位：本栏目分三行填报及打印。第一行应按出口货物的法定第一计量单位填报数量及单位，法定计量单位以《中华人民共和国海关统计商品目录》中的计量单位为准；凡列明有法定第二计量单位的，应在第二行按法定第二计量单位填报数量及单位，无法定第二计量单位的，第二行为空；成交计量单位及数量应填报并打印在第三行。

（38）最终目的国（地区）：本栏目填报已知的出口货物的最终实际消费、使用或进一步加工制造的国家（地区）。

（39）单价：本栏目填报同一项号下出口货物实际成交的商品单位价格。

（40）总价：本栏目填报同一项号下出口货物实际成交的商品总价格。

（41）币制：本栏目应按海关规定的《货币代码表》选择相应的货币名称及代码填报，如《货币代码表》中无实际成交币种，需将实际成交货币按申报日外汇折算率折算成《货币代码表》中列明的货币填报。

（42）征免：本栏目应按照海关核发的进出口货物征免税证明或有关政策规定，对报关单所列每项商品选择海关规定的《征减免税方式代码表》中相应的征减免税方式填报。加工贸易货物报关单应根据《加工贸易手册》中备案的征免规定填报；《加工贸易手册》中备案的征免规定为“保金”或“保函”的，应填报“全免”。

三、任务实施

（一）代理报关委托书的填制

高德玩具有限公司赵安（电话：1363459××××）将电动玩具火车（H.S. 编码：

95031000）的相关资料发给了新起点国际物流有限公司报关部傅杰（电话：1535588××××），傅杰收到客户的合同（见表 3－9）、发票（见表 3－10）、装箱单（见表 3－11）。

表 3－9 **合同**

合 同

CONTRACT

合同号（Contract NO.）：INVAC02 日期（Date）：2017－07－15

买方（Buyer）：荷兰 CNN 玩具有限公司（HOLLAND CNN TOY CO.，LTD.）

地址（Address）：K P VAN DE MANDELELAAN 100，ROTTERDAM，3062 MB NETHERLANDS

电话（Tel）：0031－825－2230 ×××× 传真（Fax）：0031－825－2230 ××××

卖方（Seller）：高德玩具有限公司（GAODE TOY CO.，LTD.）

地址（Address）：广州市天河区沐陂西街 4 号

NO. 4 MUPOXIJIE，TIANHE DISTRICT，GUANGZHOU

电话（Tel）：020－6435×××× 传真（Fax）：020－6435××××

兹经买卖双方同意，按下列条款签订本合同：

This contract is made by and agreed between the BUYER and SELLER in accordance with the terms and conditions stipulated below.

1. 商品名称、规格、数量、单价、总价

Name of Commodity，Specifications 商品名称、规格	Quantity 数量	Unit Price 单价	Total Amount 总价
电动玩具火车 ELECTRIC TOY	4 000 件	USD 10	USD 40 000
Total Value 总值	USD 40 000		

2. 价格术语：

Price Terms：CIF ROTTERDAM

3. 唛头：

Shipping Marks： INVAC02

Made in CHINA

C/NO.：1—200

4. 装运口岸：深圳港

Port of Shipment：SHENZHEN Port

5. 目的港：荷兰鹿特丹

Port of Destination：ROTTERDAM HOLLAND

6. 付款方式：电汇

Payment：T/T

7. 装船日期：2017 年 8 月 1 日

Date of Shipment：1 Aug.，2017

高德玩具有限公司 荷兰 CNN 玩具有限公司

GAODE TOY CO.，LTD. HOLLAND CNN TOY CO.，LTD.

表 3-10 发票

高德玩具有限公司

GAODE TOY CO., LTD.

INVOICE

TO：HOLLAND CNN TOY CO.，LTD. NO. OF INVOICE：000996
DATE：17 JULY，2017
FROM SHENZHEN TO ROTTERDAM
SAILING ON OR ABOUT：1 AUG.，2017
L/C NO.： SALES CONFIRMATION：INVAC02
B/L NO.：HACB8122145

Description of Goods	Unit Price	Amount
ELECTRIC TOY 电动玩具火车 PACKAGES：200 CASES	USD 10/PC	CIF ROTTERDAM USD 40 000 F：USD 300 I：USD 0.27%

表 3-11 装箱单

高德玩具有限公司

GAODE TOY CO., LTD.

PACKING LIST

TO：HOLLAND CNN TOY CO.，LTD. NO. OF INVOICE：000996
DATE：18 JULY，2017
FROM SHENZHEN TO ROTTERDAM
SAILING ON OR ABOUT：1 AUG.，2017
COUNTRY OF ORIGIN：CHINA COUNTRY OF DESTINATION：HOLLAND

Marks&Nos.	Number and Kind of Packages Description of Goods	Quantity	Gross Weight	Net Weight
INVAC02 MADE IN CHINA C/NO.：1—200	ELECTRIC TOY TOTAL：200 CASES ONLY	4 000PCS	3 000KGS	2 944KGS

CONTAINER NO.：TEXU8676881，1*20'（200 PACKAGES）

制单要求：请以新起点国际物流有限公司傅杰的身份填制代理报关委托书，见表 3-12。

表 3-12 代理报关委托书

代理报关委托书

编号：

我单位现________（A. 逐票、B. 长期）委托贵公司代理____（A. 填单申报、B. 辅助查验、C. 垫缴税款、D. 办理海关证明联、E. 审批手册、F. 核销手册、G. 申办减免税手续、H. 其他）等通关事宜。详见《委托报关协议》。

我单位保证遵守《海关法》和国家有关法规，保证所提供的情况真实、完整、单货相符。否则，愿承担相关法律责任。

本委托书有效期自签字之日起至　　　年　　月　　日止。

委托方（盖章）

法定代表人或其授权签署《代理报关委托书》的人（签字）

年　　月　　日

委托报关协议

为明确委托报关具体事项和各自责任，双方经平等协商签订协议如下：

委托方	
货物名称	
H.S. 编码	
货物总价	
进出口日期	年　月　日
提单号	
贸易方式	
原产地/货源地	
其他要求：	
背面所列通用条款是本协议不可分割的一部分，对本协议的签署构成了对背面通用条款的同意。	
委托方业务签章： 经办人签章： 联系电话：　年　月　日	

被委托方		
报关单编码	No.	
收到单证日期	年　月　日	
收到单证情况	合同□	发票□
	装箱清单□	提（运）单□
	加工贸易手册□	许可证件□
	其他	
报关收费	人民币：　元	
承诺说明：		
背面所列通用条款是本协议不可分割的一部分，对本协议的签署构成了对背面通用条款的同意。		
被委托方业务签章： 经办报关员签章： 联系电话：　年　月　日		

（二）报关单的填制

2017年7月28日，新起点国际物流有限公司货代部持出境货物换证凭单至口岸检验检疫中心顺利换取出境货物通关单，报关员傅杰开始办理货物的报关业务。傅杰在接到高德玩具有限公司（4401920053）提交的全套单据（合同、发票、箱单、核销单、出境货物通关单等材料）后向深圳海关（7900）申请报关，办理出口货物通关业务。电动玩具火车的商品编码（H.S. 编码）为95031000，法定计量单位为千克，船名航次为：DANU/BHUMS007。（合同、发票、装箱单详细内容同制作代理报关委托书的信息，不再重复出现。）

制单要求：根据以上信息填制出口货物报关单，见表3-13。

表 3-13 出口货物报关单

中华人民共和国海关出口货物报关单

预录入编号： 海关编号：

出口口岸	备案号		出口日期	申报日期
经营单位	运输方式		运输工具名称	提运单号
发货单位	贸易方式		征免性质	结汇方式
许可证号	运抵国（地区）		指运港	境内货源地
批准文号	成交方式	运费	保费	杂费
合同协议号	件数	包装种类	毛重（千克）	净重（千克）
集装箱号	随附单证			生产厂家
标记唛码及备注				

项号	商品编号	商品名称、规格型号	数量及单位	最终目的国（地区）	单价	总价	币制	征免

税费征收情况

录入员 录入单位	兹声明以上申报无讹并承担法律责任	海关审单批注及放行日期（签章）
报关员		审单 审价
单位地址	申报单位（签章）	征税 统计
邮编 电话	填制日期	查验 放行

四、任务评价

评价标准见表 3－14。

表 3－14 评价标准

项目	评价标准	成绩
代理报关委托书	每空 1 分	
报关单	每空 1 分	

五、拓展练习

进口货物报关单和出口货物报关单的填制要点基本一致，以下罗列的是不一致的项目：

（1）进口口岸：本栏目应根据货物实际进境的口岸海关，填报海关规定的《关区代码表》中相应口岸海关的名称及代码。

特殊情况填报要求如下：进口转关运输货物应填报货物进境地海关名称及代码；按转关运输方式监管的跨关区深加工结转货物，进口报关单填报转入地海关名称及代码；其他无实际进出境的货物，填报接受申报的海关名称及代码。

（2）进口日期：本栏目填报运载进口货物的运输工具申报进境的日期。本栏目供海关签发打印报关单证明联用，在申报时免予填报。

（3）收货单位：本栏目填报已知的进口货物在境内的最终消费、使用单位的名称。

（4）征税比例：本栏目用于原“进料非对口”贸易方式下的进口报关单，现征税比例政策已取消，进口报关单本栏目免予填报。

（5）起运国（地区）：本栏目填报进口货物起始发出直接运抵我国或者在运输中转国（地）未发生任何商业性交易的情况下运抵我国的国家（地区）。

（6）装货港：本栏目填报进口货物在运抵我国关境前的最后一个境外装运港。

（7）境内目的地：本栏目填报已知的进口货物在国内的消费、使用地或最终运抵地，其中最终运抵地为最终使用单位所在的地区。最终使用单位难以确定的，填报货物进口时预知的最终收货单位所在地。

（8）批准文号：进口报关单中本栏目免予填报。

（9）用途：本栏目根据进口货物的实际用途，按海关规定的《用途代码表》选择填报相应的用途代码。

请根据前述案例的信息填写进口货物报关单。

表 3－15 进口货物报关单

中华人民共和国海关进口货物报关单

预录入编号： 海关编号：

进口口岸	备案号	进口日期	申报日期
经营单位	运输方式	运输工具名称	提运单号

收货单位	贸易方式	征免性质		征税比例
许可证号	起运国（地区）	装货港		境内目的地
批准文号	成交方式	运费	保费	杂费
合同协议号	件数	包装种类	毛重（千克）	净重（千克）
集装箱号	随附单证			用途
标记唛码及备注				

项号	商品编号	商品名称、规格型号	数量及单位	原产国（地区）	单价	总价	币制	征免

税费征收情况		
录入员　录入单位	兹声明以上申报无讹并承担法律责任	海关审单批注及放行日期（签章）
报关员		审单　审价
单位地址	申报单位（签章）	征税　统计
邮编　电话	填制日期	查验　放行

六、知识链接

贸易方式代码见表 3－16。

表 3－16　　　　　　　　　　**贸易方式代码表**

贸易方式（代码）	备案号（第一个字母）	征免性质（或代码）	征免	用途（或代码）	项号
一般贸易（0110）	空	一般征税（101）	照章征免（1）	外贸自营内销（1）	填报关单中的商品序号
	Z（征免税证明）	鼓励项目（789）	全免（3）	企业自用（4）	第一行填报关单中的商品序号，第二行填与征免税证明上一致的商品项号
		自有资金（799）	全免（3）		
		科教用品（401）	全免（3）		
来料加工（0214）	B（登记手册）	来料加工（502）	全免（3）	加工返销（5）	第一行填报关单中的商品序号，第二行填与登记手册上一致的商品项号
进料对口（0615）	C（登记手册）	进料加工（503）	全免（3）	加工返销（5）	第一行填报关单中的商品序号，第二行填与登记手册上一致的商品项号
合资合作设备（2025）	Z（征免税证明）	鼓励项目（789）	全免（3）	企业自用（4）	第一行填报关单中的商品序号，第二行填与征免税证明上一致的商品项号
外资设备物品（2225）	Z（征免税证明）	鼓励项目（789）	全免（3）	企业自用（4）	第一行填报关单中的商品序号，第二行填与征免税证明上一致的商品项号

货币代码见表 3－17。

表 3－17　　　　　　　　　　**货币代码表**

货币代码	货币符号	货币名称	货币代码	货币符号	货币名称
110	HKD	港币	116	JPY	日本元
142	CNY	人民币	133	KRW	韩国元
302	DKK	丹麦克朗	303	GBP	英镑
331	CHF	瑞士法郎	344	RUB	俄罗斯卢布
502	USD	美元	601	AUD	澳大利亚元
132	SGD	新加坡元	300	EUR	欧元
330	SEK	瑞典克朗	501	CAD	加拿大元
609	NZD	新西兰元	304	DEM	德国马克
305	FRF	法国克朗	136	THB	泰国铢

任务三　出口相关单据（除报检、报关外）

一、任务导入

浙江新科贸易有限公司出口一批玩具到美国纽约（NEW YORK，USA），委托新起点国际物流有限公司作为国际货运代理，业务员小章接到订舱编号（业务编号）为NGB20171201的客户传真过来的相关信息后，将其交给操作部小林进行操作。小林根据收到的信息成功获得船公司舱位，并于2017年12月15日装船出运。新起点国际物流有限公司操作员小林需要根据出口信息填制各类出口单据。

二、知识探究

（一）提单

1. 提单的含义

提单（Bill of Lading，B/L）又称海运提单，是承运人和托运人之间处理运输中双方权利和义务的依据，是用以表明海上货物运输合同已经由承运人接收或者装船，以及承运人保证据以交付货物的单据。提单中载明的向记名人交付货物，或者按照指示人的指示交付货物，或者向提单持有人交付货物的条款，构成承运人据以交付货物的保证。

提单在国际班轮运输中既是一份非常重要的业务单据，又是一份非常重要的法律文件。在国际贸易中，提单也起到了贸易单证的作用，是一种有价证券。作为有价证券，提单既是物权证券，又是债权证券。

提单常依据合同、发票、装箱单等填写。

2. 提单填制要点

（1）发货人（Shipper）：一般情况下填写出口公司的名称和地址。有时货代以自己的名义托运时，填写货代公司的名称和地址。

（2）收货人（Consignee）：一般情况下填写进口公司的名称和地址。但是在实际操作中客户可能会有特殊的要求，要严格按照客户的要求填写。记名提单填写买方名称和地址；指示提单填写 TO ORDER 或 TO ORDER OF ×××。

（3）通知人（Notify Party）：此栏填写被通知人名称。被通知人是货物到达目的港时船方发送到货通知的对象，通常是指进口人或其代理。若通知人与收货人相同，在实际操作中经常填写为：SAME AS CONSIGNEE。

（4）前程运输（Pre-carriage by）：如果货物需要转运，此处填写一程船名；如果不需要转运，此处留空。

（5）货物接收地（Place of Receipt）：如果货物需要转运，此处填写货物接收地名称；如果不需要转运，此处留空。

（6）船名/航次（Ocean Vessel/Voyage No.）：填写装运货物的船名及航次。若是已装船提单，必须填写船名；如果是待运提单，待货物实际装船完毕再记载船名。实际操作中一般签发已装船提单。

（7）装货港（Port of Loading）：此栏填写装运港的名称。

（8）卸货港（Port of Discharge）：此栏应填写实际卸下货物的港口具体名称。如属转船，第一程提单上的卸货港填转船港（中转港），填写此栏要注意同名港口问题。

（9）交货地点（Place of Delivery）：若卸货港为目的港（如美国的基本港），则交货地点为目的地（如美国的内陆点）。如果为CY—CY，目的地即目的港，此栏留空。此栏一般在多式联运方式下填写，表明承运人交付货物的地点，其运输条款可以是：门—门、场—门、站—门。

（10）集装箱号（Container No.）：填写实际装载货物的集装箱箱号。

（11）铅封号（Seal No.）：填写实际铅封号，一般一个集装箱对应一个铅封号。Marks No.（唛头）：信用证上有规定的，必须按规定填写；否则可按发票上的唛头填写。如无唛头，则填“N/M”。

（12）箱数或件数（No. of Containers or P'kgs）：此栏按箱子的实际包装情况填写。填写包装件数＋在集装箱的数量、型号，如“1×20DV”；如果是在拼箱货运输下，此栏应填写货物件数，如“10 Cases Machinery”。

（13）包装种类与货名（Kind of Packages；Description of Goods）：此栏填写货物品名。运费支付方式通常也可打在这一栏。例如，成交方式为CIF或CFR，应打“FREIGHT PREPAID”（运费预付）；成交方式为FOB，应打上“FREIGHT COLLECT”（运费到付）。

（14）毛重（Gross Weight）：实际毛重，一般以千克为单位列出货物的毛重。

（15）尺码（Measurement）：实际尺码，以立方米列出货物的体积。

（16）包装件数大写（Total No. of Container or Packages in Words）：与实际包装件数一致。格式为“SAY………（CARTONS）ONLY”。

（17）提单的签发份数（No. of Original B/L）：按信用证要求出具，一般理解为正本提单一式三份，每份都有同等效力，收货人凭其中一份提取货物后，其他各份自动失效。副本提单的份数可视托运人的需要而定。

（18）运费预付、到付（Prepaid，Collect）：按实际填写。

（19）提单签发的地点和时间（Place and Date of Issue）：提单签发的地点原则上是装货地点，一般是在装货港或货物集中地签发。提单的签发日期应该是提单上所列货物实际装船完毕的日期，也应该与收货单上大副所签发的日期是一致的。如果是在跟单信用证项下结汇，提单上所签发的日期必须与信用证或合同上所要求的最后装船期一致或先于装船期。如果卖方估计货物无法在信用证规定的期限内装船，应尽早通知买方，要求修改信用证，而不应该利用“倒签提单”“预借提单”等欺诈行为取得货款。

（20）承运人或船长或由其授权的人签字或盖章（Signed for the Carrier）：签发人签字。

(21) 提单号(Bill of Lading No.，B/L No.)：填写船公司提供的提单号。

(二) 集装箱装箱单

1. 集装箱装箱单的含义与用途

集装箱装箱单(Container Load Plan，CLP)是详细记载每一个集装箱内所装货物名称、数量、尺码、重量、标志和箱内货物积载情况的单证，对于特殊货物还应加注特定要求，如对冷藏货物要注明对箱内温度的要求等。

集装箱装箱单是集装箱运输的辅助货物舱单，其用途很广，主要用途有以下几方面：

(1) 是发货人向承运人提供集装箱内所装货物的明细清单。

(2) 是在装箱地向海关申报货物出口的单据，也是集装箱船舶进出口报关时向海关提交的载货清单的补充资料。

(3) 是发货人、集装箱货运站与集装箱码头之间的货物交接单。

(4) 是集装箱装、卸两港编制装、卸船计划的依据。

(5) 是集装箱船舶计算船舶吃水和稳定性的基本数据来源。

(6) 在卸箱地作为办理集装箱保税运输手续和拆箱作业的重要单证。

(7) 当发生货损时，是处理索赔事故的原始依据之一。

每一个集装箱有一份集装箱装箱单，一式五联，其中，码头、船代、承运人各一联，发货人、装箱人各一联。由集装箱货运站装箱时，由装箱的货运站缮制；由发货人装箱时，由发货人或其代理人的装箱货运站缮制。

发货人或集装箱货运站将货物装箱，缮制装箱单一式五联后，连同装箱货物一起送至集装箱堆场。集装箱堆场的业务人员在五联单上签收后，留下码头联、船代联和承运人联，将发货人联、装箱人联退还给送交集装箱的发货人或集装箱货运站。发货人或集装箱货运站除自留一份备查外，将另一份寄交给收货人或卸箱港的集装箱货运站，供拆箱时使用。

对于集装箱堆场留下的三联集装箱装箱单，除集装箱堆场自留码头联，据此编制装船计划外，还须将船代联和承运人联分别送交船舶代理人和船公司，据此缮制积载计划和处理货运事故。

有的国家(如澳大利亚)对动植物检疫有严格的特别要求，在集装箱装箱单上就须附有申请卫生检疫机关检验申请联。在申请联的申请检验事项中，与货运有关的内容包括货物本身及其包装用料是否使用了木材，如木板、木箱、货板、垫板。如果使用了木材，则要有是否已经经过防虫处理的说明。如果木材已经经过处理，则就货物本身应由发货人将发票、海运单证和熏蒸证书一并寄交收货人；就集装箱而言，则应由船公司或其代理人连同集装箱适航证书一并寄交卸货港的船公司代理人。该申请联由发货人和船公司或其代理人分别签署。

总之，集装箱装箱单的内容记载得准确与否，与集装箱货物运输的安全有着非常密切的关系。

2. 集装箱装箱单填制要点

(1) 集装箱号：车队到堆场提空后，将集装箱号填写在装箱单上，填写实际集装箱号即可。

（2）船名、航次：此处可依据报关单、订舱确认书、配舱回单等单据直接填写订舱确认后的船名、航次。船名、航次一般由“/”分隔，前半部分为船名，后半部分为航次。如船名、航次为“DONGFANG/875E”，即船名为“DONGFANG”，航次为“875E”。

（3）目的港：本次运输的最终目的港，用英文填写，如“温哥华”，直接填写“VANCOUVER”。

（4）铅封号：集装箱的铅封号由车队填写，与集装箱号码是一一对应的关系，一般为5～7位阿拉伯数字。

（5）提单号：根据订舱确认单、提箱单、报关单等单据填写实际提单号码。

（6）集装箱规格：直接填写装运本批货物的集装箱类型，填写格式为“集装箱尺寸（数字）”＋“/”＋“集装箱类型（英文缩写）”，如“40尺高箱”，即填写为“40/HP”。

（7）唛头：填写货物外包装上的运输标记。按提单、保管发票、装箱单、报关单上的内容填写，应与提单上所记载的标记一致，特别要同刷在货物外包装上的实际标记符号相同。

（8）件数及包装种类：填写本批货物运输的实际包装件数及种类。填写标准为“商品数量”＋“包装种类简写”，如“20个包装箱”，则填写为“20CAR”。

（9）货名：集装箱内所装货物名称，按照销售确认书填写商品的中文名称，如出口商品为管件，则在此处直接写“管件”。

（10）毛重：填写出运商品总毛重。填写时，若表头处有单位，则此处只填写重量数，如“23KGS”，此处只填写“23”；若表头处无单位，则此处需填写重量数和单位，如“23KGS”，此处填写“23KGS”。

（11）整箱重：填写出运商品包装总重，此处可略填。

（12）体积：填写出运商品的总体积，若在表头处有体积单位，则此处只填写体积数，如“23立方米”，此处只填写“23”；若表头处无体积单位，则此处需填写体积数和单位，如“23立方米”，此处填写“23CBM”。

（13）收货人：即本次交易合同进口商。多数情况下填写进口商的英文名称和地址，要与信用证开证申请人的名称和地址保持一致。

（14）装箱地点：实际的货物装箱地点。如果是在工厂装箱，就直接写工厂名称；如果是在堆场，就写堆场名称。例如，送货通知上标明“将货物于2017年12月5日前运至××物流公司堆场”，地址为“上海市××区××路”，则此处直接填写“××物流公司堆场”。

（15）装箱日期：即装箱的具体日期，按照系统提示选择日期。例如，装箱日期为“2017年11月11日”，则此处填写“2017-11-11”。

（16）发货人：此处填写发货人英文名称和地址，可直接根据销售确认书填写。

（三）集装箱设备交接单

1. 集装箱设备交接单的含义和作用

集装箱设备交接单（Equipment Interchange Receipt，EIR）简称设备交接单，是集装箱发放和交接的依据。

集装箱设备交接单的作用如下：

（1）集装箱设备交接单是进出港区、场站时，用箱人、运箱人与管箱人或其代理人之间交接集装箱和特殊集装箱及其设备的凭证。

（2）集装箱设备交接单是拥有和管理集装箱的船公司或其代理人与利用集装箱运输的陆运人签订有关设备交接基本条件的协议。

（3）集装箱设备交接单是证明双方交接时集装箱状态的凭证和划分双方责任的依据。

2. 集装箱设备交接单流转过程

（1）管箱人或其代理人填制并签发集装箱设备交接单（三联，每箱一份）交用箱人。

（2）由用箱人、运箱人据此单证（三联）到码头或内陆堆场办理提（还）箱手续，在堆场经办人（作为管箱人的代理人）核单、双方检验箱体状况签字后提走（或还回）集装箱及设备，堆场经办人留下码头堆场联与管箱单位联，将用箱人联退还经营人。

（3）堆场经办人将管箱单位联退还管箱单位。

（4）集装箱还回码头堆场时，双方按单上条款检验集装箱状况，如无损坏，集装箱设备交接单作用结束。

3. 集装箱设备交接单填制要点

（1）编号（No.）：集装箱设备交接单的编号。

（2）用箱人/运箱人（Container User/Haulier）：具体用箱人，如委托货代公司办理，一般为货代公司名称。

（3）提箱地点（Place of Delivery）：指定提箱地点，一般指具体堆场名称。

（4）返回/收箱地点（Place of Return）：还空箱具体地址。

（5）船名/航次（Vessel/Voyage No.）：此处可依据报关单、订舱确认书、配舱回单等单据填写订舱确认后的船名、航次。

（6）集装箱号（Container No.）：货代或者车队到堆场提取空箱的集装箱号码。

（7）尺寸/类型（Size/Type）：填写装运本批货物的集装箱类型。

（8）营运人（CNTR. OPTR.）：箱主公司或租箱公司。

（9）提单号（B/L No.）：根据订舱确认单、提箱单、报关单等单据填写实际提单号码。

（10）铅封号（Seal No.）：直接填写铅封号，铅封号与集装箱号是一一对应的关系。

（11）免费期限（Free Time Period）：免费使用集装箱的时间。

（12）出场目的/状态（PPS of Gate-out/Status）：每个公司填制规范不一，主要是说明出场时空箱或重箱状态。

（13）进场目的/状态（PPS of Gate-in/Status）：每个公司填制规范不一，主要是说明进场时空箱或重箱状态。

（14）进场日期（Time-in）：货代或者车队进场时间。

三、任务实施

（一）提单的填制

新起点国际物流有限公司操作员小林收到了浙江新科贸易有限公司的销售合同（见表3-18）、发票（见表3-19）等信息。

表 3 - 18 销售合同

<table>
<tr><td colspan="5">销售合同
SALES CONTRACT</td></tr>
<tr><td rowspan="3">卖方
Seller</td><td rowspan="3">XINKE TRADING CO., LTD.
HUARONG MANSION RM2901 NO. 85 GUANJIAQIAO, NINGBO 315000, CHINA
TEL:0086-574-471×××× FAX: 0086-574-471××××</td><td>编号 No.</td><td colspan="2">NEO20170116</td></tr>
<tr><td>日期 Date</td><td colspan="2">OCT. 30, 2017</td></tr>
<tr><td>地点
Signed in</td><td colspan="2">NINGBO, CHINA</td></tr>
<tr><td rowspan="2">买方
Buyer</td><td rowspan="2">NEO GENERAL TRADING CO.
P. O. BOX 99552, RIYADH 22766, NEW YORK, USA
TEL: 00966-1-465×××× FAX: 00966-1-465××××</td><td></td><td colspan="2"></td></tr>
<tr><td></td><td colspan="2"></td></tr>
<tr><td colspan="5">买卖双方同意按下列条款签订本合同：
This contract is made by and agreed between the BUYER and SELLER, in accordance with the terms and conditions stipulated below.</td></tr>
<tr><td colspan="2">1. 品名及规格
Commodity & Specification</td><td>2. 数量
Quantity</td><td>3. 单价及价格条款
Unit Price & Trade Terms</td><td>4. 金额
Amount</td></tr>
<tr><td colspan="2">TOY</td><td>1 750CARTONS</td><td>USD7. 80</td><td>USD13 650. 00</td></tr>
<tr><td>允许
With</td><td colspan="4">溢短装，由卖方决定
More or Less of Shipment Allowed at the Seller's Option</td></tr>
<tr><td colspan="2">5. 总值
Total Value</td><td colspan="3">USD THIRTEEN THOUSAND SIX HUNDRED AND FIFTY ONLY</td></tr>
<tr><td colspan="2">6. 包装 Packing</td><td colspan="3">EXPORTED BROWN CARTON</td></tr>
<tr><td colspan="2">7. 唛头
Shipping Marks</td><td colspan="3">ROSE BRAND
178/2017
RIYADH</td></tr>
<tr><td colspan="3">8. 装运期及运输方式
Time of Shipment & Means of Transportation</td><td colspan="2">NOT LATER THAN DEC. 15, 2017 BY VESSEL</td></tr>
<tr><td colspan="3">9. 装运港及目的地
Port of Loading & Destination</td><td colspan="2">FROM : NINGBO PORT, CHINA
TO : NEW YORK, USA</td></tr>
<tr><td colspan="3">10. 保险 Insurance</td><td colspan="2">TO BE COVERED BY THE BUYER</td></tr>
<tr><td colspan="3">11. 付款方式
Terms of Payment</td><td colspan="2">THE BUYERS SHALL OPEN THROUGH A BANK ACCEPTABLE TO THE SELLER AN IRREVOCABLE LETTER OF CREDIT PAYABLE AT SIGHT OF REACH THE SELLER 30 DAYS BEFORE THE MONTHE OF SHIPMENT, VALID FOR NEGOTIATION IN CHINA UNTIL THE 15th DAY AFTER THE DATE OF SHIPMENT.</td></tr>
<tr><td colspan="3">12. 备注 Remarks</td><td colspan="2"></td></tr>
<tr><td colspan="3">The Buyer</td><td colspan="2">The Seller</td></tr>
<tr><td colspan="3">NEO GENERAL TRADING CO.
(Signature)</td><td colspan="2">XINKE TRADING CO., LTD.
(Signature)</td></tr>
</table>

表 3-19　　商业发票

<table>
<tr><td colspan="7">XINKE TRADING CO., LTD.
HUARONG MANSION RM2901 NO. 85 GUANJIAQIAO，NINGBO 315000，CHINA
TEL：0086-574-471×××× FAX：0086-574-471××××</td></tr>
<tr><td colspan="7">COMMERCIAL INVOICE</td></tr>
<tr><td rowspan="4">To</td><td colspan="4" rowspan="4">NEO GENERAL TRADING CO.
P. O. BOX 99552，RIYADH 22766，NEWYORK，USA</td><td>Invoice No.</td><td>2017SDT001</td></tr>
<tr><td>Invoice Date</td><td>OCT. 30，2017</td></tr>
<tr><td>S/C No.</td><td>NEO2017026</td></tr>
<tr><td>S/C Date</td><td>OCT. 30，2017</td></tr>
<tr><td>From</td><td colspan="3">NINGBO，CHINA</td><td>To</td><td colspan="2">NEW YORK，USA</td></tr>
<tr><td colspan="2">Letter of Credit No.</td><td colspan="2">0011LC123756</td><td>Issued by</td><td colspan="2">AL RAJHI BANKING AND INVESTMENT CORP.</td></tr>
<tr><td colspan="2">Marks and No.</td><td>No. and Kind of Package
Description of Goods</td><td colspan="2">Quantity</td><td>Unit Price</td><td>Amount</td></tr>
<tr><td colspan="2" rowspan="2">ROSE BRAND
178/2017
RIYADH</td><td colspan="5">CFR NEW YORK，USA</td></tr>
<tr><td>TOY
FOB：USD12 650.00
FREIGHT CHARGE：USD 1 000.00</td><td colspan="2">1 750CTNS</td><td>USD7.80/CTN</td><td>USD13 650.00</td></tr>
<tr><td colspan="2"></td><td>TOTAL</td><td colspan="3">1 750CTNS</td><td>USD13 650.00</td></tr>
<tr><td colspan="2">SAY TOTAL</td><td colspan="5">USD THIRTEEN THOUSAND SIX HUNDRED FIFTY ONLY</td></tr>
</table>

实际货物装运信息如下：

（1）Packing：1 750CTNS.

（2）Size of Carton：20cm×25cm×30cm.

（3）Invoice No.：2017SDT001；Invoice Date：OCT. 30，2017.

（4）Shipping Marks：

ROSE BRAND
178/2017
RIYADH

（5）Freight Charge：USD1 000.00.

（6）Shipped in：1×20’ FCL.

（7）Date of Shipment：DEC. 15，2017.

（8）Bill of Lading No.：COSUNGB2934848.

（9）Vessel Name Voyage No.：COSCO SHANGHAI/31E.

（10）Container No./Seal No.：COSU49920994/8774.

制单要求：请以小林的身份根据上述信息填制装箱单（见表 3-20）和提单（见表 3-21）。

表 3－20

装箱单
PACKING LIST

客户
To Messrs：__________

日期
Date：__________

船名
Shipped by：__________ 由 From 至 To

合同号
Contract No.：__________

箱号 CTN. No.	货物名称及规格 Description	总箱数 Ge. Crate	总数量 Ge. Quantity	总毛重 G. W.	总净重 N. W.
合计 Total					

表 3-21　　　　　　　　　　　　　　　　提单

<table>
<tr><td colspan="2">Shipper (1)</td><td rowspan="6">B/L No. (21)</td></tr>
<tr><td colspan="2">Consignee (2)</td></tr>
<tr><td colspan="2">Notify Party (3)</td></tr>
<tr><td>Pre-carriage by (4)</td><td>Place of Receipt (5)</td></tr>
<tr><td>Ocean Vessel/Voyage No. (6)</td><td>Port of Loading (7)</td></tr>
<tr><td>Port of Discharge (8)</td><td>Place of Delivery (9)</td></tr>
</table>

<table>
<tr><td rowspan="3">Container No. (10)</td><td rowspan="3">Seal No. & Marks No. (11)</td><td rowspan="3">No. of Containers or P'kgs (12)</td><td>Kind of Packages
Description of Goods (13)</td><td rowspan="3">Gross Weight (14)</td><td rowspan="3">Measurement (15)</td></tr>
<tr><td>Final Destination (of the Goods, not the Ship)</td></tr>
<tr><td>Name of Goods</td></tr>
<tr><td colspan="3">Total No. of Containers
or Packages in Words (16)</td><td colspan="3">Total: Packages in Capital</td></tr>
</table>

<table>
<tr><td colspan="2">Freight & Charges</td><td>Revenue Tons</td><td>Rate</td><td>Per.</td><td>Prepaid
(18)</td><td>Collect</td></tr>
<tr><td rowspan="2">Ex. Rate</td><td>Prepaid at</td><td colspan="3">Payable at</td><td colspan="2">Place and Date of Issue
(19)</td></tr>
<tr><td>Total Prepaid</td><td colspan="3">No. of Original B/L (17)</td><td colspan="2" rowspan="2">Signed for the Carrier (20)</td></tr>
<tr><td colspan="5">Date</td></tr>
</table>

(二) 集装箱装箱单的填制

新起点国际物流有限公司操作员小林收到了浙江新科贸易有限公司的销售合同、发票等信息（详细内容同制作提单中的信息，不再重复出现）以及装箱时的实际信息，小林根据收到的信息成功获得船公司舱位，并于 2017 年 12 月 15 日装船出运。

制单要求：请以小林的身份根据以上单据填制集装箱装箱单，见表 3-22。

表 3－22　　**集装箱装箱单**

<table>
<tr><td colspan="6" rowspan="2">装箱单
CONTAINER LOAD PLAN</td><td colspan="2">集装箱号
Container No.</td><td colspan="2">集装箱规格
Type of Container</td></tr>
<tr><td colspan="2">铅封号
Seal No.</td><td colspan="2">冷藏温度　℉　　℃
Reefer Temp Required</td></tr>
<tr><td colspan="2">船名　航次
Ocean Vessel
Voy. No.</td><td colspan="3">收货地点
Place of Receipt
场　站　门
□ CY　□ CFS　□ Door</td><td colspan="2">装货港
Port of Loading</td><td>卸货港
Port of Discharge</td><td colspan="2">交货地点
Place of Delivery
场　站　门
□ CY　□ CFS　□ Door</td></tr>
<tr><td>箱主
Owner</td><td>提单号
Bill of Lading No.</td><td>1. 发货人
Shipper</td><td>2. 收货人
Consignee</td><td>3. 通知人
Notify Party</td><td>标志和号码
Marks & No.</td><td>件数及包装种类
No. & Kind of Pkgs</td><td>货名
Description of Goods</td><td>重量
（千克）
Weight</td><td>尺码
（立方米）
Measurement</td></tr>
<tr><td rowspan="2"></td><td rowspan="2"></td><td colspan="4" rowspan="2">前
Front

门
Door</td><td rowspan="2"></td><td></td><td></td><td></td></tr>
<tr><td>总件数
Total No. of Packages
重量及尺码总计
Total Weight & Measurement</td><td></td><td></td></tr>
<tr><td colspan="6">重新铅封号
New Seal No.
Breaking seal　　　开封原因
Reason for</td><td colspan="2">装箱日期　Date
装箱地点　At：
（地点及国名 Place & Country）</td><td></td><td>皮重
Tare Weight</td></tr>
<tr><td>出口
Export</td><td colspan="2">驾驶员签收
Received by Drayman</td><td colspan="3">堆场签收
Received by CY</td><td colspan="2" rowspan="2">装箱人
Packed by
发货人　货运站
Shipper　CFS
签署
Signed</td><td></td><td>总毛重
Gross Weight</td></tr>
<tr><td>进口
Import</td><td colspan="2">驾驶员签收
Received by Drayman</td><td colspan="3">货运站签收
Received by CFS</td><td colspan="2">发货人或货运站留存
Shipper/CFS</td></tr>
</table>

（三）集装箱设备交接单的填制

浙江新科贸易有限公司订舱确认后，新起点国际物流有限公司调度部为客户办理托卡事宜。2017 年 12 月 8 日，驾驶员小王接到调度部通知，由其负责提箱装箱业务，小王持订舱确认书（见表 3－23）和压箱费到航运中心的箱管科，将压箱费交给箱管，换来集装箱设备交接单，用于提取空箱。免费用箱期是自提箱之日起 14 天。小王完成提箱、装箱后于 2017 年 12 月 11 日进入北仑三期码头。

表 3-23 订舱确认书

中国船舶代理宁波分公司 **订舱确认书** 现有浙江新科贸易有限公司经我司订舱予以配 COSCO 船公司，开船时间：DEC. 15，2017，预计到港日：JAN. 15，2018，需用 COSCO 公司一个 20ft，提单号为：COSUNGB2934848，提箱地点：宏信堆场，箱号：COSU49920994，封号：87746，请届时放箱。 谢谢合作 船代加盖 签发人：林丹 2017 年 12 月 1 日

制单要求：请以小林的身份根据相关信息填制集装箱设备交接单，见表 3-24。

表 3-24 集装箱设备交接单

IN 进场　　　　编号 NO.

用箱人/运箱人（CONTAINER USER/HAULIER）	提箱地点（PLACE OF DELIVERY）

来自地点（WHERE FROM）	返回/收箱地点（PLACE OF RETURN）

船名/航次（VESSEL/VOYAGE NO.）	集装箱号（CONTAINER NO.）	尺寸/类型（SIZE/TYPE）	营运人（CNTR. OPTR.）
提单号（B/L NO.）	铅封号（SEAL NO.）	免费期限（FREE TIME PERIOD）	运载工具牌号（TRUCK WAGON BARGE NO.）

出场目的/状态（PPS OF GATE-OUT/STATUS）	进场目的/状态（PPS OF GATE-IN/STATUS）	进场日期（TIME-IN）
		月　日　时

进场检查记录（INSPECTION AT THE TIME OF INTERCHANGE）

普通集装箱（GP CONTAINER）	冷藏集装箱（RF CONTAINER）	特种集装箱（SPECIAL CONTAINER）	发电机（GNE SET）
□正常（SOUND） □异常（DEFECTIVE）	□正常（SOUND） □异常（DEFECTIVE）	□正常（SOUND） □异常（DEFECTIVE）	□正常（SOUND） □异常(DEFECTIVE)

损坏记录及代号（DAMAGE&CODE）

BR	D	M	DR	DL
破损（BROKEN）	凹损（DENT）	丢失（MISSING）	污箱（DIRTY）	危标（DG LABEL）

左侧（LEFT SIDE）

右侧（RIGHT SIDE）

前部（FRONT）

集装箱内部（CONTAINER INSIDE）

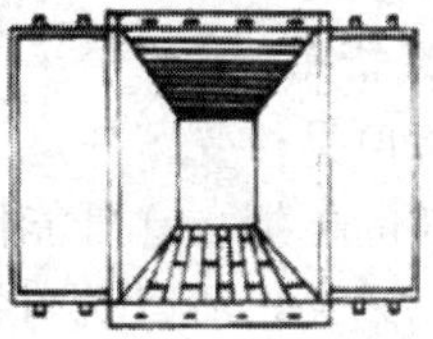

顶部（TOP）

底部（FLOOR BASE）

箱门（REAR）

如有异状，请注明程度及尺寸（REMARK）

除列明者外，集装箱及集装箱设备交接时完好无损，铅封完整无误。
THE CONTAINER/ASSOCIATED EQUIPMENT INTERCHANGE IN SOUND CONDITION AND SEAL INTACT UNLESS OTHERWISE STATED

用箱人/运箱人签署（CONTAINER USER/HAULIER'S SIGNATURE）	码头/堆场值班员签署（TERMINAL/DEPOT CLERK'S SIGNATURE）

四、任务评价

评价标准见表 3－25。

表 3－25　评价标准

项目	评价标准	成绩
提单	每空 2 分	
集装箱装箱单	每空 2 分	
集装箱设备交接单	每空 2 分	

五、拓展练习

（1）填写提单的依据是什么？提单的主要作用有哪些？
（2）装箱单的主要用途有哪些？
（3）集装箱设备交接单的作用有哪些？
（4）什么是唛头？它的作用有哪些？

六、知识链接

（一）与提单相关的单证

1. 装货单

装货单是接受了托运人提出装运申请的船公司，签发给托运人用以命令船长将承运的货物装船的单据。它既能作为装船的依据，又是货主用以向海关办理出口货物申报手续的主要单据之一，所以又叫关单。对于托运人来讲，它是办妥货物托运的证明；对船公司或其代理来讲，它是通知船方接受装运该批货物的指示文件。

2. 费用明细表

费用明细表如表 3-26 所示。

表 3-26　费用明细表

MB/L NO.：________　　HB/L NO.：________

××货运代理有限公司（费用明细表）

业务编号：________　订舱单位：________

托运编号：________　客　　户：________

船　　期：________　船 公 司：________　港　　区：________

目 的 港：________　中 转 港：________　箱型箱量：________

自拉自报：是：____ 否：____　是否进仓：是：____ 否：____

装箱要求：________

箱 封 号：________件数：________毛重：________体积：________

应收费用类别			
美金（USD）		人民币（RMB）	
基本海运费		订舱费	
船公司退佣		THC	
BAF		托卡费	
CAF		进港附加费（进四、五期码头）	
PSS		报关	
AMS		文件费	
WAR		改单费	
JSPS		电放费	
中转费		箱单费	
港口拥挤费		商检费	
海外代理费		操作费	
超期用箱费		仓库装箱费	
查验费		安保费	
优惠		舱单发送费	
海运总价		铅封费	
合计		合计	
经理审核		操作经理签字	
备注：发票号码			

（二）提单的分类

按不同的分类标准，提单可以划分为许多种类。

1. 按提单收货人的抬头分

（1）记名提单（Straight B/L）。记名提单又称收货人抬头提单，是指提单上的收货人栏中已具体填写收货人名称的提单，如图 3－1 所示。提单所记载的货物只能由提单上特定的收货人提取，或者说承运人在卸货港只能把货物交给提单上所指定的收货人。如果承运人将货物交给提单指定以外的人，即使该人占有提单，承运人也应负责。这种提单失去了代表货物可转让流通的便利，但同时也可以避免在转让过程中可能带来的风险。

使用记名提单，如果货物的交付不涉及贸易合同下的义务，则可不通过银行而由托运人将其邮寄收货人或由船长随船带交。这样，提单就可以及时送达收货人，而不致延误。因此，记名提单一般只适用于运输展览品或贵重物品，在短途运输中使用较有优势，而在国际贸易中较少使用。

（2）不记名提单（Bearer B/L，Open B/L，Blank B/L）。不记名提单的收货人一栏内没有指明任何收货人，只是注明“提单持有人”字样或将这一栏空白，不填写任何人的名称，如图 3－2 所示。这种提单不需要任何背书手续即可转让或提取货物，极为简便。谁持有提单，谁就可以提货，承运人交付货物只凭单不凭人。这种提单丢失或被窃后风险极大，若转入第三者手中极易引起纠纷，故国际上较少使用这种提单。另外，有些班轮公司会规定，凡使用不记名提单时，在给大副的提单副本中必须注明卸货港通知人的名称和地址。

图 3－1 记名提单

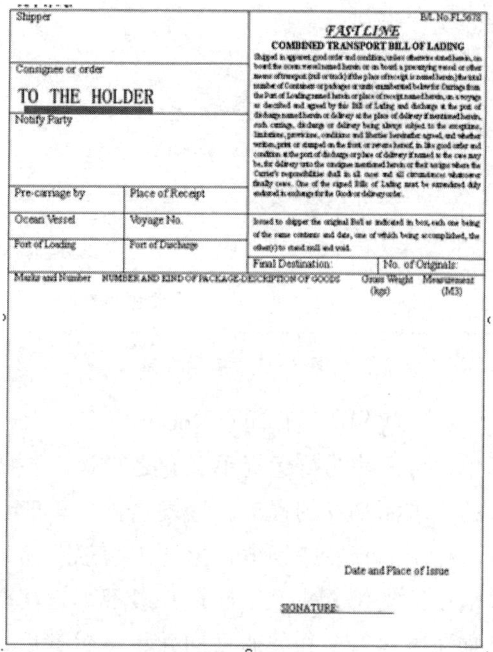

图 3－2 不记名提单

（3）指示提单（Order B/L）。在提单正面“收货人”一栏内填上“凭指示”或“凭某人指示”字样的提单，如图 3－3 所示。这种提单按照表示指示人的方法不同，又分为托运人指示提单、记名指示人提单和选择指示人提单。如果在收货人栏内只填记“指示”字样，则称为托运人指示提单。这种提单在托运人未指定收货人或受让人之前，货物所有权仍属于卖方，在跟单信用证支付方式下，托运人就是以议付银行或收货人为受让人，通过转让提单而取得议付货款的。如果收货人栏内填记“某某指示”，则称为记名指示提单。如果在收货人栏内填记“某某或指示”，则称为选择指示人提单。记名指示提单或选择指示人提单中指名的“某某”既可以是银行，也可以是托运人。

2. 按货物是否已装船分

（1）已装船提单（Shipped B/L，On Board B/L）。已装船提单是指货物装船后由承运人或其授权代理人根据大副收据签发给托运人的提单，如图 3－4 所示。如果承运人签发了已装船提单，就是确认他已将货物装在船上。这种提单除载明一般事项外，通常还必须注明装载货物的船舶名称和装船日期。

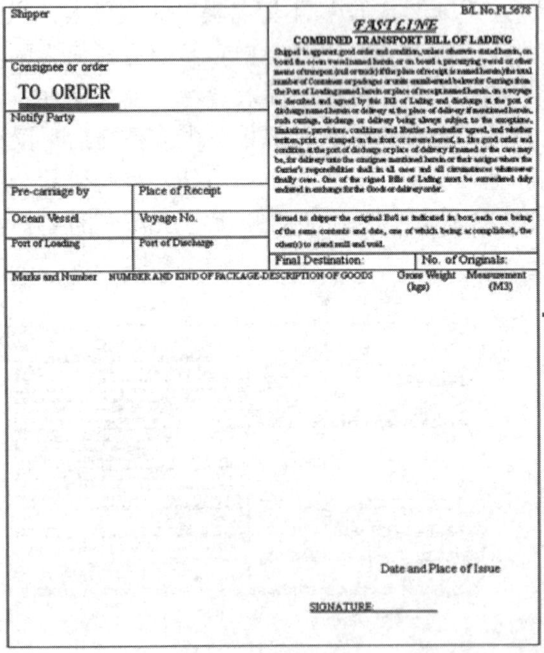
B/L No.FL5678
FASTLINE
COMBINED TRANSPORT BILL OF LADING
Shipper
Consignee or order
TO ORDER
Notify Party
Pre-carriage by | Place of Receipt
Ocean Vessel | Voyage No.
Port of Loading | Port of Discharge
Final Destination: | No. of Originals:
Marks and Number | NUMBER AND KIND OF PACKAGE-DESCRIPTION OF GOODS | Gross Weight (kgs) | Measurement (M3)
Date and Place of Issue
SIGNATURE

图 3－3　指示提单

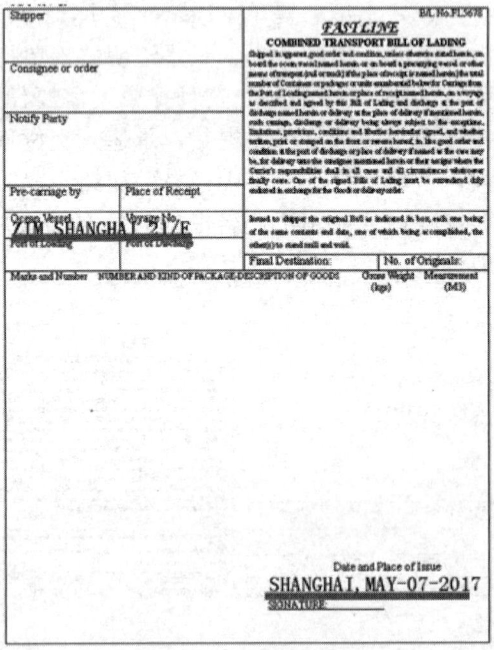
B/L No.FL5678
FASTLINE
COMBINED TRANSPORT BILL OF LADING
Shipper
Consignee or order
Notify Party
Pre-carriage by | Place of Receipt
Ocean Vessel | Voyage No.
ZIM SHANGHAI 21/E
Port of Loading | Port of Discharge
Final Destination: | No. of Originals:
Marks and Number | NUMBER AND KIND OF PACKAGE-DESCRIPTION OF GOODS | Gross Weight (kgs) | Measurement (M3)
Date and Place of Issue
SHANGHAI, MAY-07-2017
SIGNATURE

图 3－4　已装船提单

（2）收货待运提单（Received for Shipment B/L）。收货待运提单又称备运提单、待装提单，可简称为待运提单。它是承运人在收到托运人交来的货物但还没有装船时，应托运人的要求而签发的提单。签发这种提单时，说明承运人确认货物已交由承运人保管并存在其所控制的仓库或场地，但还未装船。所以，这种提单未载明所装船名和装船时间，在跟单信用证支付方式下，银行一般都不肯接受这种提单。但当货物装船，承运人在这种提单上加注装运船名和装船日期并签字盖章后，待运提单即成为已装船提单。

3. 按提单上对货物外表有无批注分

(1) 清洁提单 (Clean B/L)。在装船时，货物外表状况良好，承运人在签发提单时，未在提单上加注任何有关货物残损、包装不良，或其他妨碍结汇的批注的提单称为清洁提单。

使用清洁提单在国际贸易实践中非常重要，买方要想收到完好无损的货物，首先必须要求卖方在装船时保持货物外观良好，并要求卖方提供清洁提单。在以跟单信用证为付款方式的贸易中，通常卖方只有向银行提交清洁提单才能取得货款。承运人一旦签发了清洁提单，货物在卸货港卸下后，如发现有残损，除非是由于承运人可以免责的原因所致，否则承运人必须负责赔偿。

(2) 不清洁提单 (Unclean B/L，Foul B/L)。在货物装船时，承运人若发现货物有包装不牢、破残、渗漏、玷污、标志不清等现象，大副将在收货单上对此加以批注，并将此批注转移到提单上，这种提单称为不清洁提单。

实践中，承运人接收货物时，如果货物外表状况不良，一般先在大副收据上做记载，在正式签发提单时，再把这种记载转移到提单上。在国际贸易实践中，银行拒绝出口商以不清洁提单办理结汇。为此，托运人应把损坏或外表状况有缺陷的货物进行修补或更换。习惯上的变通办法是由托运人出具保函，要求承运人不要将大副收据上所做的有关货物外表状况不良的批注转批到提单上，而根据保函签发清洁提单，以使出口商能顺利完成结汇。但是，承运人因未将大副收据上的批注转批到提单上，承运人可能承担对收货人的赔偿责任，承运人因此而遭受的损失应由托运人赔偿。托运人是否能够赔偿，承运人在向托运人追偿时，往往难以得到法律的保护。

4. 按运输方式分

(1) 直达提单 (Direct B/L)。直达提单又称直运提单，是指货物从装货港装船后，中途不经转船，直接运至目的港卸船交与收货人的提单，如图 3-5 所示。直达提单上不得有"转船"或"在某港转船"的批注。凡信用证规定不准转船者，必须使用这种直达提单。如果提单背面条款印有承运人有权转船的"自由转船"条款者，不影响该提单成为直达提单的性质。

使用直达提单时，货物由同一船舶直运目的港，这对买方来说比中途转船有利得多，它既可以节省费用、减少风险，又可以节省时间、及早到货。因此，买方通常只有在无直达船时才同意转船。在贸易实践中，如信用证规定不准转船，则买方必须取得直达提单才能结汇。

(2) 转船提单 (Transhipment B/L)。货物从起运港装载的船舶不直接驶往目的港，需要在中途港口换装其他船舶转运至目的港卸货，承运人签发的这种提单称为转船提单，如图 3-6 所示。转船提单往往由第一程船的承运人签发，在提单上注明"转运"或在"某某港转船"字样。由于货物中途转船，增加了转船费用和风险，并影响到货时间，故一般信用证内均规定不允许转船，但直达船少或没有直达船的港口，买方也只好同意可以转船。

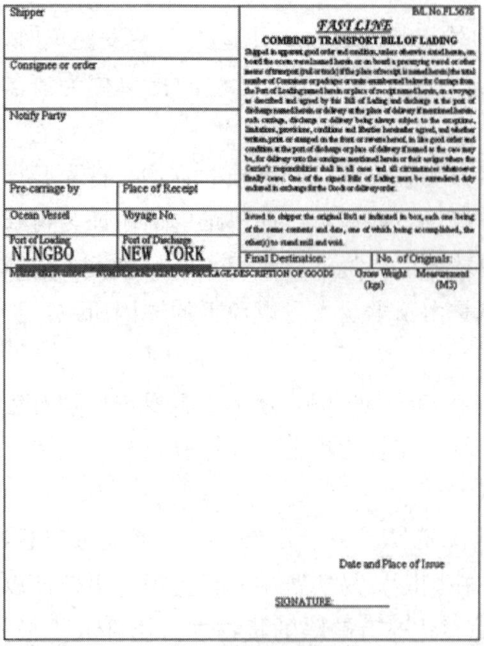
Shipper
B/L No.FL5678
FASTLINE
COMBINED TRANSPORT BILL OF LADING
Consignee or order
Notify Party
Pre-carriage by
Place of Receipt
Ocean Vessel
Voyage No.
Port of Loading
NINGBO
Port of Discharge
NEW YORK
Final Destination:
No. of Originals:
Marks and Number
NUMBER AND KIND OF PACKAGE-DESCRIPTION OF GOODS
Gross Weight (kgs)
Measurement (M3)
Date and Place of Issue
SIGNATURE:

图 3-5 直达提单

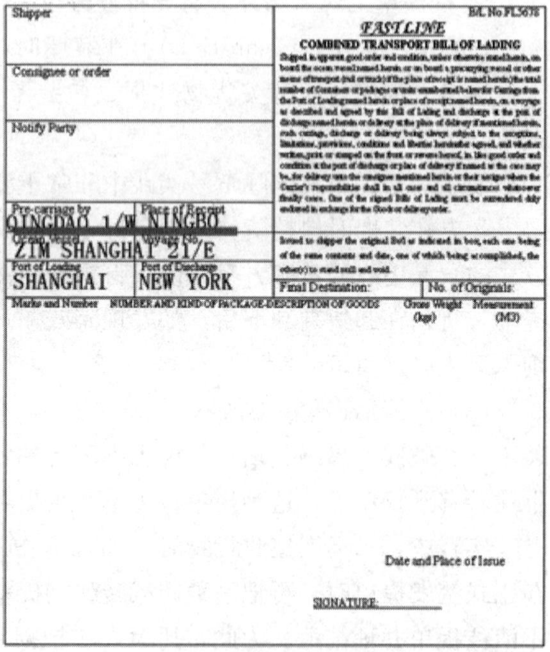
Shipper
B/L No.FL5678
FASTLINE
COMBINED TRANSPORT BILL OF LADING
Consignee or order
Notify Party
Pre-carriage by
QINGDAO 1/W
Place of Receipt
NINGBO
Ocean Vessel
Voyage No.
ZIM SHANGHAI 21/E
Port of Loading
SHANGHAI
Port of Discharge
NEW YORK
Final Destination:
No. of Originals:
Marks and Number
NUMBER AND KIND OF PACKAGE-DESCRIPTION OF GOODS
Gross Weight (kgs)
Measurement (M3)
Date and Place of Issue
SIGNATURE:

图 3-6 转船提单

(3) 联运提单（Through B/L）。联运提单是指货物运输需经两段或两段以上的运输方式来完成，如海陆、海空或海海等联合运输所使用的提单。海海（船船）联运在航运界也称为转运，包括海船将货物送到一个港口后再由驳船从港口经内河运往内河目的港。

(4) 多式联运提单（Multimodal Transport B/L，Intermodal Transport B/L）。多式联运提单主要用于集装箱运输，是指一批货物需要经过两种以上不同运输方式，其中一种是海上运输方式，由一个承运人负责全程运输，负责将货物从接收地运至目的地交付收货人，并收取全程运费所签发的提单。提单内的项目不仅包括起运港和目的港，而且列明一程二程等运输路线，以及收货地和交货地。

5. 按提单内容的繁简分

(1) 全式提单（Long Form B/L）。全式提单是指提单除正面印就的提单格式所记载的事项外，背面列出关于承运人与托运人及收货人之间权利、义务等详细条款的提单。由于条款繁多，所以又称繁式提单。全式提单在海运实际业务中大量使用。

(2) 简式提单（Short Form B/L，Simple B/L）。简式提单又称短式提单、略式提单，是相对于全式提单而言的，是指提单背面没有关于承运人与托运人及收货人之间的权利、义务等详细条款的提单。这种提单一般在正面印有“简式”（Short Form）字样，以示区别。简式提单中通常列有如下条款：本提单货物的收受、保管、运输和运费等事项，均按本提单全式提单的正面、背面的铅印、手写、印章和打字等书面条款和例外条款办理，该全式提单存本公司及其分支机构或代理处，可供托运人随时查阅。

简式提单通常包括租船合同项下的提单和非租船合同项下的提单。

1）租船合同项下的提单。在以航次租船的方式运输大宗货物时，船货双方为了明确双方的权利、义务，首先要订立航次租船合同，在货物装船后承租人要求船方或其代理人签发提单，作为已经收到有关货物的收据，这种提单就是租船合同项下的提单。因为这种提单中注有“所有条件均根据某年某月某日签订的租船合同”；或者注有“根据……租船合同开立”字样，所以它要受租船合同的约束。因为银行不愿意承担可能发生的额外风险，所以当出口商以这种提单交银行议付时，银行一般不愿接受。只有在开证行授权可接受租船合同项下的提单时，议付银行才会同意，但往往同时要求出口商提供租船合同副本。国际商会《跟单信用证统一惯例（2007年修订本）》规定，除非信用证另有规定，银行将拒收租船合同项下的提单。

2）非租船合同项下的提单。为了简化提单备制工作，有些船公司实际上只签发给托运人一种简式提单，而将全式提单留存，以备托运人查阅。按照国际贸易惯例，银行可以接受这种简式提单。这种简式提单与全式提单在法律上具有同等效力。

6. 按签发提单的时间分

（1）倒签提单（Anti-dated B/L）。倒签提单是指承运人或其代理人应托运人的要求，在货物装船完毕后，以早于货物实际装船日期为签发日期的提单。当货物实际装船日期晚于信用证规定的装船日期时，若仍按实际装船日期签发提单，托运人就无法结汇。为了使签发提单的日期与信用证规定的装运日期相符，以利结汇，承运人应托运人的要求，在提单上仍以信用证的装运日期填写签发日期，以免违约。

（2）顺签提单（Post-date B/L）。顺签提单是指在货物装船完毕后，应托运人的要求，由承运人或其代理人签发的提单。但是该提单上记载的签发日期晚于货物实际装船完毕的日期。由于顺填日期签发提单，所以称为顺签提单。

（3）预借提单（Advanced B/L）。预借提单是指货物尚未装船或尚未装船完毕的情况下，信用证规定的结汇期（即信用证的有效期）即将届满，托运人为了能及时结汇，而要求承运人或其代理人提前签发的已装船清洁提单。

当托运人未能及时备妥货物或船期延误，船舶不能按时到港接受货载，估计货物装船完毕的时间可能超过信用证规定的结汇期时，托运人往往从承运人那里借出提单用以结汇，当然必须出具保函。签发这种提单，承运人要承担更大的风险，可能构成承、托双方合谋对第三者收货人进行欺诈。

签发倒签提单或预借提单，承运人承担的风险很大，由此引起的责任，承运人必须承担，尽管托运人往往向承运人出具保函，但这种保函同样不能约束收货人。签发预借提单相较于签发倒签提单，承运人承担的风险更大，因为预借提单是承运人在货物尚未装船，或者装船还未完毕时签发的。我国法院对承运人签发预借提单的判例，由承运人承担由此而引起的一切后果，赔偿货款损失和利息损失，还赔偿包括收货人向第三人赔付的其他各项损失。

（4）过期提单（Stale B/L）。过期提单有两种含义：一是指出口商在装船后延滞过久才交到银行议付的提单；二是指晚于货物到达目的港的提单。国际贸易合同一般都规定有“过期提单也可接受”的条款。

7. 按运费支付方式分

（1）运费预付提单（Freight Prepaid B/L）。以 CIF、CFR 条件成交，托运货物时，必须预付运费。在运费预付情况下出具的提单称为运费预付提单。这种提单正面载明“运费预付”字样，运费付后才能取得提单；付费后，若货物灭失，运费不退。

（2）运费到付提单（Freight to Collect B/L）。以 FOB 条件成交的货物，不论是买方订舱还是买方委托卖方订舱，运费均为到付，并在提单上载明“运费到付”字样，这种提单称为运费到付提单。货物运到目的港后，只有付清运费，收货人才能提货。

（3）最低运费提单（Minimum B/L）。最低运费提单是指对每一提单上的货物按起码收费标准收取运费所签发的提单。如果托运人托运的货物批量过少，按其数量计算的运费额低于运价表规定的起码收费标准时，承运人均按起码收费标准收取运费，为这批货物所签发的提单就是最低运费提单，也可称为起码收费提单。

8. 按提单签发的不同分

（1）船公司签发的提单。通常为整箱货签发提单。

（2）无船承运人所签发的提单。无船承运人所签发的提单是指由无船承运人或其代理人所签发的提单。在集装箱运输中，无船承运人通常为拼箱货签发提单，因为拼箱货是在集装箱货运站内装箱和拆箱，而货运站又大仓库又多，所以有人称其为仓/仓提单（House B/L）。当然，无船承运人也可以为整箱货签发提单。

9. 其他各种特殊提单

（1）合并提单（Omnibus B/L）。合并提单是指根据托运人的要求，将同一船舶装运的同一装货港、同一卸货港、同一收货人的两批或两批以上相同或不同的货物合并签发一份提单。托运人或收货人为了节省运费，常要求承运人将本应属于最低运费提单的货物与其他另行签发提单的货物合并在一起，只签发一份提单。

（2）并装提单（Combined B/L）。将两批或两批以上品种、质量、装货港和卸货港相同，但分属于不同收货人的液体散装货物并装于同一液体货舱内，而分别为每批货物的收货人签发一份提单时，其上加盖有“并装条款”印章的提单，称为并装提单。在签发并装提单的情况下，应在几个收货人中确定一个主要收货人（通常是其中批量最大的收货人），并由这个主要收货人负责分摊各个收货人应分担的货物自然损耗和底脚损耗。

（3）分提单（Separate B/L）。托运人为了目的港收货人提货方便，要求承运人将本来属于同一装货单上的标志、货种、等级均相同的同一批货物，分开签多份提单，这种提单叫分提单。只有标志、货种、等级均相同的同一批货物才能签发分提单，否则，会因在卸货港理货，增加承运人理货、分标志费用的负担。分提单一般除了散装油类最多不超过 5 套外，其他货物并无限制。

（4）交换提单（Switch B/L）。交换提单是指在直达运输的条件下，应托运人的要求，承运人承诺，在某一约定的中途港凭在起运港签发的提单另换发一套以该中途港为起运港，但仍以原来的托运人为托运人，并注明“在中途港收回本提单，另换发以该中途港为起运港的提单”或“Switch B/L”字样的提单。

若贸易合同规定以某一特定港口为装货港，而作为托运人的卖方因备货原因，不得不在这一特定港口以外的其他港口装货时，为了符合贸易合同和信用证关于装货港的要求，常采用这种变通的办法，要求承运人签发这种交换提单。

（5）舱面货提单（On Deck B/L）。舱面货提单又称甲板货提单，是指货物装于露天甲板上承运时，在提单上注明“装于舱面”字样的提单。

（6）包裹提单（Parcel Receipt B/L）。包裹提单是指以包裹形式托运货物而签发的提单。这是承运人根据贸易上的特殊需要而设定的一种提单，重量不超过45kg。

（7）集装箱提单（Container B/L）。集装箱提单是负责集装箱运输的经营人或其代理人，在收到集装箱货物后而签发给托运人的提单，是集装箱货物运输下主要的货运单据。

（三）集装箱海运出口流程

集装箱海运出口流程如图3－7所示。

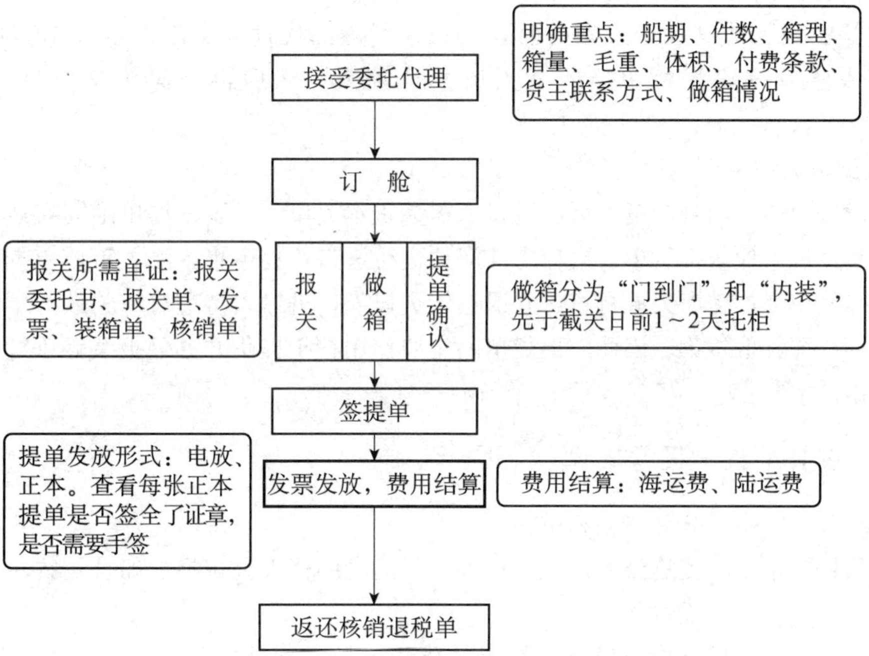

图3－7　集装箱海运出口流程

任务四　海运进口单据

一、任务导入

浙江新科贸易有限公司用CY—CY方式进口的一批玩具装于2017年12月30日安全

抵达宁波港北仑四期码头，收货人在卸货地点目的港拿着提单号为 COSUNGB2934848 的提单去船公司换单提货。浙江新科贸易有限公司委托新起点国际物流有限公司办理换单提货等相关业务。操作员小王需要根据提单换取提货单。

二、知识探究

（一）提货单

1. 提货单的含义

提货单又称小提单，是指收货人凭正本提单或副本提单随同有效担保向承运人或其代理人换取的，可向港口装卸部门提取货物的凭证。提货单的性质与提单完全不同，它是船公司或其代理人指令仓库或装卸公司向收货人交付货物的凭证，不具备流通或其他作用。

虽然收货人或其代理人提取货物是以正本提单为交换条件，但在实际业务中采用的方法则是收货人或其代理人先向船公司在卸货港的代理人交出正本提单，再由船公司的代理人签发一份提货单给收货人或其代理人，然后再到码头仓库或船边提取货物。

2. 提货单的作用

在海运进口中，船到卸货港后，进口人需持正本提单（或副本提单随同有效担保）向船公司或其代理人换取提货单。进口人向海关进行进口货物申报，海关审核单据和货物无误后，在提货单上加盖海关放行章，并退返给进口人。进口人持盖有海关放行章的提货单向海关监管仓库领取货物。因此，提货单的主要作用在于提货并办理报关等手续，是主要的提货单据。

（二）提货单换单提货流程

集装箱装箱时主要分为整箱和拼箱。

整箱的提货单换单提货流程：先去货代在目的港的代理公司换成船公司提单，再到船公司或者船代那里换成提货单。

拼箱的提货单换单提货流程：一般都是货代提单，这种货代提单还存在几次换单情况。比如提单签发人是 A 公司，实际拼箱公司是 B 公司，那么提单签发人首先得拿 A 公司的提单到 A 公司在目的港的代理那里换成 B 公司的提单（换单地址提单上一般会有，也有的是到了目的港后 A 公司的代理会发到货通知给提单签发人），然后再到 B 公司去换成 B 公司代理的提货单，当然还有可能存在 C 公司，最终提单签发人需要换到完成拼箱操作的那个公司的提货单。

提货单换单提货流程如图 3－8 所示。

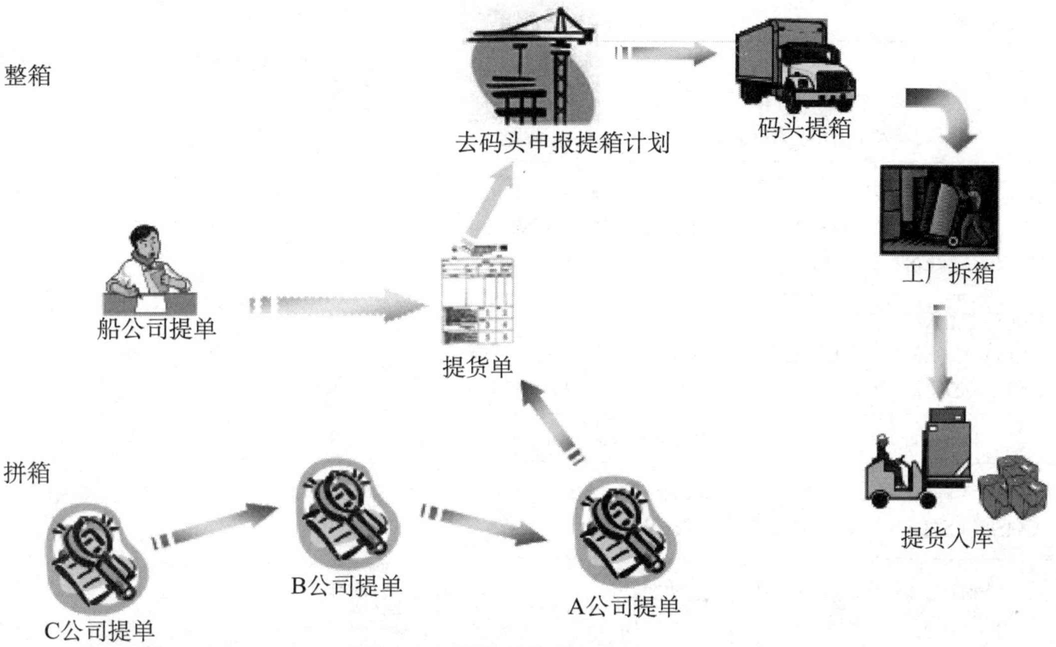

图3－8　提货单换单提货流程

（三）提货单填制要求

（1）港区场站：一般情况下填写目的港港区，此栏非必填项，可留空。

（2）换单日期：填写提单换取提货单的时间。

（3）收货人名称：填写收货人的名称。

（4）船名：填写装运货物的船名。

（5）航次：填写装运货物的航次。

（6）起运港：填写装运港的名称。

（7）目的港：填写实际卸下货物的港口具体名称。

（8）船舶预计到港时间：填写船舶预计抵达目的港的时间。

（9）提单号：填写用以换取提货单的提单号。

（10）交付条款：填写集装箱货物交付条件。

（11）第一程运输：如货物需要转运，此处填写一程船名；如不需要转运，此处留空。

（12）标记与集装箱号：填写唛头，如果没有唛头填写“N/M”；填写集装箱箱号、封号及箱型。

（13）货名：填写货物品名和规格。

（14）集装箱数或件数：填写集装箱内货物包装件数。

（15）重量、体积：填写集装箱内货物的毛重、体积。

（16）收货人章、海关章、检验检疫章：分别由收货人、海关和检验检疫部门盖章，如无须检验检疫，检验检疫章可留空。

三、任务实施

请根据表3－27中的信息填制提货单（见表3－28）。

表 3-27 **提单**

Shipper KKK TRADING CO.，LTD. P. O. BOX 324577，SINGAPORE	B/L NO.：COSUNGB2934848
Consignee TO THE ORDER OF AL RAJHI BANKING AND INVESTMENT CORP.	
Notify Party NEO GENERAL CO.，LTD. NINGBO BRANCH TEL：0574-249×××××	

Pre-carriage by	Place of Receipt
Ocean Vessel Voyage. No. COSCO SHANGHAI/31E	Port of Loading NEW YORK
Port of Discharge NINGBO，CHINA	Place of Delivery

Container No.	Seal No. & Marks No.	No. of Containers or P'kgs	Kind of Packages Description of Goods	Gross Weight	Measurement
COSU49920994	87746 ROSE BRAND 178/2017 RIYADH	1 750 CARTONS	Final Destination (of the Goods，not the Ship) TOY	17 850KGS	26. 25 CBM

TOTAL NUMBER OF CONTAINERS OR PACKAGES (IN WORDS) SAY ONE THOUSAND SEVEN HUNDRED AND FIFTY CARTONS ONLY

TOTAL：PACKAGES IN CAPITAL

Freight & Charges	Revenue Tons	Rate	Per.	Prepaid	Collect
				FREIGHT PREPAID	

Ex. Rate	Prepaid at	Payable at	Place and Date of Issue NEW YORK 30-12-2017
	Total Prepaid	No. of Original B (s) /L THREE	Signed for the Carrier
Date			

表 3-28

提货单

进口集装箱货物

提货单

DELIVERY ORDER

港区场站（1） 换单日期（2）

<table>
<tr><td colspan="3">收货人名称（3）</td><td colspan="2">收货人开户银行与账号</td></tr>
<tr><td>船名（4）</td><td>船次（5）</td><td>起运港（6）</td><td>目的港（7）</td><td>船舶预计到达时间（8）</td></tr>
<tr><td>提单号（9）</td><td>交付条款（10）</td><td>进库场日期</td><td>第一程运输（11）</td><td></td></tr>
<tr><td>标记与集装箱号（12）</td><td>货名（13）</td><td>集装箱数或件数（14）</td><td>重量（KGS）</td><td>体积（M³）（15）</td></tr>
<tr><td></td><td></td><td></td><td></td><td></td></tr>
</table>

<table>
<tr><td rowspan="2">船代公司重要提示：
（1）本提货单中有关船、货内容按照提单的相关内容填制。
（2）请当场核查本提货单内容有无错误之处，否则本公司不承担由此产生的责任和损失。
（3）本提货单仅作为提货的凭证，不得买卖、转让。
（4）在本提货单下，承运人代理人及雇佣人的任何行为，均应被视为代表承运人的行为。
（5）本提货单所列的船舶预计到达时间，不作为申报进境和计算滞报金、雇佣费等超算的依据，货主不及时换单和提货造成的损失，责任自负。
××外轮代理有限公司（盖章有效）
年 月 日</td><td>收货人章（16）
1</td><td>海关章
2</td></tr>
<tr><td>检验检疫章
3</td><td>4</td></tr>
<tr><td>注意事项：
（1）本提货单需盖有船代放货章和海关放行章后方始有效。凡属法定检验检疫的进口商品，必须向检验检疫机构申报。
（2）提货人到码头公司办理提货手续时，应出示单位证明或经办人身份证明。提货人若非本提货单记名收货人时，还应当出示提货单记名收货人开具的证明，以表明其为有权提货的人。
（3）货物超过港存期，码头公司可以按有关规定处理。在规定期间无人提取的货物，按国家有关规定处理。</td><td>5</td><td>6</td></tr>
</table>

四、任务评价

评价标准见表 3－29。

表 3－29 评价标准

项目	评价标准	成绩
提货单	每空 5 分	

五、拓展练习

意大利阿玛尼有限公司（ITALY GIORGIO ARMANI CO.，LTD.）与宁波博洋家纺有限公司（NINGBO BEYOND HOME TEXTILES CO.，LTD.）签订了合同。双方签订的销售合同和装箱单见表 3－30 和表 3－31。

表 3－30 销售合同

SALES CONTRACT

CONTRACT NO.：19HSIWQ2

DATE：FEB. 15，2017

BUYER：ITALY GIORGIO ARMANI CO.，LTD.　ADRESS：BANCA POPOLARE DI NOVARA DIP 0866 VERCELLI N. 1，ITALY

SELLER：NINGBO BEYOND HOME TEXTILES CO.，LTD.　ADRESS：WANGJIAPU，XIAYING TOWN，NINGBO，CHINA

1. THIS CONTRACT IS MADE BY AND AGREED BETWEEN THE BUYER AND SELLER，IN ACCORDANCE WITH THE TERMS AND CONDITIONS STIPULATED BELOW：

本合同经买卖双方同意，相关条款如下：

Name of Commodity	Specification	Quantity	Unit Price FOB BEILUN
Cotton twill bedspread	20170205	3180PCS	RMB348.60/PC
Cotton children's suite	20170205	1320PCS	RMB278.60/PC
Cotton twill high-density printed sheet	20170205	6780PCS	RMB348.60/PC
Cotton twill	20170205	6160PCS	RMB334.60/PC
Pure cotton twill bedspread	20170205	5120PCS	RMB404.60/PC

WITH：5% MORE OR LESS BOTH IN AMOUNT AND QUANTITY ALLOWED AT THE SELLER'S OPTION.

2. PLACE OF RECEIPT：BEILUN，CHINA　PORT OF LOADING：BEILUN，CHINA

PORT OF DESTINATION：PALMI，ITALY　PLACE OF DELIVERY：PALMI，ITALY

3. PAYMENT：(T/T)

4. PACKING：(CARTON)　FOUR PCS/SET　FIVE SETS/CTN

5. CLAIM：WITHIN 30 DAYS AFTER THE ARRIVAL OF THE GOODS AT THE DESTINATION，SHOULD THE QUALITY，SPECIFICATION OR QUANTITY BE FOUND NOT IN CONFORMITY WITH THE STIPULATIONS OF THE CONTRACT EXCEPT THOSE CLAIMS FOR WHICH THE INSURANCE COMPANY OR THE OWNERS OF THE VESSEL ARE LIABLE. THE BUYER SHALL HAVE THE RIGHT ON THE STRENGTH OF THE INSPECTION CERTIFICATE ISSUED BY THE C. C. I. C AND THE RELATIVE DOCUMENTS TO CLAIM FOR COMPENSATION TO THE SELLER.

BUYER：ITALY GIORGIO ARMANI CO.，LTD.

SELLER：NINGBO BEYOND HOME TEXTILES CO.，LTD.

表 3-31　　装箱单

<table>
<tr><td colspan="6">宁波博洋家纺有限公司
NINGBO BEYOND HOME TEXTILES CO.，LTD.</td></tr>
<tr><td colspan="6">PACKING LIST</td></tr>
<tr><td rowspan="3">TO</td><td colspan="3" rowspan="3">ITALY GIORGIO ARMANI CO.，LTD.
BANCA POPOLARE DI NOVARA DIP 0866 VERCELLI N.1，ITALY</td><td>INV. NO.</td><td>OUZHOU858</td></tr>
<tr><td>DATE</td><td>MAR.14，2017</td></tr>
<tr><td>B/L NO.</td><td>HUYSG98574</td></tr>
<tr><td>FROM</td><td colspan="3">BEILUN，CHINA</td><td>TO</td><td>PALMI，ITALY</td></tr>
<tr><td colspan="6"></td></tr>
<tr><td>Marks and Numbers</td><td>Description of Goods</td><td>Quantity</td><td>G.W（KGS）</td><td>N.W（KGS）</td><td>Measurement（m³）</td></tr>
<tr><td rowspan="5">N/M</td><td>Cotton twill bedspread</td><td>3180PCS</td><td>560</td><td>550</td><td>10.56</td></tr>
<tr><td>Cotton children's suite</td><td>1320PCS</td><td>350</td><td>340</td><td>6.84</td></tr>
<tr><td>Cotton twill high-density printed sheet</td><td>6780PCS</td><td>680</td><td>670</td><td>26.35</td></tr>
<tr><td>Cotton twill</td><td>6160PCS</td><td>750</td><td>740</td><td>19.56</td></tr>
<tr><td>Pure cotton twill bedspread</td><td>5120PCS</td><td>480</td><td>470</td><td>23.45</td></tr>
<tr><td colspan="6">SAY TOTAL PACKED IN ONE THOUSAND ONE HUNDRED AND TWENTY-EIGHT CARTONS ONLY</td></tr>
<tr><td colspan="5" rowspan="2">宁波博洋家纺有限公司
NINGBO BEYOND HOME TEXTILES CO.，LTD.</td><td></td></tr>
<tr><td></td></tr>
</table>

宁波博洋家纺有限公司在准备好出口货物后，首先向当地外汇管理局进行核销备案，领取核销单，得到的核销单号为 503720160。

2017 年 3 月 21 日，宁波博洋家纺有限公司填制订舱委托书（即托运单）给宁波捷达国际货运中心，委托其租船订舱（要求签发三份正本提单），船名航次为 JIEDAHUEV/F145。

2017 年 3 月 23 日，太平洋外轮代理公司给宁波捷达国际货运中心签发配舱回单（即订舱确认凭证），确定这批货物的装期为 2017 年 3 月 25 日。通知其于 2017 年 3 月 24 日将货物运至宁波捷达国际货运中心堆场，准备集港，货物装入一个 40 尺的高柜集装箱，集装箱号为 TRLU6581722，箱重 2 280KGS，铅封号：HJS45689。

2017 年 3 月 24 日，宁波捷达国际货运中心向宁波出入境检验检疫局申请报检，检验检疫通过之后，换取出境货物通关单给宁波博洋家纺有限公司，宁波博洋家纺有限公司当天持有关本次交易的全套单据及出境货物通关单、报关单（电子）向北仑海关（3100）申请报关。2017 年 3 月 24 日，北仑海关受理本票业务。

2017 年 3 月 24 日，海关在码头重箱堆场检验货物，验关合格后在场站收据上加盖海关放行章。

2017 年 3 月 24 日，太平洋外轮代理公司签发提单给宁波捷达国际货运中心。

制单要求：请为宁波博洋家纺有限公司填制报关单、报检单、提单、集装箱装箱单、集装箱设备交接单。单据填制过程中，各字段的内容须完全以题干中所提供的信息为准。

六、知识链接

（一）电放提单的概念和作用

1. 电放提单的概念

电放提单是电报放货的简称。具体做法是：承运人保留全套正本提单，并通知目的港的代理，收货人可凭加盖正本公章的提单复印件和保函换单提货。

电放提单是在传统应用模式上的一种变通做法。在船、货双方使用提单的情况下，承运人在目的港放货时是“认单不认人”，无单放货将承担法律责任。而电放则是由托运人向船公司提出申请，并向船公司提供正本保函，由船公司通知目的港代理，此票货物无须正本提单放货，凭收货人身份即可放货。因此，电放提单是指船公司或其代理人签注的标有“Surrendered”或“Telex Release”字样的提单副本，如图 3－9 所示。

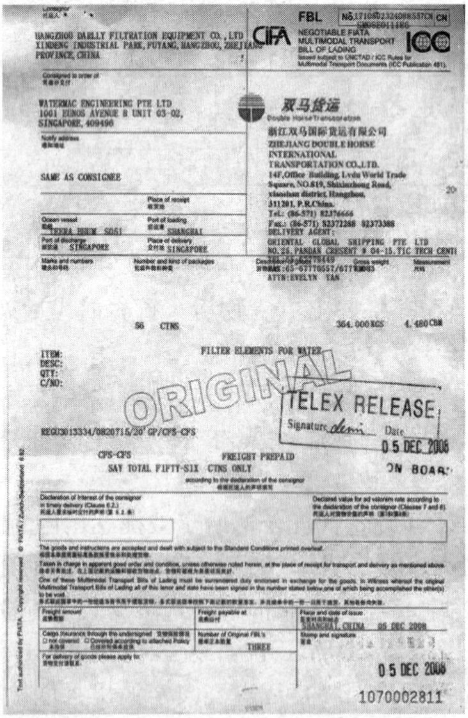
HANGZHOU DAELLY FILTRATION EQUIPMENT CO., LTD
XINDENG INDUSTRIAL PARK, FUYANG, HANGZHOU, ZHEJIANG
PROVINCE, CHINA

FBL
NEGOTIABLE FIATA
MULTIMODAL TRANSPORT
BILL OF LADING
Issued subject to UNCTAD / ICC Rules for Multimodal Transport Documents (ICC Publication 481).

Consigned to order of
WATERMAC ENGINEERING PTE LTD
1001 EUNOS AVENUE 8 UNIT 03-02,
SINGAPORE, 409496

双马货运
Double Horse Transportation
浙江双马国际货运有限公司
ZHEJIANG DOUBLE HORSE
INTERNATIONAL
TRANSPORTATION CO.,LTD.
14F,Office Building, Lvdu World Trade
Square, NO.819, Shixinzhong Road,
xiaoshan district, Hangzhou,
311201, P.R.China.
Tel.: (86-571) 82376666
Fax.: (86-571) 82372288 82373388
DELIVERY AGENT:
ORIENTAL GLOBAL SHIPPING PTE LTD

Notify address
SAME AS CONSIGNEE

Place of receipt
Ocean vessel
Port of loading SHANGHAI
Port of discharge SINGAPORE
Place of delivery SINGAPORE

Marks and numbers | Number and kind of packages | Description of goods | Gross weight | Measurement

ATTN:EVELYN TAN

56 CTNS 364.000KGS 4.480CBM

FILTER ELEMENTS FOR WATER
ITEM:
DESC:
QTY:
C/NO:

ORIGINAL

TELEX RELEASE
Signature Date
05 DEC 2008

CFS-CFS FREIGHT PREPAID
SAY TOTAL FIFTY-SIX CTNS ONLY
ON BOARD

according to the declaration of the consignor

Declaration of Interest of the consignor in timely delivery (Clause 6.2.)

Declared value for ad valorem rate according to the declaration of the consignor (Clauses 7 and 8).

The goods and instructions are accepted and dealt with subject to the Standard Conditions printed overleaf.

Taken in charge in apparent good order and condition, unless otherwise noted herein, at the place of receipt for transport and delivery as mentioned above.

One of these Multimodal Transport Bills of Lading must be surrendered duly endorsed in exchange for the goods. In Witness whereof the original Multimodal Transport Bills of Lading all of this tenor and date have been signed in the number stated below,one of which being accomplished the other(s) to be void.

Freight amount | Freight payable at | Place and date of issue SHANGHAI,CHINA 05 DEC 2008

Cargo Insurance through the undersigned | Number of Original FBL's THREE | Stamp and signature

For delivery of goods please apply to:

05 DEC 2008
1070002811

图 3－9 电放提单

2. 电放提单的作用

电放提单和海运单都是为了方便提货而产生的，主要运用于集装箱班轮运输。电放提单给收货人和承运人提供了便利，减少了不必要的堆存和费用损失。电放提单是承运人据以放货的凭证。

在货物装船、船公司签发提单的情况下，收货人必须交出一份经适当背书的正本提单，并且还应付清所有应支付费用，然后方能在卸货港取得提货单，提取货物。若收货人无法及时获得提单，则通常是收货人凭保证书换取提货单后提货。但是，船公司不能以保证书对抗第三人（持有提单的真正的收货人），因为提单是承运人保证据以交付货物的单证。提单中载明的向记名人交付货物，或者按照指示人的指示交付货物，或者向提单持有人交付货物的条款，构成承运人据以交付货物的保证。

为了使收货人可以在某些无法及时取得提单而船公司又不愿意凭保证书交付货物的情况下能及时提取货物，实践中就产生了“电放”的做法。人们通常所说的“电放”是狭义的，即托运人（发货人）在货物装船后将承运人（或其代理人）所签发的全套正本提单交回承运人（或其代理人），同时指定收货人（非记名提单的情况下）；承运人授权（通常以电传、电报等通信方式通知）其在卸货港的代理人，在收货人不出具正本提单（已收回）的情况下交付货物。

（二）提货单注意事项

（1）确认船是否到港，可否换单，一般电联船公司目的港代理，代理会给出答复。

（2）确认费用。包括换单费、THC 费用。有的根据船公司以及航线的不同，还有某些特殊费用，如 BAF、CAF 等。

（3）正本提单换单时要看清是记名提单还是指示提单，如果是指示提单，就需要背书。货代在换单前要查看是否背书，背书章是否清楚。

（4）整箱货需要询问船公司是否要求押箱。

（5）换好单后，核对件数、毛重、体积、品名是否正确。

（三）集装箱海运进口流程

集装箱海运进口流程如图 3－10 所示。

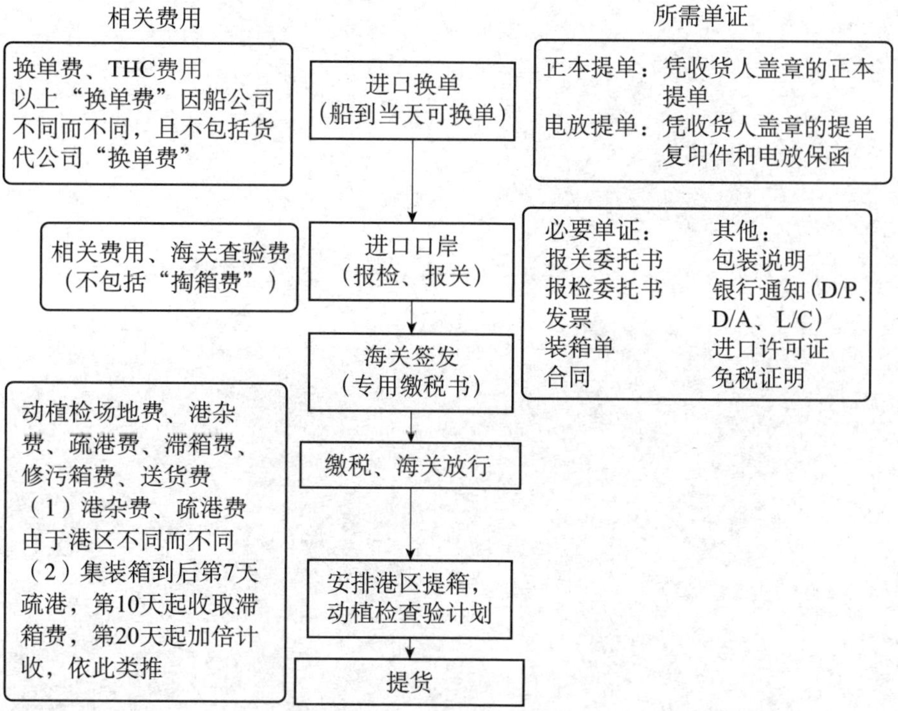

图 3－10　集装箱海运进口流程

项目小结

该项目对货代作业所涉及的报检单、报关单、提单、装箱单、设备交接单、提货单等单据的填制要求和方法进行了介绍。通过学习，学生能够根据不同的实际工作需求，学会填制单据，具备在货代企业单证岗位工作的能力，并养成认真仔细的职业习惯和严谨的职业态度。海运货运单据中提单、报关单等相对较难，需要重点学习。

实训练习

1. 报检单是根据____________________________填写的。
2. 报关单是根据____________________________填写的。
3. 提单是根据______________________________填写的。
4. 集装箱装箱单是根据__________________________填写的。
5. 集装箱设备交接单是根据________________________填写的。
6. 在制作海运单据时，你认为哪些单据比较难？为什么？

项目四　空运单据

问题引入

新起点国际物流有限公司作为综合性国际货运代理公司，主要经营海运业务和空运业务，其空运部招了一批实习生，这批实习生主要从事空运单证制作工作。如果你是这批刚进入物流企业的实习生之一，你知道工作中会涉及哪些空运单证吗？你知道这些单证的填制方法吗？你能否快速准确地填好这些单证？希望你完成本项目的学习后，能够胜任这个岗位。

任务导读

空运单据除包括出口报关单、进口报关单、出口报检单、进口报检单等与海运单据类似的单据外，还包括航空托运单、航空运单等特有单据。空运单据贯穿于国际货代企业进口作业、出口作业的全过程。企业每年招聘货代人才时，非常重视考察从业人员对货代单证实际填制技能的掌握情况。

本项目分为两大任务：

任务一　空运出口单据

任务二　空运进口单据

学习目标

认知目标

1. 熟悉航空托运单、航空运单的标准形式。
2. 理解航空托运单、航空运单的填制要求。

技能目标

1. 掌握物流空运单据的流转过程。
2. 学会缮制和应用各种空运单据。

情感目标

1. 形成认真、细心、严谨的工作作风。

2. 形成学生标准化、流程化的工作意识。

任务一　空运出口单据

一、任务导入

新起点国际物流有限公司空运部收到一份宁波唐纺公司的委托，委托该公司出口一批女式棉运动上衣，操作员唐明生收到委托后，于 2017 年 3 月 12 日根据以下信息编制航空托运单。

（1）托运人姓名及地址：NINGBO TANG TEXTILE GARMENT CO.，LTD.

HUARONG MANSION RM2901 NO. 85 GUANJIAQIAO，NINGBO 210005，CHINA

（2）收货人姓名及地址：FASHION FORCE CO.，LTD.

P. O. BOX 8935 NEW TERMINAL，ALTA，VISTA OTTAWA，CANADA

（3）要求运输路线：NINGBO to MONTREAL

（4）货物信息：LADIES COTTON BLAZER（女式棉运动上衣 100% COTTON），体积为 $40\times20/140\times60CM^3$，总件数为 85 CARTONS，总毛重为 19KGS

（5）新起点国际物流有限公司提供的信息：计费重量为 19KGS，费率为 RMB29/KG，另有制单费一票 50 元。

制单要求：

请你根据宁波唐纺公司的委托合同和相关信息完成航空托运单。

二、知识探究

（一）航空托运单的含义

航空托运单是托运人根据贸易合同和信用证条款内容填制的，常见托运单是向承运人或其代理办理货物托运的单证。承运人根据托运单内容，结合船舶的航线、挂靠空港、船期和舱位等条件考虑，认为合适后，即接受托运。

（二）航空托运单的填制要点

（1）托运人姓名及地址：填托运人的全称和详细地址。

（2）收货人姓名及地址：填收货人的全称和详细地址。

（3）始发站：填写始发站机场的名称，用英文全称。

（4）到达站：填写最后目的站机场名称或三字代码。

（5）要求运输路线：本栏用于航空公司安排运输路线时使用，但如果托运人有要求，也可填入本栏。

（6）要求预订吨位：本栏用于航空公司安排舱位时使用，但如果托运人有要求，也可以按计费吨位填入。

（7）运输用申明价值：托运人向承运人声明货物价值。

（8）海关用声明价值：托运人向海关申报的货物价值。

（9）件数和包装方式：填写货物的件数、包装种类。

（10）毛重：填写货物实际毛重，用代码“KG”表示千克。

（11）运价种类：填写所采用的货物运价种类的代号。

（12）计费重量：填写据以计收航空运费的货物重量。

（13）费率：填写所适用的货物运价。

（14）货物品名和数量：填写货物的具体名称和数量。

（15）运费：在 PP 下方打“×”表示预付；CC 下方打“×”表示到付。

（16）其他费用：托运时可以不填其他费用，但货运单上须填金额并冠以规定的操作代号。

（17）托运人签字、盖章：由托运人或其他代理人签字盖章。

（18）日期和地点：由托运人填写开货运单的时间和地点。

三、任务实施

航空托运单如表 4－1 所示。

表 4－1 **航空托运单**

SHIPPER'S LETTER OF INSTRUCTION

托运人姓名及地址 Shipper's Name and Address	托运人账号 Shipper's Account Number		
收货人姓名及地址 Consignee's Name and Address	收货人账号 Consignee's Account Number		
另请通知 ALSO NOTIFY		托运人签字	
		SIGNATURE OF SHIPPER	
		日期	年 月 日
始发站 Airport of Departure	到达站 Airport of Destination	DATE	
		托运单位盖章	
		PLS CONFIRM AND STAMP WITH FORWARDER MARK	
要求运输路线 REQUESTED ROUTING		客户编号	
		CUSTOMER NUMBER	
		声明价值 DECLARED VALUE	

四、任务评价

评价标准见表 4-2。

表 4-2 评价标准

项目	评价标准	成绩
航空托运单	每空 5 分	

五、拓展练习

航空出口相关单证如下。

（一）网上订舱单

航空货运代理订舱时，可依照发货人的要求选择最佳的航线和最佳的承运人，同时为发货人争取最低、最合理的运价，这就需要货代与航空公司保持良好的关系。

订舱后，航空公司签发舱位确认书（舱单），同时给予装货集装器领取凭证，以表示舱位订妥。航空货运代理应及时通知发货人备单备货。网上订舱单如图 4-1 所示。

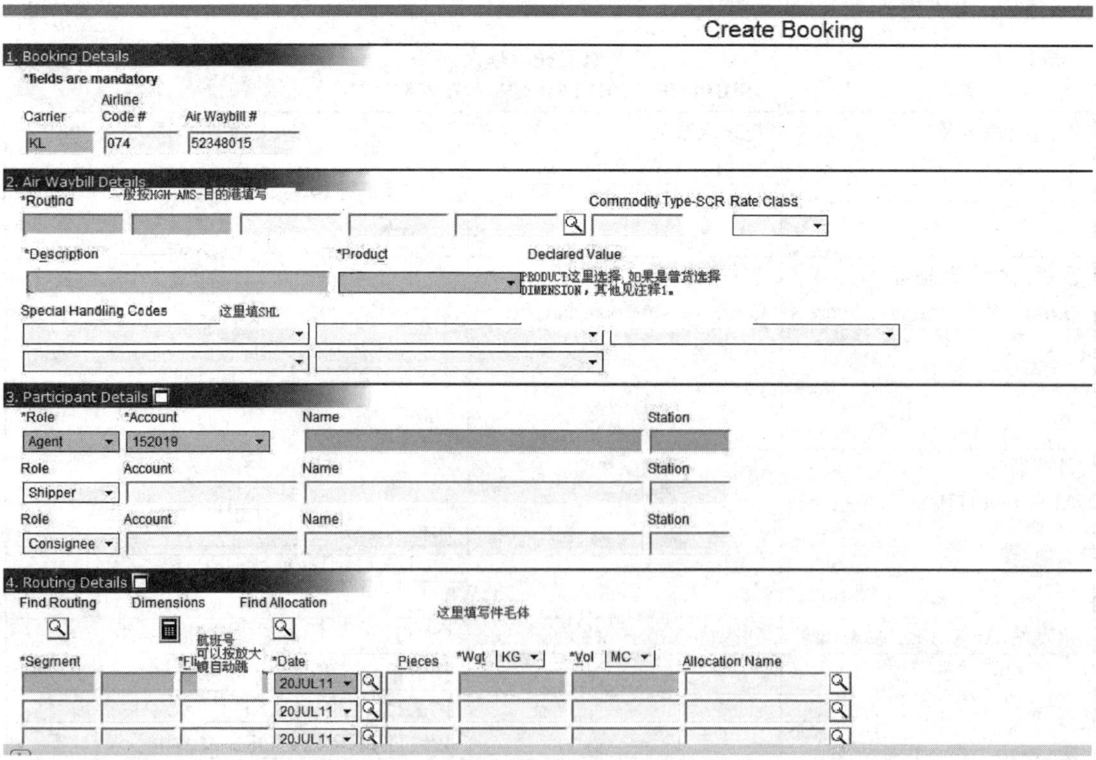

图 4-1 网上订舱单

（二）货物交接单（见表 4－3）

表 4－3　　**货物交接单**

日期：

<table>
<tr><td rowspan="11">业务员填写</td><td>业务员</td><td></td><td>操作员</td><td></td><td>操作专员填写（跟进过程）</td></tr>
<tr><td>托运方</td><td colspan="3"></td><td rowspan="10"></td></tr>
<tr><td>联系人</td><td></td><td>电话</td><td></td></tr>
<tr><td>起运港</td><td></td><td>目的港</td><td></td></tr>
<tr><td>件数</td><td></td><td>重量</td><td></td></tr>
<tr><td>体积</td><td colspan="3"></td></tr>
<tr><td>品名</td><td colspan="3"></td></tr>
<tr><td>销售价</td><td colspan="3"></td></tr>
<tr><td>收款期</td><td colspan="3"></td></tr>
<tr><td rowspan="2">单证</td><td rowspan="2">委托书 □
发票 □
装箱单 □
报关单 □
商检证 □
合同 □
许可证 □
产地证 □</td><td colspan="2">文件随机 □是 □否
需退税 □是 □否</td></tr>
<tr><td>其他单证</td><td></td></tr>
<tr><td rowspan="16">空运部文员填写</td><td>文员</td><td></td><td>订舱代理</td><td></td><td>操作专员填写（跟进过程）</td></tr>
<tr><td>提单号</td><td></td><td>中港单号</td><td></td><td rowspan="15"></td></tr>
<tr><td colspan="2">航空公司</td><td colspan="2"></td></tr>
<tr><td colspan="2">航班 & 日期</td><td colspan="2"></td></tr>
<tr><td rowspan="7">支出</td><td>重量</td><td colspan="2"></td></tr>
<tr><td>体积</td><td colspan="2"></td></tr>
<tr><td>空运费</td><td colspan="2"></td></tr>
<tr><td>中港费</td><td colspan="2"></td></tr>
<tr><td>单证费</td><td colspan="2"></td></tr>
<tr><td>其他费</td><td colspan="2"></td></tr>
<tr><td>总支出</td><td colspan="2"></td></tr>
<tr><td rowspan="4">收入</td><td>空运费用</td><td colspan="2"></td></tr>
<tr><td>单证费</td><td colspan="2"></td></tr>
<tr><td>其他费用</td><td colspan="2"></td></tr>
<tr><td>总收入</td><td colspan="2"></td></tr>
<tr><td colspan="2">总　毛　利</td><td colspan="2"></td></tr>
</table>

确认无误请打钩！　　　　　　　　　　签名：

（三）进仓单（重量与尺码单）（见表 4－4）

表 4－4　进仓单（重量与尺码单）

重量与尺码单（WELGHT AND MEASUREMENT LIST）

（1）收件人	（2）运单号：
Consignee： ________________	**Airbill No：** ________________
公司名称：	承运人：
Company Name： ________________	**Carrier：** ________________
地址：	重量：
Address： ________________	**Weight：** ________________
城市/地区号：	体积：
Town/Area Code： ________________	**Dimensions：** ________________
州名/国家：	电话/传真：
State/Country： ________________	**Phone/Fax No：** ________________

（3）详细的商品名称 Full Description of Goods	（4）毛重 G. W	（5）净重 N. W	（6）皮重 T. W	（7）尺码 M	（8）数量 No. of Items	（9）生产厂商 Manufacturer

（10）本人认为以上提供的资料属实和正确，货物原产地是________________。

I declare that the above infomation is true and correct to the best of my knowledge and that the goods are of ____________ origin.

（11）出口理由

Reason for Export ________________。

签名：

Signature：

（四）出口结算清单（见表 4－5）

表 4－5　出口结算清单（T/T）

客　　户：________________	核销单号：________________
货物名称：________________	发票号码：________________
出口金额：________________	结汇金额：________________
外汇牌价：________________	折人民币总额：________________

费用明细

商检费用：
代 理 费：
报关费用：
空运费用：
托盘费用：
CA（海运）费用：
托盘费用：
磁检费用：
其他费用：
费用合计：
结算余额：

年　　月　　日

六、知识链接

（一）航空托运手续

（1）托运人托运货物应向承运人提交货物运输单，并根据国家主管部门规定随附必要的有效证明文件。托运人应对运输单填写内容的真实性和正确性负责。托运人提交的货物运输单经承运航空运输人接收，并由承运人填发货物运输单后，航空货物运输合同即告成立。

（2）托运人要求包用飞机运输货物，应提交包机申请书，经承运人同意并签订包机运输协议书以后，航空包机货物运输合同即告成立，签订协议书的托运人应遵守民航主管机关有关包机运输的规定。

（3）托运人运输的货物应当按照国家主管部门规定的包装标准包装；没有统一规定包装标准的，托运人应当根据保证运输安全的原则，航空运输按货物的性质和承载飞机等条件包装。凡不符合上述包装要求的，承运人有权拒绝承运。

（4）托运人必须在托运的货物上标明发站、到站，以及托运人、收货人的单位、姓名和地址，按照国家规定标明包装储运指标标志。

（5）国家规定必须上保险的货物，托运人应在托运时投保货物运输险。

（6）托运人托运货物，应按照民航主管机关规定的费率缴付运费和其他费用。除托运人和承运人另有协议外，运费及其他费用一律于承运人开具货物运单时一次付清。

（7）承运人应于货物运达到货地点后二十四小时内向收货人发出到货通知，收货人应及时凭提货证明到指定地点提取货物，货物从发出到货通知的次日起，免费保管三天。收货人逾期提取，应按运输规则缴付保管费。

（8）收货人在提取货物时，对货物的包装或重量无异议，并在货物运输单上签收，承运人即解除运输责任。

（9）因承运人的过失或故意造成托运人或收货人损失，托运人或收货人要求赔偿，应在填写货物运输事故记录的次日起一百八十日内，以书面形式向承运人提出，并附上有关证明文件。

（二）航空运输方式

航空运输方式主要有班机运输、包机运输、集中托运和航空快递业务。

1. 班机运输

班机运输（Scheduled Airline）指具有固定开航时间、航线和停靠航站的飞机。通常为客货混合型飞机，货舱容量较小，运价较贵，但由于航期固定，有利于客户安排鲜活商品或急需商品的运送。

2. 包机运输

包机运输（Chartered Carrier）是指航空公司按照约定的条件和费率，将整架飞机租给一个或若干个包机人（包机人指发货人或航空货运代理公司），从一个或几个航空站装运货物至指定目的地。包机运输适合于大宗货物运输，费率低于班机，但运送时间则比班机要长些。

3. **集中托运**

集中托运（Consolidation）可以采用班机或包机运输方式，是指航空货运代理公司将若干批单独发运的货物集中成一批向航空公司办理托运，填写一份总运单送至同一目的地，然后由其委托当地的代理人负责分发给各个实际收货人。这种托运方式可降低运费，是航空货运代理的主要业务之一。

4. **航空快递业务**

航空快递业务又称急件专递，是目前航空运输中最快捷的方式，它由专门经营此项业务的部门和航空公司合作，以最迅速的方式传送急件。

（三）空运出口流程

空运出口业务包括以下几个环节：销售、委托运输审核单证、配舱订舱、接单接货、制单、报检报关、交接发运、费用结算，如图 4－2 所示。

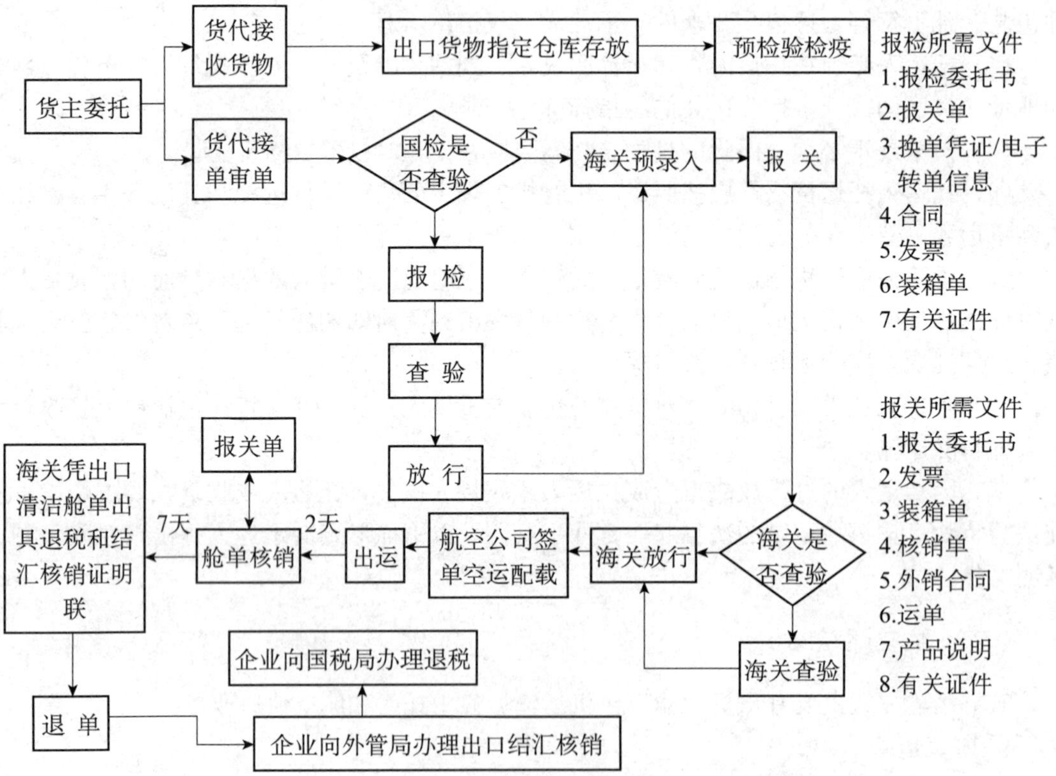

图 4－2 空运出口流程

（四）航空出口运费计算

宁波唐纺公司的女式棉运动上衣 LADIES COTTON BLAZER（女式棉运动上衣 100% COTTON），体积：$40 \times 20/140 \times 60CM^3$，总件数：85 CARTONS，总毛重：19KGS。请计算共需多少费用。在填制托单时，操作员根据以上信息计算货物运费并告知发货人。

1. **货物的计费重量**

计费重量是指用以计算货物航空运费的重量。货物的计费重量或者是货物的实际毛重，或者是货物的体积重量，或者是较高重量分界点的重量。

（1）实际毛重（Actual Gross Weight）：包括货物包装在内的货物重量。

（2）体积重量（Volume Weight）：按照国际航协规则，将货物的体积按一定的比例折合成的重量，换算标准为每 6 000 立方厘米折合 1 千克。

（3）计费重量：一般采用货物的实际毛重与货物的体积重量两者较高者；但当货物按较高重量分界点的较低运价计算的航空运费较低时，则此较高重量分界点的货物起始重量作为货物的计费重量。

2. **最低运费**

最低运费（Minimum Charge）是指一票货物自始发地机场至目的地机场航空运费的最低限额。货物按其适用的航空运价与计费重量计算所得的航空运费，应与货物最低运费相比，取高者。

3. **运费的货币进整**

运费进整时，需将航空运价或运费计算到进整单位的下一位，然后按半数进位法进位，计算所得的航空运价或运费，达到进位单位一半则入，否则舍去。

采用进整单位的规定，主要用于填制航空运单（AWB）。填制 AWB 时，所使用的运输始发地货币，按照进整单位的规定计算航空运价和运费。

4. **运价表（见表 4-6）**

表 4-6　　　　运价表

DATE/TYPE	NOTE	ITEM	MIN. WEIGHT	LOCAL CURR.
NINGBO Y. RENMINBI		CN CNY		BJS KGS
MONTREAL		JP	M	230.00
			N	37.51
			45	28.13
		0008	300	18.80
		0300	500	20.61
		1093	100	18.43
		2195	500	18.80

（1）DATE/TYPE——公布运价的生效或失效日期，以及集装器运价代号。

（2）NOTE——相对应运价的注释。

（3）ITEM——指定商品运价的品名编号和集装器运价代号。

（4）MIN. WEIGHT——使用相对应运价的最低重量限额。

（5）LOCAL CURR. ——用运输始发地货币表示的运价或最低运费。

任务二 空运进口单据

一、任务导入

宁波唐纺有限公司从加拿大西蒙国际公司进口一批100%棉的裙子，委托新起点国际物流有限公司办理订舱等国际运输业务，空运部操作员唐明生收到委托后，根据客户提供的信息编制航空运单。

二、知识探究

（一）航空运单含义

航空运单（Air Waybill，AWB），是航空运输公司及代理人签发给发货人表示已收妥货物并接受托运的货物收据。

航空运单与海运提单的区别在于：

（1）航空运单不是物权凭证，不能通过背书转移货物所有权。

（2）航空运单不能转让，持有航空运单也并不能说明对货物有所有权，因而是一种不可议付的单据。

（3）航空运单与海运提单有很大不同，却与国际铁路运单相似。它是由承运人或其代理人签发的重要的货物运输单据，是承托双方的运输合同，其内容对双方均具有约束力。

（二）航空运单填制要点

（1）托运人名称、地址（Shipper's Name and Address）：详细填写托运人全名，地址应详细填明国家、城市、门牌号码和电话号码。

（2）托运人账号（Shipper's Account Number）：有必要时填写。

（3）收货人名称和地址（Consignee's Name and Address）：详细填写收货人全名，地址应详细填明国家、城市、门牌号码和电话号码。此栏不得出现“To Order”字样。

（4）收货人账号（Consignee's Account Number）：有必要时填写。

（5）始发站、第一承运人地址及所要求的线路（Airport of Departure，Address of First Carrier and Requested Routing）：填写始发站城市的英文全称。

（6）要求路线和目的站（Routing and Destination）：由民航填写经由的航空路线。

（7）货币（Currency）：填写运单上所用货币代码。

（8）运费/声明价值费、其他费用（WT/VAL，Other）：选择预付费用或到付费用，并在选择付费方式栏内作“×”记号。

（9）托运人向承运人声明的货物价值（Declared Value for Carriage）：填写托运人在

运输货物时声明货物的价值总数。如托运人不需办理声明价值，则填写“NVD”（No Value Declared）。

（10）目的地（Airport of Destination）：填写目的站城市的英文全称，必要时注明机场和国家名称。

（11）航班/日期（Requested Flight/Date）：填写已订妥的航班日期。

（12）保险金额（Amount of Insurance）：托运人委托航空公司代办保险时填写。

（13）处理情况（Handling Information）：本栏填写内容包括货物上的唛头标记、号码和包装等；通知人的名称、地址、电话号码；货物在途中需要注意的特殊事项；其他需要说明的特殊事项；运往某国商品的规定。

（14）件数（No. of Pieces）：如各种货物运价不同时，要分别填写，总件数另行填写。

（15）毛重（Gross Weight）：重量单位为“kg（千克）”，分别填写时，另行填写总重量。

（16）运价类别（Rate Class）：用 M、N、Q、C、R、S 分别代表起码运费、45 千克以下普通货物运价、千克千克以上普通货物运价、指定商品运价、附减运价、附加运价。

（17）品名编号（Commodity Item NO.）：指定商品运价填写其商品编号；按 45 千克以下普通货物运价的百分比收费的，则分别填写具体比例。

（18）货物品名和体积（Nature and Quantity of Goods）：货物体积按长、宽、高的顺序以厘米（cm）为单位填写最大的长、宽、高度。

（19）托运人或其代理人签字（Signature of Shipper or Its Agent）：表示托运人同意承运人的装运条款。

（20）运单签发日期（Executed on Date）：日期应为飞行日期，如货运单在飞行日期前签发，则应以飞行日期为货物装运期。

（21）承运人或其代理人签字（Signature of Issuing Carrier or Its Agent）：有此签字，航空货运单才能生效。

三、任务实施

新起点国际物流有限公司空运部操作员唐明生收到客户传真过来的信息，见表 4-7。

表 4-7　传真信息

SELLER	SIMON INTERNATIONAL CORPORATION 324 LICON AVENUE MONTREAL，CANADA
BUYER	NINGBO TANG TEXTILE GARMENT CO.，LTD. HUARONG MANSION RM2901 NO.85 GUANJIAQIAO，NINGBO 210005，CHINA
DESCRIPTIONS OF GOODS	100% COTTON SKIRTS
QUANTITY	1 200 PCS USD 10.20/PC CPT　SHANGHAI
PACKING	PACKED IN 1 CARTON OF 40 PCS EACH
TERMS OF SHIPMENT	MONTREAL，CANADA
AIRPORT OF DESTINATION	NINGBO，CHINA

续前表

TERMS OF PAYMENT	30% T/T IN ADVANCE ，70% T/T AFTER CUSTOMS CLEARANCE
PARTIAL SHIPMENTS	ALLOWED
TRANSSHIPMENT	NOT ALLOPARTIAL SHIPMENTS：ALLOWED WED
H. S. CODE	808. 3100
MASTER AIRWAY BILL NO.	14121256
FLIGHT	MU504
FLIGHT DATE	2017. 12. 12
RATE	USD 50. 00
G. W.	10KG/ CTN
VOL.	0. 12CBM/CTN

制单要求：请根据以上信息准备航空运单，见表 4－8。

表 4－8 **航空运单**

999		999—
Shipper's Name and Address (1)	Shipper's Account Number (2)	Not Negotiable Air Waybill Issued by 中国国际航空公司 AIR CHINA BEIJING CHINA
		Copies 1、2 and 3 of this Air Waybill are originals and have the same validity.
Consignee's Name and Address (3)	Consignee's Account Number (4)	It is agreed that the goods described herein are accepted for carriage in apparent good order And condition (except as noted) and SUBJECT TO THE CONDITIONS OF CONTRACT ON THE REVERSE HEREOF. ALL GOODS MAY BE CARRIED BY AND OTHER MEANS INCLUDING ROAD OR ANY OTHER CARRIER UNLESS SPECIRIC CONTRARY INSTRUCTIONS ARE GIVEN HEREON BY THE SHIPPER. THE SHIPPER'S ATTENTION IS DRAWN TO THE NOTICE CONCERNING CARRIERS LIMITATION OF LIABILITY Shipper may increase such limitation of lability by declaring a higher value for carriage and paying a supplemental charge if required.
Issuing Carrier's Agent Name and City		Accounting Information (8) (9) (10)
Agent's IATA Code	Account NO.	
Airport of Departure (Addr. of First Carrier) and Requested Routing (5)		

续前表

To	By First Carrier Routing and Destination (6)	to	by	to	by	Currency (7)	CHGS code	WT/VAL		Other		Declared Value for Carriage	Declared Value for Customs
								PPD	COLL	PPD	COLL		

Airport of Destination (11)	Flight/Date for Fight/date (12)	Amount of Insurance (13)	INSURANCE—It Carrier offers insurance, and such insurance is requested in accordance with the conditions thereof indicate amount to be insured in figures in box marked "Amount of insurance".

Handling Information (14)

(For USA only) These commodities licensed by U. S. for ultimate destination
Diversion contrary to U. S. law is prohibited

No of Pieces RCP	Gross Weight	kg/lb	Rate Class	Chargeable Weight	Rate Charge	Total	Nature and Quantity of Goods (Incl. Dimensions or Volume)
			Commodity item No.				
(15)	(16)	(17)	(18)				(19)

Prepaid	Weight Charge	Collect	Other Charges
Valuation Charge			

四、任务评价

评价标准见表 4-9。

表 4-9　　评价标准

项目	评价标准	成绩
航空运单	每空 5 分	

五、拓展练习

货代在收到取单通知后，向航空公司设在机场的进口柜台（或航空公司地面代理的海关监管仓库）抽单，取回随机单证，供报关用，主要有总运单、随机文件和提货交接手续。然后便可以（交货代操作）进行理单、拆单工作了。

（一）总运单

总运单是指集中托运人（航空货运代理）将若干批单独发运的货物组成一整批，向航空公司办理托运，采用一份航空运单集中发往同一目的地。一份主运单项下可以有多份分运单，分运单上的收货人就是实际的货主。主运单（AWB）和分运单（HWB）都是需要随机的。

1. 直接运输的货物

填开航空公司运单，并将随机单据订在运单后面。

2. 集中托运的货物

国外代理人为收货人时：

（1）须先为每票货物填开航空货运代理公司的分运单。

（2）再填开航空公司的总运单，便于国外代理人对总运单下各票货物分拨。

（3）几份分运单件数相加等于总运单件数。

虽然航空运单并不像海运提单一样是一种物权凭证，但顾客或代理可以拿着主运单去海关监管库提货。

（二）随机文件

每票空运货都有一个空运随机文件，航空公司将空运单其中一联正本随机一起发送，装入航空公司文件袋跟货走，根据要求随附。但是重要的文件（如配额证等），最好不要用随机文件方式一起储运，因航空公司不负责遗失责任。所有随机文件需发货人提供。空运随机文件主要是商业发票、装箱单等（见表 4－10 和表 4－11），主要是客户在目的地清关用的，但也可以是别的文件，如原产地证、熏蒸证明、CRI 文件，或者是需要给客户的别的文件。一般情况下，客户要求什么文件随机，都是可以的，如果客户没有随机的单据就不用随机，主要是方便客户清关。

表 4－10　随机文件——发票

发票

COMMERCIAL INVOICE

ORIGINAL

The Exporter:	No.:			
	Date:			
	L/C No.:			
The Importer:	Contract No.:			
	By S. S.	Voyages No.		
	From	to		
Terms of Delivery:	Terms of Payment:			
Country of Origin of the Goods:	Currency:			
Shipping Mark Description of Goods		Quantity	Unit Price	Amount

表 4-11 **随机文件——装箱单**

PACKING LIST

Invoice No.: Date:

Sales No.:

Goods Description:

Carton	PCS per Carton	Gross Weight	Net Weight	Measurement

(Authorized Signature)

（三）提货交接手续

办理交接手续时核对单单、单货很重要，以便出现单单、单货不一时，航空公司组织查询并通知入境地海关或向民航索要商务事故记录，作为实际收货人交涉索赔事宜的依据。

货代在与航空公司地面代理办理交接手续时，应根据运单和交接清单核对实际货物，若存在有单无货或有货无单的情况，应在交接清单上注明，同时在舱单数据中作相应说明，以便航空公司组织查询并通知入境地海关。

若发现货物短缺、破损或其他异常情况，应向民航索要商务事故记录，作为实际收货人交涉索赔事宜的依据。也可以接受收货人的委托，由航空货运代理公司代表收货人向航空公司办理索赔。

1. 交接时要做到的事项

（1）单单核对，即国际货物交接清单（见表 4-12）与总运单核对。

（2）单货核对，即国际货物交接清单与货物核对。

表 4-12 **国际货物交接清单**

货运单号码	品名	件数	重量	始发站	目的站
合计　票数		件数		重量	
交货人签字			承运人签字		
备注					

代理公司名称：________________

填开部门：________________

年　月　日

2. 核对货物时应注意的事项

（1）货物件数是否一致。

（2）货物运单号是否正确。

（3）货物是否有破损（破损必须当场与航空公司确认，并开具破损事故记录单）。

（4）冷冻品和贵重品应与航空公司确认货物是否在冷库或贵重品仓库。

3. 货物异常的情况

（1）有单无货或部分到货。形成分批货，需要每天到航空公司跟踪剩余未到达货物情况。

（2）有货无单。很有可能是总运单遗失，需要自行制作一份运单，并至航空公司进行补运单操作。

4. 商务事故证明情况

货运代理公司请航空公司开具商务事故证明情况的通常有以下几种：

（1）包装货物受损。

1）纸箱开裂、破损，内中货物散落（含大包装损坏，散落为小包装，数量不详）。

2）木箱开裂、破损，有明显受撞击迹象。

3）纸箱、木箱未见开裂、破损，但其中液体漏出。

（2）裸装货物受损。

1）无包装货物明显受损，如金属管、塑料管压扁、断裂、折弯。

2）机器部件失落，仪表表面破裂等。

（3）木箱或精密仪器上防震、防倒置标志泛红。

（4）货物件数短缺。

六、知识链接

（一）航空运单的作用

（1）运输合同是发货人与航空承运人之间签署的合同。

（2）货物收据是承运人签发的已收到货的证明。

（3）运费账单是承运人据以核收运费的账单。

（4）航空运单同时可作为保险证书。

（5）报关单据是报关单证之一。

（6）航空运单是承运人内部业务的依据。

（二）航空运单的分类

1. 按有无承运人的名称分类

（1）航空公司货运单（Airline Air Waybill），即印有出票航空公司（Issue Carrier）名称和标志（航徽、代码等）的航空货运单。

（2）中性货运单（Neutral Air Waybill），即没有预先在运单上打印任何承运人名称和标志的货运单。

2. 按照不同作用分类

（1）航空主运单（MAWB，Master Air Waybill）。凡由航空运输公司签发的，以托运人名义填写的航空运单被称为航空主运单。它是航空运输公司办理货物运输和交付的依据，是航空公司和托运人订立的运输合同。

（2）航空分运单（HAWB，House Air Waybill）。集中托运人在办理集中托运业务时签发的航空运单被称作航空分运单。

（三）航空运单的构成

目前，经营国际货物运输的航空公司及其航空货运代理公司使用的都是统一的一式12联的空运单，其中，3份正本（Original）、6份副本（Copy）和3份额外副本（Extra Copy）。

第一联正本注明“original—for the Shipper”应交发货人。

第二联正本注明“original—for the Issuing Carrier”，由承运人留存作为相关凭证。

第三联正本注明“original—for the Consignee”，随货同行，运达目的地后由航空公司交给收货人作为接收货物的依据。

（四）填制航空运单的基本要求

（1）航空运单要求用英文打字机或计算机，用英文大写字母打印，各栏内容必须准确、清楚、齐全，不得随意涂改。

（2）航空运单已填内容在运输过程中需要修改时，必须在修改项目的近处盖章，注明修改航空运单的空运企业名称、地址和日期。修改航空运单时，应将所有剩余的各联一同修改。

（3）航空运单的各栏目中，有些栏目印有阴影。其中，有标题的阴影栏目仅供承运人填写。没有标题的阴影栏目一般不需填写，除非承运人特殊需要。

项目小结

该项目对货代航空运输作业所涉及的航空托运单和航空运单的填制要求和方法进行了介绍。通过学习，学生应能够根据不同的实际工作需求填制空运单据，具备在货代企业航空部门单证岗位工作的能力，并养成认真仔细的职业习惯和严谨的职业态度。空运单据中航空运单相对较难，需要认真学习。

实训练习

1. 在制作空运单据时，你认为哪些单据比较难？为什么？
2. 案例分析

天津绮华服装有限公司（以下简称绮华，TIANJIN QIHUA GARMENTS CO.，

LTD. 地址：5 XINMEI ROAD，HUAYUAN ZONE，NANKAI DISTRICT，TIANJIN，CHINA. 经营单位编码：1207945963）是一家具有进出口经营权的纺织品公司（天津），该公司欲与美国曼哈顿 OTTO 服饰有限公司（以下简称 OTTO，AMERICAN MANHATTAN OTTO DRESS CO.，LTD. 地址：46；22113 MANHATTAN 20457 NEW YORK；USA）建立合作关系。双方通过交谈与沟通，在经过反复磋商与谈判后，从价格、装卸条款、货款结算、保险以及相关费用等方面达成一致。2016 年 11 月 4 日双方签订了交易合同，约定 2017 年 4 月 20 日前绮华将 1 700 件晚礼服运送到 OTTO。当绮华备完货物（货源地为南开区），并顺利租到舱位，有了详细的船名航次、提单号之后，需要向报关行提供相关单据，完成报关的初步准备工作。2017 年 1 月 26 日报关员胡晓根据绮华提供的相关单据填制报关草单，并登录海关报关电子口岸（出口口岸为新港海关）申请报关。预录入编号/海关编号为 527701788。货物将于 2017 年 1 月 27 日出口。

相关信息：

货物名称：女士晚礼服（WOMEN'S EVENING DRESS）

规格型号：聚酯纤维制

货物总体积：27.945 M^3

货物总重：3 500KG，净重：3 312KG

单价：USD260 PER PC，CIF NEW YORK

货物数量：1 656 件，207 箱

装运港：新港（XINGANG）

目的空港：纽约港（NEW YORK），代码（JFK）

航班名称：MU5453

运单号：SNLJP62912356

集装箱号：MCSU4597787×1（1）20'DV/2280

货代公司：新起点货运代理公司

运输方式：航空运输

批准文号：718012013

运费：3225，502/3225/3

保费：000/0.03/1

包装种类：纸箱

商品编号：62044300.90

合同协议号：LSJ0011258

贸易方式：一般贸易

结汇方式：信用证

制单要求：

请根据以上信息，以报关员胡晓的身份填制航空托运单、航空运单。

项目五 多式联运单据

问题引入

在当今的国际物流业务中，货物运输一般都要经过多种运输方式相结合才能完成。比如客户需要将一票货物从中国卖家工厂运输到德国买家工厂，物流企业能为客户提供哪些联运方式来完成门到门的服务？这些联运方式相比较，哪种成本低，哪种时间快？联运方式对货物有什么要求？货物在进出境时如何向海关申报呢？

任务导读

国际多式联运是由两种以上的运输形式组合而成的，其单据和单独运输形式的单据相类似，主要包括多式联运提单、联运运输合同、保险单，以及其他国际贸易涉及的单证，如信用证、装箱单、发票、报关单、报检单等。

在货物进出口过程中，报关是非常重要的一个环节。报关单能否填写准确，关系到货物能否顺利放行。通关之后，多式联运与单一运输方式区别最大的就是多式联运提单，这种提单是一种全程式的单据，满足各种运输的需要。

本项目分为两大任务：

任务一　多式联运提单

任务二　出口报关单

学习目标

认知目标

1. 能够描述国际多式联运的运作方式。
2. 能够描述货物运输在进出口环节涉及的单据。

技能目标

1. 能够掌握国际多式联运过程中主要环节的操作方式。
2. 能够掌握主要单据的填写规范。
3. 能够掌握部分国际贸易知识。

情感目标

1. 形成认真、细心、严谨的工作作风。
2. 形成标准化、流程化的工作意识。

任务一　多式联运提单

一、任务导入

Bucyrus China 公司接受德国总公司 Bucyrus DBT Europe GmbH 的委托，根据订单定期将产品设备零件从河北廊坊市的工厂发送到德国的内陆城市 Luenen，每次货物装载为 1 个 20 尺集装箱。之前两家公司的运输合同是 CIF Hamburg，运输方式是由 Bucyrus China 将货物委托给船公司从天津新港海运到汉堡港，再由收货人 Bucyrus DBT Europe GmbH 在港口办理报关并提货后通过公路运输到 Luenen。现在为了减少运输的中间环节，明确运输过程中责任和风险的划分，贸易双方修改合同为 DAP Luenen，由发货方委托货运代理公司 Stute Verkehrs GmbH 采用国际多式联运方式将货物从天津新港直接送货到 DAP Luenen。这样由 Stute 公司全程全权负责货物的运输。

请根据资料填写 Stute 公司的多式联运提单。发运信息如下：

Shipper：
Bucyrus Langfang Machinery Co.，Ltd.
Langfang Economic & Technical
Development Zone
No. 22 Jinyuan Road
065001 Hebei，China
Tel：+86 316 608××××
Fax：+86 316 608××××

Consignee：
Bucyrus Europe GmbH
Industriestrasse 1，
44534 Luenen，Germany.

Description of goods：
Spare parts，
Total：4 000 pieces packed in 8 wooden cases，
G. W：6 800KGS，

N. W：6 400KGS，
Volume：10 CBM.

M/V：COSCO CHINA V. 035W.
B/L No.：COSU12345678
ETD：Dec. 15，2017

二、知识探究

《联合国国际货物多式联运公约》对国际多式联运（International Multimodal Transport）所下的定义是："按照多式联运合同，以至少两种不同的运输方式，由多式联运经营人将货物从一国境内接管货物的地点运至另一国境内指定交付货物的地点。"提单样本依据托运单和场站收据填写，提单样本经过几次确认无误之后，船代或船公司签发提单。

（1）提单号：订舱确认时，此号码已确定且是唯一的，直接填写即可。

（2）托运人：一般为信用证中的受益人，如果开证人为了贸易上的需要，要求做第三者提单，也可照办。

（3）收货人：根据信用证或合同对提单的要求来填写。

（4）通知人：船公司在货物到达目的港时发送到货通知的收件人，有时即为进口商。

（5）船名航次：填列货物所装的船名及航次。

（6）装货港：填写实际装船港口的具体英文名称。

（7）卸货港：填列货物实际卸下的港口名称。如属于转船，第一程提单上的卸货港填写转船港，收货人填写第二程的船公司；第二程提单装货港填写上述转船港，卸货港可填写最后目的港。

（8）最终目的地：如果货物的目的地就是目的港，这一栏空白；多式联运提单一般需要根据实际运输合同，填写最终目的地。

（9）标记、唛头：为了装卸、运输和存储过程中便于识别而刷在外包装上的装运标记，是提单的一项重要内容，是提单与货物的主要联系要素，也是收货人提货的重要依据。信用证有规定的，必须按规定填列，否则按发票上的唛头填列。

（10）包装数量和包装单位：写明包装箱（袋）的数量和包装材质，如麻袋、木箱等。如散装时，可表示为"IN BULK"（散装）。包装种类一定要与信用证一致。

（11）包装种类及货品描述：写明种类和包装材质，如麻袋、木箱等。如散装，可表示为"IN BULK"（散装）。货品描述一定要与信用证一致。

（12）毛重：除信用证另有规定者外，一般以千克为单位列出货物的毛重。

（13）总尺码：以立方米列出货物总体积。

（14）总数量：货物或者包装的总量，一般以"SAY…ONLY"填写。

（15）运费：运费预付与到付，即运费支付地点。当贸易术语采用 CIF 或 CFR 时，运费为托运人支付，此栏填写运费预付地点，一般为装运港；当贸易术语采用 FOB 时，运费为收货人支付，此栏填写运费到付地点，一般为目的港。

（16）正本提单的份数。只有正本提单可流通、交单、议付，副本则不行，单据上忘记打上正本份数或某份提单没有“正本”字样，都不符合规定；信用证对份数有说明。

三、任务实施

接到客户的运输委托后，请以代理公司 StuteVerkehrs GmbH 操作员的身份安排运输并填写 Stute 公司的多式联运提单，见表 5－1。

表 5－1　　多式联运提单

Shipper（2）		MULTIMODAL BILL OF LADING B/L No. ______（1）
Consignee（3）		STUTE With passion for logistics.
Notify Party（4）		
* Pre Carriage by	* Place of Receipt	
Ocean Vessel Voy. No.（5）	Port of Loading（6）	ORIGINAL
Port of Discharge（7）	* Final Destination（8）	

Marks and Numbers（9）	Number and Kind of Packages；Description（10）	Gross Weight（11）	Measurement（m^3）（12）

* Applicable only when document used as a Through Bill of Loading

Total Number of containers and/or packages（in words）	SAY	（13）

Freight and Charges	Revenue Tons	Rates	Per	Prepaid（14）	Collect

Ex. Rate	Prepaid at	Payable at	Place and Date of Issue（15）
	Total Prepaid	No. of Original B(s) L（16）	Signed for the Carrier

LADEN ON BOARD THE VESSEL
DATE　　　　BY

四、任务评价

评价标准见表 5－2。

表 5－2　评价标准

项目	评价标准	成绩
多式联运提单	填写完整，每空 1 分	

五、拓展练习

所有的国际运输都是在起运港、目的港（卸货港）之间完成的。港口是指具有水陆联运设备和条件，供船舶安全进出和停泊的运输枢纽，是水陆交通的集结点和枢纽，工农业产品和外贸进出口物资的集散地，是船舶停泊、装卸货物、上下旅客、补充给养的场所。由于港口是联系内陆腹地和海洋运输（国际航空运输）的一个天然界面，因此，人们也把港口作为国际物流的一个特殊节点。从事国际多式联运操作，需要熟悉世界上主要海运基本港和航空港，需要具备一定的世界地理知识。同时，由于国际多式联运的单据和信息都是以英语呈现的，所以还要掌握这些港口的英语全称、简称和国际代码。请列举：

（1）国际主要海运港口 5 个，包含中文和英文。

（2）世界空运港口 5 个，包含中文和英文，以及空运代码。

（3）亚欧铁路路桥主要站点 5 个，包含中文和英文。

六、知识链接

国际多式联运适用于水路、公路、铁路和航空多种运输方式。在国际贸易中，由于 85%～90%的货物是通过海运完成的，故海运在国际多式联运中占据主导地位。

国际多式联运是今后国际运输发展的方向，这是因为，开展国际多式联运具有许多优越性，主要表现在以下几个方面：

（1）简化托运、结算和理赔手续，节省人力、物力和有关费用。在国际多式联运方式下，无论货物运输距离有多远，由几种运输方式共同完成，也不论运输途中货物经过多少次转换，所有一切运输事项均由多式联运经营人负责办理。托运人只需办理一次托运，订立一份运输合同，支付一次费用，购买一次保险，从而省去托运人办理托运手续的许多不便。同时，由于多式联运采用一份货运单证，统一计费，因而也可简化制单和结算手续，节省人力和物力。此外，一旦运输过程中发生货损货差，由多式联运经营人对全程运输负责，也可简化理赔手续，减少理赔费用。

（2）缩短货物运输时间，减少库存，减少货损货差事故，提高货运质量。在国际多式联运方式下，各个运输环节和各种运输工具之间配合密切，衔接紧凑，货物所到之处中转迅速及时，大大减少了货物的在途停留时间，从而从根本上保证了货物安全、迅速、准确、及时地运抵目的地，因而也相应地降低了货物的库存量和库存成本。同时，多式联运是以集装箱为运输单元进行直达运输的，尽管货运途中须经多次转换，但由于使用专业机械装卸，且不涉及槽内货物，因而货损货差事故大为减少，从而在很大程度上提高了货物的运输质量。

（3）降低运输成本，节省各种支出。由于多式联运可实行门到门运输，因此对货主来说，在货物交由第一承运人以后即可取得货运单证，并据以结汇，从而使结汇时间提前。这不仅有利于加速货物占用资金的周转，而且可以减少利息的支出。此外，由于货物是在集装箱内进行运输的，因此从某种意义上来看，可相应地节省货物的包装、理货和保险等费用的支出。

（4）提高运输管理水平，实现运输合理化。对于区段运输而言，由于各种运输方式的经营人各自为政，自成体系，因而其经营业务范围受到限制，货运量也有限。而一旦由不同的运输经营人共同参与多式联运，经营的范围可以大大扩展，同时可以最大限度地发挥其现有设备作用，选择最佳运输线路，实现合理化运输。

（5）其他作用。从政府的角度来看，发展国际多式联运具有以下重要意义：有利于加强政府部门对整个货物运输链的监督与管理；保证本国在整个货物运输过程中获得较大的运费收入配比比例；有助于引进新的先进运输技术；减少外汇支出；改善本国基础设施的利用状况；通过国家的宏观调控与指导职能保证使用对环境破坏最小的运输方式，达到保护本国生态环境的目的。

任务二　出口报关单

一、任务导入

案例内容同任务一。在天津新港（Xingang）进行货物出口环节中，发货人提供的报关资料如下：

发货人（经营单位）：Bucyrus 廊坊机械有限公司（海关代码 1310940093）。

货物名称：设备零件（HS CODE 8431390000）。

产品单价：EUR5.00 每个，总价 EUR20 000.00。

结汇方式为：T/T。

制单要求：请完成预录入出口报关单。

二、知识探究

在填写报关单时要注意，填写内容和客户提供的单据要保持一致，如果代为客户填写，必须有客户的书面确认才能最终申报。一般报关单的填制规范请参照项目三的相应内容。

三、任务实施

接到客户的报关委托和货物信息后，请以代理公司 Stute Verkehrs GmbH 操作员的身份安排运输并填写出口货物报关单（见表 5－3）。

表 5－3　　中华人民共和国海关出口货物报关单

预录入编号：　　　　　　　　　　　　　　海关编号：

出口口岸 (1)	备案号	出口日期	申报日期
经营单位 (2)	运输方式 (3)	运输工具名称 (4)	提运单号 (5)
发货单位	贸易方式 (6)	征免性质 (7)	结汇方式 (8)

许可证号	运抵国（地区） (9)	指运港 (10)	境内货源地

批准文号	成交方式 (11)	运费	保费	杂费
合同协议号	件数 (12)	包装种类 (13)	毛重（千克） (14)	净重（千克） (15)

集装箱号	随附单证	生产厂家

标记唛码及备注 (16)

项号	商品编码	商品名称 规格型号	数量	单位	最终目的国（地区）	单价	总价	币制	征免
(17)									

税费征收情况

录入员　　录入单位	兹声明以上申报无讹并承担法律责任	海关审单批注及放行日期（签章）
报关员 单位地址 邮编　　电话	申报单位（签章） 填制日期	审单　　审价 征税　　统计 查验　　放行

四、任务评价

评价标准见表 5-4。

表 5-4 评价标准

项目	评价标准	成绩
出口报关单	填写完整，每空 1 分	

五、拓展练习

（1）每种物品都有对应的海关编码，请列举身边 5 种常见物品，并通过网站查询它们的海关编码。可以通过查阅税则或者中国海关网站的商品参数查询功能来完成。

（2）在查询到海关编码后，请注意税则中的税率、监管条件、进出境限制等通关参数的代码，分别通过通关参数查询功能，将主要通关参数列举出来。

（3）写出列举的 5 种物品的申报要素。

六、知识链接

在进行报关时，查询货物的海关编码并合理归类是相当关键的一个环节。协调制度是《商品名称及编码协调制度》的简称。协调制度是由国际海关理事会制定的，英文名称为 The Harmonized Commodity Description and Coding System (HS)，是对各种不同产品出入境应征/应退关税税率进行量化管理的制度。海关编码的查询方法一般通过税则查询，也可以通过网络查询，但都需要准确掌握货物的名称、性质、用途、材质等信息。查询合适的编码后，要注意相应的税率、监管条件等通关参数信息，并和客户及时确认。

通关参数包含企业性质代码、成交方式代码、征减免税方式代码、监管证件代码等。通关参数要根据进口商或出口商提供的资料如实填写申报。通关参数确认好之后，需要根据该参数准备相应的报关资料。

申报要素是海关针对每种海关商品编码（HS 编码）列出的出口商品申报条件。报关过程中，可参考中国海关出版社出版的《商品归类及申报要素速查手册》，也可到海关网站输入商品编码的 HS 编码进行查询。申报要素一般包括商品的外观、成分含量、级别、产品用途等内容，通过申报要素的填写，就可以真实、准确地反映出商品客观情况。

项目小结

本项目讲解了国际多式联运的运作方式，以及国际多式联运与其他运输方式的区别。通过两个典型工作任务的学习，学生应能够填写多式联运提单，并且可以查询商品的海关编码。其中的一个重点是，多式联运一般能为客户提供门到门服务，要求在提单中有具体体现。另一个重点是多式联运大多涉及国际运输，需要进行报关报检的工作，要求学生具备查询商品海关编码的能力。

实训练习

请以货代公司员工小章的身份，根据客户委托资料（见表 5 - 5）填写一份海运提单。

表 5 - 5　　　　**委托资料**

<table>
<tr><td colspan="2">FM：宁波新科贸易有限公司</td></tr>
<tr><td colspan="2">TO：捷讯国际物流有限公司/小章</td></tr>
<tr><td colspan="2">您好！
我司现有 1 000 箱玩具车的货物需要从宁波通过海运运往加拿大的 VANCOUVER。
订舱要求：
1. 运费：根据我们事先谈好的 USD2 250/20GP。
2. 货要 4 月 18 日才能完工，请配 4 月 25 日的船期，并于 4 月 22 日到我工厂装货。
3. 委托贵司办理报关和商检。
4. 提单需签正本（ORIGINAL），三正三副。
5. 需要办理电放。
6. 所有费用结算方式：月结。</td></tr>
<tr><td colspan="2">SHIPPER（发货人）：
NINGBO XINKE TRADING CO.，LTD
NO. 663 EAST BAIZHANG ROAD，JIANGDONG，NINGBO，CHINA，
NINGBO，312500，ZHEJIANG，CHINA
T：86-574-8724××××　F：86-574-8724××××</td></tr>
<tr><td colspan="2">CONSIGNEE（收货人）：
MISS NIKKY CO.，LTD.
50GALAXY BLVD，UNIT 1　ETOBICOKE
T：00758 21××××　F：39 0786 32××××</td></tr>
<tr><td colspan="2">NOTIFY PARTY（通知人）：同收货人</td></tr>
<tr><td>DESCRIPTION（货名）：PLASTIC TOY CAR</td><td>DISCHARGE（中转港）：</td></tr>
<tr><td>PORT OF DISCHARGE（目的港）：VANCOUVER</td><td>PORT OF LOADING（起运港）：NINGBO</td></tr>
<tr><td>CNTR TYPE（箱型）：1×20GP
3 500kg，29CBM</td><td>MARKS（唛头）：N/M</td></tr>
<tr><td>FREIGHT CHARGE（运费支付方式）：预付</td><td>TYPE OF RECEIVE&DELIVERY（运输方式）：</td></tr>
</table>

项目六 综合实训

问题引入

随着经济的全球化趋势，中国自加入世界贸易组织以来，已不再局限于国内贸易，而是开展了越来越多的国际贸易。在这些贸易中往往少不了物流单证，那么，你知道货物的进出口作业流程吗？你知道进出口作业中会涉及哪些基本环节吗？

任务导读

在货物销售过程中，一般都是综合业务的操作，所以要熟悉物流综合业务的操作流程，下面以综合案例的形式，结合进出口业务流程来说明单据的填制。

学习目标

认知目标

1. 熟悉各种单据的标准形式。
2. 掌握各种单据的填制要求和技巧。

技能目标

1. 掌握单据的流转过程。
2. 学会缮制和应用各种单据。

情感目标

1. 形成认真、细心、严谨的工作作风。
2. 形成标准化、流程化的工作意识。

任务一　综合案例一

一、任务导入

广州永久物流公司某业务如图 6-1 所示。

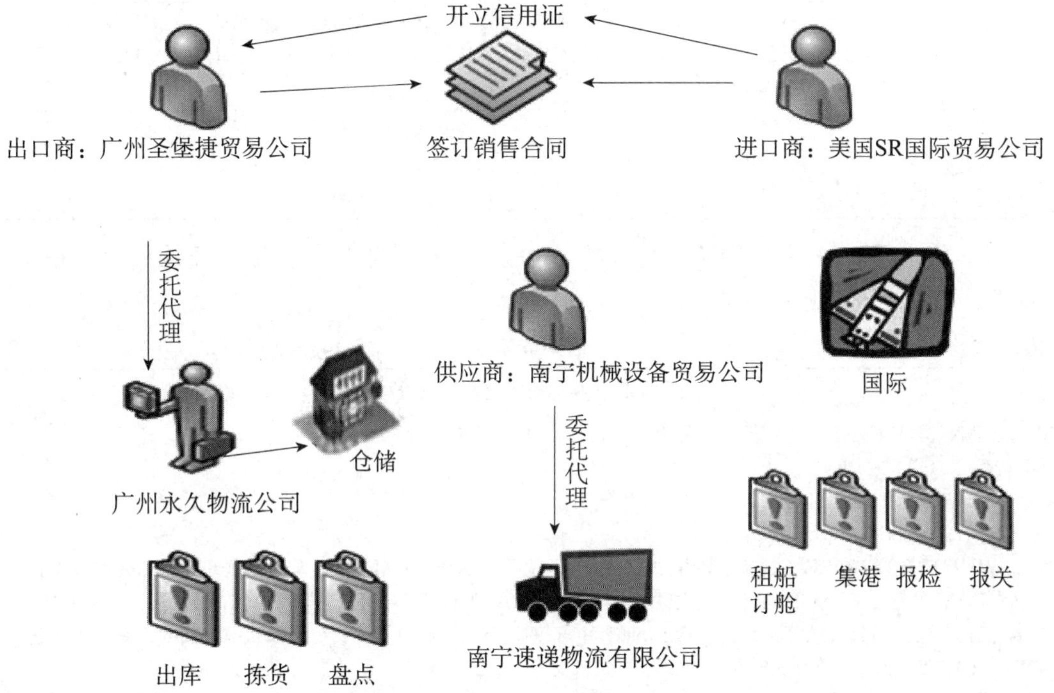

图 6-1　广州永久物流公司案例

(1) 广州圣堡捷贸易公司与美国 SR 国际贸易公司签订了一份销售合同。

(2) 美国 SR 国际贸易公司开立信用证给广州圣堡捷贸易公司。

(3) 广州永久物流公司负责圣堡捷贸易公司的仓储、运输和国际货运等业务。

(4) 广州永久物流公司仓储部负责出库、拣货、盘点作业。

(5) 广州永久物流公司货代部负责租船订舱、集港、报检报关作业。

(6) 广州永久物流公司委托南宁速递物流有限公司从供应商处运输货物到广州永久货运站。

二、知识探究

(一) 买卖双方公司情况

广州圣堡捷贸易公司是广东地区拥有进出口经营权的专业性机械公司，主要经营机电机械类产品的进出口业务。多年来，公司不断开拓国际市场，其出口产品已远销欧洲、美洲、非洲、亚洲近50个国家和地区，并且在国际市场上享有良好的声誉。

美国SR国际贸易公司是美国纽约的一家经营机械产品的知名公司，其业务网络遍布世界各地。近期，公司决定从中国进口一批传送带，并已将询价单分发给几家与之有贸易往来的中国外贸公司，最后与广州圣堡捷贸易公司签订了合同。

买卖双方公司的基本信息见表6-1。

表6-1　买卖双方公司基本信息

卖方	公司名称（NAME）	广州圣堡捷贸易公司 GUANGZHOU SHENGBAOJIE TRADING COMPANY
	地址（ADD）	广州市天河区沐陂西街4号 NO.4 MUPOXI STREET，TIANHE DISTRICT，GUANGZHOU
	海关注册编号	26711112343
买方	公司名称（NAME）	美国SR国际贸易公司 US SR TRADING COMPANY
	地址（ADD）	NEW YORK，USA

2018年1月20日，广州圣堡捷贸易公司收到银行转来的信用证，开始备货以完成出口业务。该信用证信息见表6-2。

表6-2　信用证信息

ISSUE OF DOCUMENTARY CREDIT

TO：BANK OF CHINA，GUANGZHOU BRANCH，CHINA
ATTN：L/C DEPT
FROM：COMMERCIAL BANK OF NEW YORK，USA
DATE：15-01-2018

WE HEREBY OPEN OUR IRREVOCABLE DOCUMENTARY LETTER OF CREDIT NO. LC/78563 FAVOURING M/S GUANGZHOU SHENGBAOJIE TRADING COMPANY，NO.4 MUPOXI STREET，TIANHE DISTRICT，GUANGZHOU CHINA BY ORDER OF US SR TRADING COMPANY，NEW YORK，AMERICA

TO THE EXTENT OF USD 31067.10 CFR ASSAB AVAILABLE BY NEGOTIATION WITH ANY BANK AGAINST THE DOCUMENTS DETAILED HEREIN AND BENEFICIARY'S DRAFTS AT 60 DAYS AFTER B/L DATE DRAWN ON OURSELVES FOR 100% OF THE INVOICE VALUE.

1. SIGNED COMMERCIAL INVOICES IN FIVE COPIES SHECIFYING FOB VALUE AND FREIGHT CHARGES AND ALL COPIES CERTIFIED BY THE CHINA COUNCIL FOR THE PROMOTION OF INTERNATIONAL TRADE INDICATING EXCHANGE CONTROL LICENCE NO. 749/000066 JANUARY 02，2018
2. PACKING LIST IN FIVE COPIES INDICATING GROSS AND NET WEIGHT OF EACH ROLL
3. FULL SET OF CLEAN ON BOARD OCEAN BILLS OF LADING AND ONE NON-NEGOTIABLE COPY MADE OUT TO ORDER OF COMMERCIAL BANK OF ETHIOPIA AND NOTIFYING MAGIC INTERNATIONAL PLC MARKED FREIGHT PREPAID
4. CERTIFICATE OF ORIGIN ISSUED BY THE CHINA COUNCIL FOR THE PROMOTION OF INTERNATIONAL TRADE IN TWO COPIES

COVERING SHIPMENT OF 120 ROLLS 100MM×4P×350 AND 30 ROLLS 125MM×4P×350 TRANSMISSION BELT AS PER CONTRACT NO. 03PI/421/122 DATED DEC 26，2017
TERMS CFR ASSAB
INSURANCE COVERED LOCALLY BY BUYER

THE EXPIRY PLACE OF THE CREDIT IS CHINA
PARTIAL SHIPMENTS ARE NOT PERMITTED
TRANSHIPMENT ARE PERMITTED
SHIPMENT FROM SHANGHAI CHINA TO ASSAB ETHIOPIA NOT LATER THAN 21ST MARCH 2018
THIS CREDIT IS VALID FOR NEGOTIATION NOT LATER THAN 5TH APRIL，2018
ALL BANKING CHARGES OUTSIDE ETHIOPOA ARE FOR ACCOUNT OF THE BENEFICIARY
PROVIDED THAT ALL TERMS AND CONDITIONS OF THE LETTER OF CREDIT HAVE BEEN COMPLIED WITH，WE UNDERTAKE TO HONOUR YOUR CLAIMS IN ACCORDANCE WITH YOUR INSTRUCTIONS VALUE THREE BUSINESS DAYS FROM THE DATE OF RECEIPT OF THE SHIPPING DOCUMENTS AT OUR COUNTERS
PLEASE FORWARD THE ORIGINAL AND DUPLICATE SETS OF SHIPPING DOCUMENTS IN TWO SEPARATE LOTS TO US BY DHL COURIER SERVICE
THIS LETTER OF CREDIT IS SUBJECT TO UCP FOR DOCUMENTARY CREDITS（REVISION 2017）I. C. C，PUBLICATION NO. 600
PLEASE TREAT THIS MESSAGE AS AN OPERATIVE CREDIT INSTRUMENT AND NO MAIL CONFIRMATION WILL FOLLOW
PLEASE ADVISE THE BENEFICIARY

（二）业务受理

2018 年 3 月 8 日，广州永久物流公司客户经理王勋收到广州圣堡捷贸易公司填制的托运单（要求签发三份正本提单），并接受广州圣堡捷的委托代办本批货物的出口通关及国内运输、仓储业务。

广州永久物流公司（以下简称“永久物流”）是集国际空海运、国内陆运、仓储、贸易物流为一体的综合性第三方物流中心，为广州圣堡捷贸易公司提供全方位的第三方物流服务。

王勋根据销售确认书确定此票货物为国际运输业务后，分别与公司的货代部、仓储部和广州永久货运站进行联系，准备办理本批货物的出口业务。

该出口业务的发票信息见表 6 - 3。

表 6 - 3　　出口业务的发票信息

发票填制日期：MAR. 5，2018　　商业发票编号：106-004

货名	箱装	数量	单价	毛重（KGS）	净重（KGS）
(1) TRANSMISSION BELT（传送带）100MM×4P×350	60CTNS	120 ROLLS	USD201. 92	55@ROLL	54@ROLL
(2) TRANSMISSION BELT（传送带）125MM×4P×350	15CTNS	30 ROLLS	USD227. 89	74@ROLL	73. 2@ROLL

唛头：
MAGIC INT’L PLC
P. O. BOX 147140
ADDIS ABABA
ETHIOPIA
VIA　ASSAB
体积：0. 267CBM/CTN

发票金额：USD 31 067.10

H. S. Code：40101100

（三）租船订舱

2018 年 3 月 10 日，永久物流货代部王华进行租船订舱，并于 2018 年 3 月 11 日收到船代公司的订舱确认凭证，航期为 2018 年 3 月 20 日，船名航次为 DANU BHUM V. S009，提单号为 HACB8122145，运费为 USD 6 574.00。

（四）运输业务

2018 年 3 月 13 日，永久物流运输部接到广州圣堡捷贸易公司的运输通知，要将出口货物由其国内供应商南宁机械设备贸易公司运至永久物流货运站。13 日上午 8 时，永久物流运输部计划员于楠及时核对客户的运输订单，而后委托永久物流运输分供方南宁速递物流有限公司于 2018 年 3 月 14 日上午 10 时前到指定地点提货，并运至永久物流货运站。托运订单相关信息见表 6－4。

表 6－4　　托运订单相关信息

托运单号	YD 4710000000010
托运人	广州圣堡捷贸易公司（联系人：张伟；电话：1803330××××；地址：广州市天河区沐陂西街 4 号；邮编：501663）
托运货物	100 箱传送带 100MM×4P×350　60 箱　110KGS/箱　0.267CBM/箱 125MM×4P×350　15 箱　148KGS/箱　0.267CBM/箱
收货人	广州永久物流货运站（联系人：赵文龙；电话：020－2682××××；地址：广州市货运码头 118 号；邮编：510000）
托运要求	(1) 要求 3 月 14 日取货 取货地址：南宁机械设备贸易公司（南宁市丽华路 12 号，联系人：王波，1345656××××，邮编：530408） (2) 3 月 15 日 20 点前要求送达指定地点
结算	结算方式：月结 取货费用合计为 200 元，货物打箱材料费 50 元 托运人付款账号：62220000111××××
投保	货物需要投保，投保金额为 20 万元人民币，保险费率为货值的 0.5%，保险公司为中华保险公司，南京站王明负责此项目

南宁速递物流有限公司客服宫艳根据这几批货物的运输订单，按照其托运要求编制取派通知书，取货通知单号为 QHTZ4560033，要求货运员周华 3 月 14 日 8 时从公司出发，按托运单号顺序取货。

3 月 14 日 10 时，周华到运单号为 YD4710000000010 取货地点进行取货，点验所托运货物，发现有 2 箱传送带（125MM×4P×350）外包装破损，不适合发运，经与发货人协商后，按照实际收到的货物进行托运。

南宁速递物流有限公司调度傅俊根据车辆、作业等情况，选择合适的班车执行运输任务，编制计划单号为 YSJH4900033 的“运输计划”。

按照干线运输计划，预计班车于 2018 年 3 月 14 日 11 时发车出南宁站，19 时到达广州站。南宁距广州 610km。

公司现有运力资源见表 6－5。

表 6－5　　公司现有运力资源

姓名	车牌号	联系方式	货厢尺寸（长、宽、高）(m)	车容 (m^3)	核载 (t)	货厢类型	运作线路
张怀	桂 A905××	1328880××××	4.2×1.8×1.9	12	6	全厢	南宁—广州
金龙	桂 A610××	1353997××××	5.2×2.15×2.3	22	10	全厢	南宁—广州
李怀	桂 G607××	1376072××××	7.2×2.3×2.5	36	15	全厢	南宁—广州

（五）仓储业务

3 月 15 日 8 时，永久物流货运站赵文龙收到托运单号为 YD4710000000010 的货物后，随即安排货物的入库，货物存放在编号为 KF001 的仓库。广州圣堡捷贸易公司的所有货物的出入库和库内保管由仓管员李阳负责，广州圣堡捷贸易公司的客户编号为 S0000789。当天，仓管员李阳根据入库通知单（单号为 ASN201802130105）编制入库单号为 ZYJH-DH867 的入库单。货物经验收全部合格，并且和入库通知单一致。

当日，仓管员李阳计划将质量合格的传送带统一入库到仓库编号为 KF001 的 1 号库的出口 7 区。

传送带的存放规则见表 6－6。

表 6－6　　传送带的存放规则

物料名称	物料编号	规格	可存放储位	储位存放限额（箱）
传送带	GT0001	100MM×4P×350	A00100	20
			A00101	30
			A00102	30
			A00103	30
	GT0002	125MM×4P×350	B00101	20
			B00102	20
			B00103	20
			B00104	20

李阳以此制定了作业单号为 IB0000120111 的储位分配单，交给搬运组张麒进行物料入储位作业，作业结果由搬运组张麒在储位分配单上反馈。储位按照次序依次放满（即储位数值由小到大）。

3 月 16 日，仓管员李阳接到仓库经理的指示，要求将出口 7 区的 A00100 储位上的全部货品移至出口 7 区的 A00201 储位上，李阳安排库工陈强使用一辆电瓶叉车执行移库作业。

（六）办理报检报关手续

3 月 17 日，永久物流办理了该批货物的出口报检报关手续，18 日海关放行，永久物流货代部通知仓储部按照出口合同指示拣选货品，进行装箱作业。

（七）仓储业务

3 月 18 日，永久物流广州货运站接到指示，要求按照出口商业发票的指示，从仓库中拣选 75 件 GT0001 传送带，装箱并运至码头等待装船。

仓管员李阳根据 3 月 15 日的入库情况，于 2018 年 3 月 18 日编制了出库单号为 OB2018030214 的出库单和作业单号为 PK2018060023 的拣货单，拣货原则按照储位数值从小到大依次拣选。其中，拣货单交给拣货组拣货员林胜超，当天下午，他按拣货单完成所有拣货作业，并根据拣货情况对拣货单进行反馈，所需货品没有出现库存不足等异常情况。

仓管员李阳根据发货通知信息和实际的拣货情况对出库单进行了完成作业后的反馈，并于当天下午把出库单和出库的货品一起交给货代部准备出货。

（八）装船出运

3 月 20 日，货物装船。3 月 21 日，船如期出运。

（九）制单要求

（1）请以广州圣堡捷贸易公司的身份填制托运单。

（2）请以南宁速递物流有限公司调度傅俊的身份填制运输计划。

（3）请以广州永久物流货运站仓管员李阳的身份为执行入库任务编制入库单。

（4）请以广州永久物流货运站仓管员李阳的身份编制储位分配单。

（5）请以广州永久物流货运站仓管员李阳的身份填制拣货单。

三、任务实施

（一）步骤一：填制托运单

1. 制单环节

在制单要求中明确：以广州圣堡捷贸易公司的身份填制托运单，即由发货人广州圣堡捷贸易公司自己填写完成，再给广州永久物流公司委托其租船订舱。

2. 填写依据

广州圣堡捷贸易公司依据信用证填制托运单。

当没有开立信用证时，依据进出口双方签订的销售确认书、发票、箱单、核销单等基础单据填写。

3. 明细栏目

此时船公司或者船代公司还没有“订舱确认”，首先确认 D/R 编号、船名航次、集装箱号三个栏目不填写。

“Shipper”栏目严格按照信用证填写；若有电话和传真，直接填写在此处。

“Consignee”栏目有时候会填写“TO ORDER”控制物权，要根据案例要求填写。

"Notify Party"栏目依据"Consignee"栏目填写，因"Consignee"填写的是实际的收货人，那此处可填写"SAME AS Consignee"；也可填写实际收货人。

如果收货人处填写了"TO ORDER"，就必须填写通知方。

装卸港口：此时的装货港和卸货港的描述要全部与信用证描述一致。

品名、件、重、尺：直接依据发票和箱单的内容如实填写这批货物的商品型号、数量、重量和总尺码，便于船公司配舱。

（二）步骤二：填制运输计划

1. 运输车辆选择

案例说明中，南宁速递物流有限公司调度傅俊根据车辆、作业等情况，选择合适的班车执行运输任务，编制计划单号为 YSJH4900033 的运输计划。

根据表 6－5 中公司现有的运力资源，通过货物总重和总体积可知，选择第二辆车比较恰当。

直接填写运输车辆车牌号码、司机姓名、联系方式等信息。

2. 运输过程计划

依据案例信息确定本次运输是无中转运输，运输路线为"南宁—广州"。依据一定的填制规则，可以确定"始发站的到达时间"和"目的站的发车时间"不填写，其他四个栏目依据调度安排的时间填写，具体到小时。

3. 经停站收货时间、目的站收货时间

填写这批货物到达广州永久物流公司的时间，具体到小时。

（三）步骤三：编制入库单

1. 制单环节

在制单要求中明确：以广州永久物流货运站仓管员李阳的身份为执行入库任务编制入库单。

首先确认以广州永久物流公司仓管员李阳的身份为入库任务编制入库单，即制单人为仓管员李阳；其次确认"编制"的意思为下达入库指令，即编制入库单时，还未开始实际的入库作业。

2. 明细判分

单据表体部分关于传送带的货品名称、货品编号、规格、单位等栏目必须全部正确，有任意一个栏目不符合则全部判断为错误。

3. 填写依据

永久物流公司仓管员李阳在编制入库单时依据订单中心的入库通知单。

4. "实际数量""仓管员""制单人"栏目

在准备入库单时，实际的入库作业还未开始，首先确认"实际数量"栏目不填写实际货物的数量，填了即为错。只需填写"应收数量"。

因没有开始实际的入库作业，仓管员无法对入库作业做反馈，"仓管员"栏目也不填写，填了即为错。

"制单人"栏目填写"李阳"。

（四）步骤四：编制储位分配单

1. 制单环节

制单要求中明确：以广州永久物流货运站仓管员李阳的身份编制储位分配单。

首先确认是以仓管员李阳的身份编制储位分配单，“编制”即为下达储位分配的任务，此时还未开始实际的储位分配操作，注意个别栏目的填写。

其次确认需要入库进行储位分配的商品只有两种规格的传送带。

2. 明细判分

单据表体部分关于传送带的货品名称、货品编号、规格、单位等栏目要全部填写正确，若其中任意一个栏目填写错误，即全部判断为错误。

3. 填写依据

广州永久物流中心仓管员李阳编制的储位分配单依据入库单、商品的货物存放要求和库存及货物储位安排填写。因为此时合格的商品全部入库，可以确认这批货物入库的具体数量，完成储位的分配。

4. “实放数量”“制单人”“仓管员”栏目

因制单时还未开始实际的储位分配作业，可确定“实放数量”栏目不填写，填了即为错，只需填写“应放数量”。

“制单人”栏目填写“李阳”；“作业人”栏目为空，因此时还未开始作业，填了即为错。“仓管员”栏目此时为下达操作储位分配的角色，所以此处填写“李阳”。

以下两种情况需要注意：

（1）若制单要求中说明“以制单中心李阳的身份编制储位分配单”，则“制单人”栏目填写“李阳”；“仓管员”栏目的填写需要查看案例以确认实际的作业人员；“实放数量”栏目在编制环节不填写。

（2）若制单要求中说明“以仓管员李阳的身份填制储位分配单”，则“制单人”栏目填写“李阳”；“仓管员”栏目的填写“李阳”；“实放数量”和“作业人”栏目填写要看李阳或其他仓管员是否参与了实际储位分配作业，若参与，则填写实际的商品数量，反之则不填这一项。

5. 易错栏目

（1）商品选择。此储位分配单中只需要分配传送带的储位，其他商品暂不入库。若不仔细查看制单要求和案例说明，很容易忽略，而将所有合格的商品进行储位分配。

（2）商品数量。案例中说明：3 月 14 日上午 10 时，周华到运单号为 YD4710000000010 取货地点进行取货，点验所托运货物，发现有 2 箱传送带（125MM×4P×350）外包装破损，不适合发运，经与发货人协商后，按照实际收到的货物进行托运。所以合格的两种传送带的数量要清楚。

（3）储位选择。在进行储位分配时，应该遵循的储位分配原则有：被占用的货位不能分配，同类货物相邻，货位号从小到大排列，货物从低层优先存放，如 A 货架只剩两个储位 A00000（一层）和 A00100（二层），则货物优先存放在较低一层的 A00000。

依据储位分配原则、商品的货物存放要求和库存及货物储位安排表，对商品传送带进行储位分配。

（五）步骤五：填制拣货单

1. 制单环节

在制单要求中明确：请以广州永久物流货运站仓管员李阳的身份填制拣货单。

首先确认以广州永久物流货运站仓管员李阳的身份填制拣货单，即确认制单人为李阳；其次确认“填制”的意思为：填制此拣货单时，仓管员李阳已经到了实际拣货的环节。

2. 明细判分

单据表体部分关于出口货物的库区、储位、货品编号、货品名称、规格、单位、应拣数量、实拣数量的所有栏目必须全部正确，有任意一个栏目错误则判断为全部错误。

3. 填写依据

本案例中，要求仓管员李阳填制拣货单，填制依据为出库单。

4. 易错栏目

拣货单为填制环节，即装卸搬运组已经开始实际的拣货作业，可确定拣货单中的“应拣数量”和“实拣数量”栏目都需要填写。

“制单人”栏目的填写依据是“以仓管员李阳的身份”填制，此处直接填写“李阳”。

“拣货人”栏目，因已经开始实际拣货作业，需要仔细查看案例，确认仓管员李阳是否参与实际拣货作业，若参与，“拣货人”栏填写“李阳”。

5. 货品选择

在拣选出库的商品时，要遵循一定的拣选规则，案例中说明遵循的“拣货原则按照储位数值从小到大依次拣选”，依据库存表选择商品。

四、任务评价

评价标准见表 6－7。

表 6－7　　评价标准

项目（100 分）	评价标准	成绩
托运单（20 分）	制单环节、填写依据、明细栏目	
运输计划（20 分）	运输车辆选择、运输过程计划、经停站收货时间、目的站收货时间	
入库单（20 分）	制单环节、明细判分、填写依据，以及“实际数量”“仓管员”“制单人”栏目	
储位分配单（20 分）	制单环节、明细判分、填写依据，以及“实放数量”“制单人”“仓管员”栏目	
拣货单（20 分）	制单环节、明细判分、填写依据、货品选择	

五、拓展练习

2018 年 3 月 20 日，加利物流有限公司（以下简称“加利”）客服李佳收到编号为 KH002 的郑州振国塑胶有限公司（以下简称“振国塑胶”）的发货通知：将一批塑料周转箱运至平顶山的办事处。振国塑胶地址是河南省郑州市金水区杨家浜工业园 B2，联系人刘伟，电话 0371－8899××××，邮编 450045。

平顶山的办事处地址是河南平顶山市经济技术开发区振兴路 19＃，联系人钱梅，电话 0375－8532××××，邮编 467009。

托运货物是：

周转箱（蓝色）50 个，50kg，体积 $3.5m^3$。

周转箱（黄色）100 个，100kg，体积 $7m^3$。

要求：对两种周转箱均投保，货值是 15 000 元，保险费率为货值的 1%，所投保险公司为国泰保险公司，郑州站曹伟负责此项目。要求 3 月 23 日之前送到目的地，运费为 350 元，取派费 30 元，结算方式采用月结，客户签字的运单作为回执单，予以结清运费。此次运单号为 YD201010170004。

李佳根据振国塑胶的发货信息编制作业通知单并下达指令给公司的运输部调度张亮。

张亮又收到要求在 3 月 21 日提货的三单作业指令如下：

（1）郑州组创电子科技有限公司（河南省郑州金水区东安路东侧，程军，电话 0371－8531××××）的 50 箱方块型温度保险丝至平顶山销售处（平顶山光华区新建东路 78 号，文乐），重 500kg，体积 $1.8m^3$。

（2）郑州富群纺织品制造有限公司（河南省郑州市惠山区前洲西塘，唐贤，电话 0371－8339××××）的印染花布 500 匹送至平顶山销售处（河南平顶山市工农路钟秀路口嘉隆大厦 B 座 605 室，雨晨），重 2 000kg，体积 $5.5m^3$。

（3）郑州市瑞丽韩诗服饰有限公司（河南省郑州市新北区友谊北路 78 号，蔡强，电话 0371－8762××××）的女士服装 50 箱运至驻马店办事处（河南省驻马店市亭湖区青年中路 10 号盛世豪庭北楼 905 室，孟祥东），重 300kg，体积 $5.2m^3$。

22 日，张亮编制取派通知单 QTZD001，安排随车货运员郝亮、司机周绮（联系电话：1392334××××）去取货，取货车辆是 9.6m 集装箱，车牌号为豫 BH23××，载重 8 吨，车容 $30m^3$。预计 5 小时完成取货作业回到场站。

货运员郝亮编制振国塑胶托运的货物的公路货物运单编号为 YD1001，组创电子的运单编号为 YD1002，富群纺织的运单编号为 YD1003，瑞丽韩诗服饰的运单编号为 YD1004。22 日 17 时完成集货作业回到场站，货运员郝亮根据集货信息编制单号为 JHD0001 的集货单，班车编号为 BH001。货物于 2018 年 3 月 23 日 7 时装车，林南宇负责装车发货。9 时发车出站，车牌号为豫 BH2398，当日 12 时到达平顶山，13 时从平顶山出发，16 时到达驻马店。

制单要求：请你帮助郝亮完成集货单的填制工作。

六、知识链接

（一）接受货主询价

（1）需掌握发货港至各大洲、各大航线常用的以及货主常需服务的港口、价格。

（2）主要船公司船期信息。

（3）需要时应向询价货主问明一些类别信息，如货名、危险级别等。

（4）接单（接受货主委托）。

（5）接受货主委托后（一般为传真件）需明确的重点信息：

1）船期、件数。

2）箱型、箱量。

3）毛重。

4）体积。

各箱型最大体积，（长×宽×高）可装体积，可装重量

1×20GP=31CBM　6×2.38×2.38　2 517MT

1×40GP=67CBM　12×2.38×2.38　5 525MT

1×40HC=76CBM　12×2.7×2.38

1×45GP=86CBM

（注：GP——General Purpose 普通箱；CBM——Cubicmetre 立方米；MT——Metricton 公吨；HC——High Cube 高箱）

（二）订舱注意事项

（1）缮制委托书（十联单）：制单时应最大限度地保证原始托单的数据正确、相符性，以减少后续过程的频繁更改。

（2）加盖公司订舱章订舱：需提供订舱附件（如船公司价格确认件），应一并备齐方能去订舱。

（3）取得配舱回单，摘取船名、航次、提单号信息。

（三）做箱

1. 门到门（仓库做箱）

填妥装箱计划中的做箱时间、船名、航次、关单号、中转港、目的港、毛重、件数、体积、门点、联系人、电话等要素，先于截关日（船期前两天）1～2 天排好车班。

2. 内装（厂地做箱）

填妥装箱计划中的船期、船名、航次、关单号、中转港、目的港、毛重、件数、体积、进舱编号等要素，先于截关日（船期前两天）1～2 天排好车班。

最后，取得两种做箱方法所得的装箱单（CLP）。

（四）报关（有时同时，有时先于做箱）

(1) 了解常出口货物报关所需资料。

1）需商检。

2）需配额。

3）需许可证。

4）需产地证。

5）需提供商标授权、商标品名。

6）出口香港地区货值超过＄10万，其他地区超过＄50万，核销时需提供结汇水单（复印件）。

7）需提供商会核价章。

(2) 填妥船名航次、提单号、对应装箱单、发票、所显示的毛重/净重、件数、包装种类、金额、体积，审核报关单的正确性（单证一致）。

(3) 显示报关单所在货物的中文品名，对照海关编码大全，查阅商品编码，审核两者是否相符，按编码确定计量单位，并根据海关所列之监管条件点阅所缺之报关要件。

(4) 备妥报关委托书、报关单、手册、发票、装箱单、核销单、配舱回单（十联单第五联以后），以及更改单（需要的话）和其他所需资料，于截关日前1天通关。

（五）制作提单

确定顾客提单的发放形式如下：

1. 电放

需顾客提供正本电放保函（留底），后出具公司保函到船公司电放。

2. 预借（如可行）

需顾客提供正本预借保函（留底），后出具公司保函到船公司预借。

3. 倒签（如可行）

需顾客提供正本倒签保函（留底），后出具公司保函到船公司倒签。

4. 分单

应等船开以后3～4天（候舱单送达海关，以保证退税），再将一票关单拆成多票关单。

5. 并单

应等船开以后3～4天（候舱单送达海关，以保证退税），再将多票关单合成一票关单。

6. 异地放单

须经船公司同意，并取得货主保函和异地接单的联系人、电话、传真、公司名、地址等资料方可放单。

（六）提单（见表6-8）

(1) 查看每张正本提单是否都签全了证章。提单样本如表6-8所示。

表 6-8　　中国远洋运输公司提单样本

Shipper NANTONG HUAYANG CHEMICAL CORP. 4/6F RENMIN ROAD NANTONG CHINA	**COSCO** B/L No. COS9912101 中国远洋运输公司 CHINA OCEAN SHIPPING COMPANY Combined Transport BILL OF LADING
Consignee TO ORDER OF JAPANESE INTERNATIONAL BANK LED. YOKOHAMA BRANCH	
Notify Party WINNING CHEMICAL CO., LTD. 1204-6 SINCERE BLDG 84-86 CONNAUGHT ROAD YOKOHAMA, JAPAN	

Pre-carriage by	Place of Receipt	Ocean Vessel	Voy. No. Port of Loading	Port Discharge	Place of Delivery
YANXIN	NANTONG	MAYER	HONGKONG	YOKOHAMA	
Container No.	Seal No. Marks & Nos T. E. I. YOKOHAMA NO. 20000	Number and Kind of Packages Description of Goods TALC IN POWDER 20000 KRAFT PAPER BAGS FREIGHT PREPAID		Gross Weight 510 000KGS	Measurement 440CBM

TOTAL NUMBER OF CONTAINERS OR PACKAGES (IN WORDS)	SAY TWENTY THOUSAND KRAFT PAPER BAGS ONLY

FREIGHT & CHARGES	Revenue Tohs	Rate	Per	Prepaid	Collect
Ex. Rate.	Prepaid at		Payable at	Place and date of Issue NANTONG 02-Dec-2017	
	Total Prepaid No. of original B (s) /L THREE			Signed for the Carrier ×××	
LADEN ON BOARD THE VESSEL Date 02-Dec-2017 By…×××…					

(2) 是否需要手签。

(七) 费用结算

船开后在规定天数内完成所有账单（应收、应付）的账款的确认并输入系统，严格按照双方达成的付款协议收取（支付）费用，确保公司的经济利益。

暂不能确认的账目，在月底前必须将成本做预估给财务。

（八）退单

在确认货物已装船起运后，要尽快把全套提单寄给委托人，使其有充足时间办理结汇手续。海关放行后，要尽快把海关盖章的出口退税报关单和核销单寄给委托人。

任务二　综合案例二

一、任务导入

上海明政货运代理公司某业务如图 6－2 所示。

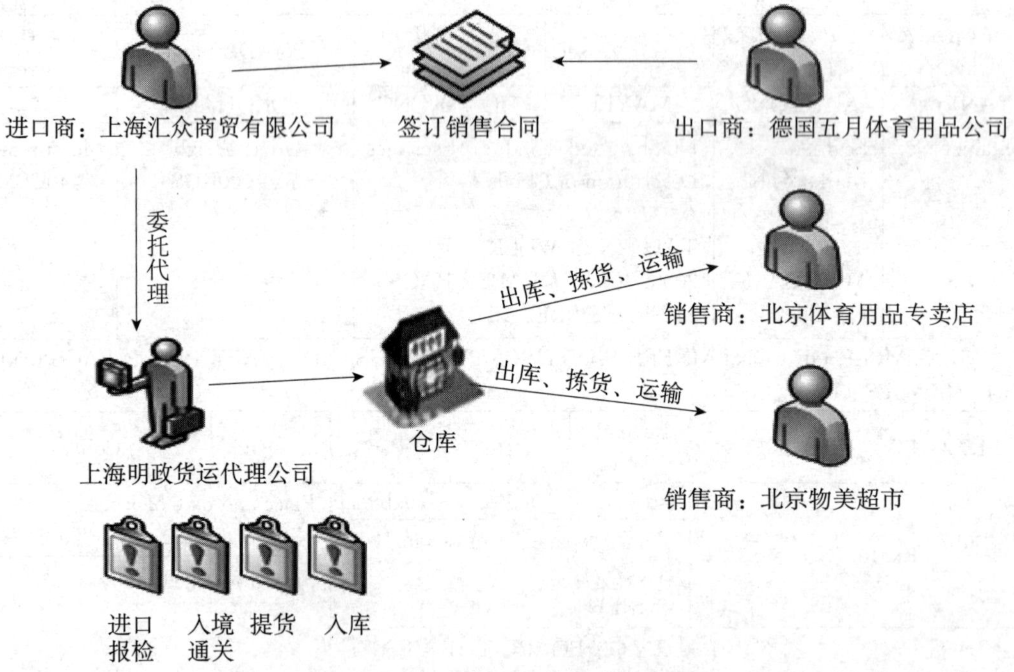

图 6－2　上海明政货运代理公司案例

（1）上海汇众商贸有限公司与德国五月体育用品公司签订了一份销售合同，达成订购协议。

（2）上海汇众商贸有限公司委托上海明政货运代理公司办理该批货物的进口手续。

（3）上海明政货运代理公司办理进口报检、入境通关、提货、入库，把货物放入上海汇众商贸有限公司仓库。

（4）上海汇众商贸有限公司与北京体育用品专卖店和北京物美超市达成供销合同。

（5）上海汇众商贸有限公司委托上海明政货运代理公司进行货物出库、运输等。

二、知识探究

（一）买卖双方情况

上海汇众商贸有限公司从德国五月体育用品公司进口了一批高尔夫球帽，其购货信息如下：

卖方：GERMANY MAY SPORTS APPLIANCE COMPANY（德国五月体育用品公司）。

买方：SHANGHAI HUIZHONG TRADING CO.，LTD.（上海汇众商贸有限公司）。

联系人：时波，电话：021－5869××××。

合同号：2018043001。

提单号：SOCO02596。

进口许可证号：CT88661125839。

品名：8.10 GOLF CAP（高尔夫球帽）。

H.S. 编码：59019091。

数量：1 800 打。

箱装：每 6 打装一纸箱，30 纸箱/托，GW：26KGS/箱，NW：25KGS/箱。

MEAS：50×40×48CM^3/箱（体积保留 3 位小数）。

单价：FOB OSAKA USD8.10/DOZ。

集装箱：20’×1，CN/SN：NYKU1209817/135345，TARE：2 250KGS。

唛头：V.H
SHANGHAI
C/NO.1—300
MADE IN GERMANY

装运港：HAMBURG，GERMANY。

目的港：SHANGHAI，CHINA。

船名：VOLENDAM。

航次：VOY.808W。

运保费合计：USD2 000。

无杂费。

（二）业务受理

2018 年 4 月 30 日，上海汇众商贸有限公司委托上海明政货运代理有限公司（简称“明政货运”）办理该批货物的进口手续。2018 年 5 月 2 日，明政货运收到本批交易的电放提单。2018 年 5 月 3 日，船进外高桥码头 4 港区 B4 泊位。

（三）换取提货单

2018 年 5 月 4 日，明政货运持电放提单换取提货单。准备提货的车队到海关箱管科交完押箱费，在正本提单上加盖“押箱章”，同时确定运费已经缴纳。检查合格后凭电放保函和提单副本顺利换取了提货单。

（四）进口报检

2018 年 5 月 5 日，明政货运持上海汇众商贸有限公司提交的全套单据进行报检操作。上海市检验检疫局在收到明政货运的报检申请并于商检机构办理检验检疫登记之后，签发入境货物通关单给明政货运，通关单单号为 12000000001。

（五）入境通关

明政货运随即于 2018 年 5 月 6 日向上海外高桥海关（2220）申请报关。上海汇众商贸有限公司的企业编码为 3101111201。法定计量单位为件。经营单位与收货单位一致，商品用途为外贸自营内销。

（六）提货

明政货运完成本批高尔夫球帽的报检、报关操作之后，在提货单上加盖了提货章、海关放行章、三检合格章。2018 年 5 月 7 日，明政货运顺利从堆场提取货物并完成相关检验工作，于当日将货物运往明政货运库房。

（七）入库业务

2018 年 5 月 7 日，明政货运仓库中心业务部王小明根据收到的电放提单填制入库通知单（见表 6－9），并向仓库发出入库通知，准备货物的入库操作。

表 6－9　　入库通知单

入库通知单号：ASN201805070001
供应商：上海汇众商贸有限公司
供应商编号：S0000721
入库库房：2 号库　　库房编号：CF002
接货人：董华　　电话：（021）5226××××
计划到货日期：2018 年 5 月 8 日

序号	物料编号	物料名称	规格	单位	计划数量	备注
1	G001	高尔夫球帽（男款）	S	箱	30	
2	G001	高尔夫球帽（男款）	M	箱	60	
3	G001	高尔夫球帽（男款）	L	箱	30	
4	G001	高尔夫球帽（男款）	XL	箱	30	
5	G003	高尔夫球帽（女款）	S	箱	30	
6	G003	高尔夫球帽（女款）	M	箱	30	
7	G003	高尔夫球帽（女款）	L	箱	60	
8	G003	高尔夫球帽（女款）	XL	箱	30	
合计					300	

制单人：王小明　　审核人：张丽　　第 1 页 共 1 页

2018 年 5 月 8 日上午，该批货物到达明政货运仓库，供应商上海汇众商贸有限公司的所有货物的出入库和库内保管由仓储部的仓管员董华负责。货物验收全部合格，并且和入库通知单一致，仓管员董华当天根据入库通知单编制入库单号为 ZYJHDH867 的入库单。

当日，根据物料存放规则和仓库可用货位情况，仓管员董华计划将质量合格的物料统一入库到鞋帽五区，仓库准备 A、B 货架分别存放男款与女款高尔夫球帽，即男款放在 A 货架，女款放在 B 货架。货架可放储位如图 6－3 所示。

A100001 满	A100002 空	A100003 空	A100004 满	A100005 空	A100006 空	A100007 空	A100008 空

B100001 空	B100002 空	B100003 满	B100004 空	B100005 空	B100006 空	B100007 空	B100008 空

图 6－3　货架可放储位

说明：A100001 代表 A 货架 100001 储位，“空”表示可用储位。

储位分配原则：每个储位限放 50 箱；一个储位只允许放置相同品名、相同规格的货品；货品不允许混放；周转率高的商品要靠近出库理货区。

其中，四种型号的 S/M/L/XL 四个尺寸中，周转率从高到低依次为 M—L—XL—S，储位距离出库理货区由近及远的顺序为 100001、100002、100003……

仓管员董华根据上述原则制定了作业单号为 IB0000120111 的储位分配单，交给搬运组搬运员李阳进行物料入储位作业，作业结果由搬运员李阳在储位分配单上反馈。

（八）运输业务

2018 年 5 月 10 日 10 时，明政货运仓库中心业务部王小明收到上海汇众商贸有限公司发来的运输计划，相关信息见表 6－10。

表 6－10　　托运单 YD4610000004911

托运单号	YD4610000004911	客户编号：PHKH5013
托运人	上海汇众商贸有限公司［联系人：方坤（经理）；联系电话：021－5226××××；地址：上海市江沿路 16 号；邮编：510407］	
箱装方式	纸箱	
货物详情	货物名称：高尔夫球帽；数量：80 箱； GW：26KGS/箱；MEAS：20×40×48CM/箱； 高尔夫球帽（男款）：S 有 20 箱、M 有 40 箱、L 有 20 箱； 此批货物为轻泡货，运费计算公式：吨体积运价×运距×吨体积； 货物存放地址：明政货运仓库中心 2 号库	
收货人	北京体育用品专卖店［联系人：丁泽奇（经理）；联系电话：010－6435××××；地址：北京市朝阳区北苑路 12 号；邮编：100067］	
托运要求	（1）要求仓库根据托运订单中的货物进行拣货、箱装和运输作业，目的地送货地址及联系信息与收货人信息相同； （2）要求 2018 年 5 月 12 日 17 时之前送到目的地； （3）凭客户签字的运单作为回执； （4）运费月结，托运人付款账号：910010002； （5）不投保	

另一张订单的运输计划见表 6－11。

表 6－11　　托运单 YD4610000004912

托运单号	YD4610000004912	客户编号：PHKH5014
托运人	上海汇众商贸有限公司［联系人：方坤（经理）；联系电话：021－5226××××；地址：上海市江沿路 16 号；邮编：510407］	
箱装方式	纸箱	
货物详情	货物名称：高尔夫球帽；数量：80 箱； GW：26KGS/箱；MEAS：20×40×48CM/箱； 高尔夫球帽（男款）：M 有 20 箱，XL 有 20 箱； 高尔夫球帽（女款）：M 有 20 箱，XL 有 20 箱； 此批货物为轻泡货，运费计算公式为：吨体积运价×运距×吨体积； 货物存放地址：明政货运仓库中心 2 号库	
收货人	北京物美超市［联系人：张杰（经理）；联系电话：010－6435××××；地址：北京市通州区北苑南路 112 号；邮编：101101］	
托运要求	（1）要求仓库根据托运订单中的货物进行拣货、箱装和运输作业； （2）客户自提； （3）要求 2018 年 5 月 13 日 5 时之前送到目的地； （4）凭客户签字的运单作为回执； （5）运费月结，托运人付款账号：910010002； （6）投保：货值是 24 880 元，保险费率为货值的 0.45%，所投保险公司为中华保险公司	

业务部王小明在审核这两张业务申请后，将订单提交给仓储部仓管董华和运输部调度王海进行操作。

（九）仓储业务

5 月 10 日 13 时，仓管员董华开始根据上述订单进行联合拣货，而后将货物转交给运输部门。首先，仓管员董华根据上海汇众商贸有限公司 5 月 8 日的库存信息，编制了出库单号为 OB2018034 的出库单和作业单号为 PK2018023 的拣货单。其中拣货单交给拣货组拣货员李文航进行拣货作业。当天下午，拣货员李文航按拣货单完成所有拣货作业并根据拣货情况对拣货单进行反馈，所需货品没有出现库存不足等异常的情况。

仓管员董华根据发货通知信息和实际的拣货情况对出库单进行完成作业后的反馈，于当天下午把出库单和出库的货品一起交给运输部准备出运。

（十）运输业务

5 月 10 日 19 时，调度王海选择李锐（联系电话：1376072××××）驾驶的车牌号为沪 G607××的车辆（核载：6t，车容：8m^3）执行该运输任务。

按照干线运输计划，预计于 2018 年 5 月 10 日 20 时发车出上海站，2018 年 5 月 11 日 12 时到达北京站。

2018 年 5 月 11 日 12:30，北京物美超市的收货人张杰提货，在对货物进行验收时，发现有 1 箱货物外箱破损，内装的高尔夫球帽（女款）M 货品丢失 5 打。北京站主管金云海赶到验收现场，与北京物美超市负责人沟通后，决定立即对该批货物进行施封检查。

当日 14 时鉴定结果如下：

发生残损货物运单号：YD4610000004912；

残损货物名称：高尔夫球帽（女款）M；

实际残损件数：1 箱；

残损状况：外箱装破损，高尔夫球帽（女款）M 货品丢失 5 打；

残损货物预估价值：800 元；

残损货物投保情况：已投保；

责任人：王菲；

操作环节：保管作业；

残损原因：保管员王菲进行站点保管作业时存在疏忽，致货物丢失。

2018 年 5 月 11 日 16 时，金云海将结果报告给明政货运上海站客服部宫艳。宫艳根据鉴定结果，提出相应的解决措施，同时填制编号为 CS20120004933 的残损记录表。解决措施为对北京物美超市赔偿实际损失，处理结果报保险公司索赔。

（十一）制单要求

（1）请以明政货运报关员的身份填制进口货物报关单。

（2）请以明政货运仓管员董华的身份编制入库单。

（3）请以明政货运仓管员董华的身份填制储位分配单。

（4）请以明政货运仓管员董华的身份为拣货任务编制拣货单。

（5）请以明政货运上海站宫艳的身份填制残损记录表。

备注：单据填制过程中，各字段的内容须完全以案例中所提供的信息为准！

三、任务实施

（一）步骤一：填制进口货物报关单

1. 制单环节

制单要求中有说明：以明政货运报关员的身份填制进口货物报关单。

2. 填写依据

进口货物报关单的填写依据进出口双方签订的销售确认书或者销售合同、发票、箱单、报关委托书、海运提单等单据。

3. 明细栏目

（1）经营单位与收货单位。在案例描述中说明：上海汇众商贸有限公司的企业编码为 3101111201。法定计量单位为件。经营单位与收货单位一致，商品用途为外贸自营内销。

收货单位的编码可选择填写。

（2）备案号、贸易方式、征免性质、征免。可以确定，该笔贸易的“贸易方式”为“一般贸易”，双方交易的商品“用途”为“外贸自营”，故可确定“备案号”为空；“征免性质”为“一般征税”；“征免”为“照章征免”。

(3) 成交方式、运费、保费、杂费。本次交易的“价格条款”为“FOB OSAKA”，并且说明，“运保费总价为 USD2 000，无杂费”。

首先，在“成交方式”栏目填写“FOB”。

其次，“运费”“杂费”两个栏目必须填写，依据填写标准，具体的填制内容为：

“运费”：案例提示信息为“运费总价为 USD2 000”，即运费是以美元总价表示，报关单中运费栏目填写为“502/3/2000”。

“杂费”：案例提示信息为“无杂费”，填写“0”。

由于运保费合在一起，海关规定在运费栏目中填写。保险费栏目免写。

(4) 集装箱号。集装箱号栏目的填写方式为“集装箱号＋‘/’＋规格＋‘/’＋自重”；在本案例中可知道集装箱的数量和号码为“1 /20H/NYKU1209817/135345”，判断为一个 20 尺的高箱，同时提示 20 尺高箱自重 2 250KGS，依据“集装箱号”栏目填制标准，则该栏目填写为“NYKU1209817/20/2 250”。

(5) 数量及单位。本案例直接根据合同填写有关数量和单位。

(二) 步骤二：编制入库单

1. 制单环节

在制单要求中说明：请以明政货运仓管员董华的身份编制入库单。

首先以上海明政物流中心仓管员董华的身份为入库任务编制入库单，即制单员身份为仓管员董华；其次确认“编制”的意思为：还未开始实际的入库作业。

2. 明细判分

单据表体部分关于任意一件商品的货品名称、货品编号、规格、单位等栏目必须全部正确，有任意一个栏目不符合则全部判断为错误。

3. 填写依据

明政货运仓管员董华在填制入库单时要依据订单中心的入库通知单。

4. “实际数量”“仓管员”“制单人”栏目

在准备入库单时，实际的入库作业还未开始，首先确认“实际数量”栏目不填写实际的收货数量，填了即为错，只需填写“应收数量”。

同时因没有开始实际的入库作业，仓管员无法对入库作业进行反馈，“仓管员”栏目也不填写，填了即为错。

“制单人”栏目填写“董华”。

(三) 步骤三：填制储位分配单

1. 制单环节

制单要求中说明：请以明政货运仓管员董华的身份填制储位分配单。

首先可以确认是以仓管员董华的身份填制储位分配单，“填制”即为此时已经开始实际的储位分配操作，注意个别栏目的填写。

2. 明细判分

单据表体部分有关高尔夫球帽的货品名称、货品编号、规格、单位等几个栏目需全部填写正确，若其中任意一个栏目填写错误，即全部判断为错误。

3. 填写依据

仓管员董华填制的储位分配单依据入库单、商品的货物存放要求和库存及货物储位安排填写。因为此时合格的商品全部入库，可以确认这批塑料器材入库的具体数量，完成储位的分配。

4. “实放数量”“制单人”“作业人”栏目

因制单要求中说明：请以明政货运搬运员李阳的身份填制储位分配单。即可确认已经开始实际的储位分配作业，可确定“应放数量”和“实放数量”栏目都需要填写。

“制单人”栏目填写为“董华”；“作业人”栏目则需要仔细查看案例确认仓管员董华是否参与了实际作业，若参与，“作业人”填写为“董华”。

5. 易错栏目

（1）商品选择。明确需要分配储位的商品为高尔夫球帽。

（2）商品数量。注意任务中关于商品信息的描述，有没有破损之类，以确定商品的数量。

（四）步骤四：编制拣货单

1. 制单环节

在制单要求中说明：以明政货运仓管员董华的身份为拣货任务编制拣货单。

首先确认制单人为“董华”；其次确认“编制”的意思为“准备拣货单”，即填制此拣货单时，装卸搬运组还未开始实际的拣货作业。

2. 明细判分

单据表体部分关于货品的库区、储位、货品编号、货品名称、规格、单位、应拣数量、实拣数量的所有栏目需全部正确，如有任意一个栏目错误则判断为全部错误。

3. 填写依据

本任务中，以明政货运仓管员董华的身份为拣货任务编制拣货单，依据为出库单和库存表。

4. 易错栏目

因拣货单为编制环节，即为实际拣货作业下达任务，装卸搬运组还未开始实际的拣货作业，可确定拣货单中“实拣数量”栏目不填写，填了即为错。只需要填写“应拣数量”。

“制单人”栏目的填写依据是“以仓管员董华的身份”编制，此处直接填写“董华”。

“拣货人”栏目因还未开始实际拣货作业，所以此处不填写，填写即为错。

5. 货品选择

在拣选出库的商品时，要遵循一定的拣选规则，遵循的拣货原则是：首先按照生产批次先后顺序进行拣货；当生产批次相同时，则按照入库日期先入先出原则进行拣货，依据库存表选择商品。

（五）步骤五：填制残损记录表

1. 路由

此处填写发生货损的运输路线，直接填写两个站点名称，“站”字不用填写。本案例中填写“上海—北京”。

2. **时间**

残损记录表涉及三个时间的填写：发现时间、解决时间、处理时间，分别填写对应的时间，具体到小时。本案例发现时间为 2018 年 5 月 11 日 12：30；解决时间为 2018 年 5 月 11 日 14 时；处理时间为 2018 年 5 月 16 时。

四、任务评价

评价标准见表 6－12。

表 6－12　　评价标准

项目（100 分）	评价标准	成绩
进口货物报关单（20 分）	制单环节、填写依据，以及明细栏目	
入库单（20 分）	制单环节、明细判分、填写依据，以及“实际数量”“仓管员”“制单人”栏目	
储位分配单（20 分）	制单环节、明细判分、填写依据，以及“实放数量”“制单人”“作业人”栏目	
拣货单（20 分）	制单环节、明细判分、填写依据、货品选择	
残损记录表（20 分）	路由、时间（发现时间、解决时间、处理时间）	

五、拓展练习

2018 年 5 月 9 日 10 时，郑州加利物流有限公司的客服代表李佳接到来自郑州振国塑胶有限公司发来的运输请求。具体内容见表 6－13。

表 6－13　　托运单 YD4610000005111

托运单号	YD4610000005111	客户编号：KH002
托运人	郑州振国塑胶有限公司 联系人：李丽；联系电话：0371－5226××××；地址：河南省郑州市郑东新区安泰路 12 号；邮编：450016	
物品详情	中空板周转箱（蓝色）50 个，50kg，体积 3.5 m^3； 中空板周转箱（黄色）100 个，100kg，体积 7 m^3	
收货人	振国塑胶有限公司南通办事处 联系人：张梅；联系电话：0513－8532××××；地址：江苏南通市南通经济技术开发区振兴路 19 号；邮编：226009	
托运要求	（1）要求上门取货和送货，送货地联系信息与收货人联系信息相同； （2）要求 2018 年 5 月 11 日 17 时之前送到江苏南通市南通经济技术开发区振兴路 19 号； （3）凭客户签字的运单作为回执； （4）投保	

客服代表李佳在接到运输请求后首先缮制了货运单，随后，李佳将货运单交给调度人员张亮，由于此批业务需要进行取货和送货，所以根据需要，张亮编了制单号为 QP111 的取货送货凭证《取（派）通知单》，并安排司机宋丽丽去取货，使用车牌豫 A—934××、车型 6t、24 m^3的厢车进行运输作业。

5 月 9 日 9 时，一批运单号为 YD4610000005110 的记事本到达郑州加利物流有限公司，货物经查验后，准备派送至郑州乐优文具公司（河南省郑州市金水区解放路 2 号，张蔷，电话：0371－8641××××），货物为 40 箱记事本，重 300kg，体积 10 m^3。张亮编制了单号为 QP112 的取送货凭证取（派）通知单，并安排司机宋丽丽先进行派货后进行取货，随后返回场站。预计 3 小时完成派取货作业回到场站。

制单要求：请你以调度人员张亮的身份来编制取（派）通知单。

六、知识链接

（一）海运进口的基本环节

海运进口的基本环节如图 6－4 所示。

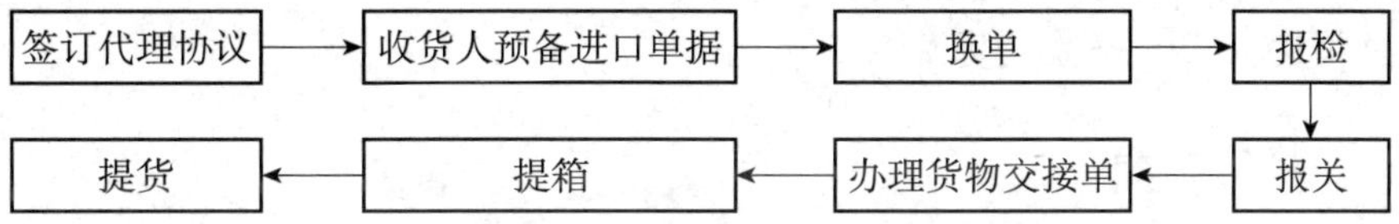

图 6－4　海运进口的基本环节

（二）收货人预备进口单据

（1）收货人向货代提供进口全套单据；货代查清此货物由哪家船公司承运、哪家船代操作、在哪里可以换取提货单（小提单）。

（2）进口单据包括带背书的正本提单或电放副本、装箱单、发票、合同（一般贸易）。

（3）货代提前联系场站并确认提箱费、掏箱费、装车费、回空费。

（三）换单

（1）货代在指定船代或船公司确认该船到港时间、地点，如需转船，必须确认二程船名。

（2）凭带背书的正本提单（如果电报放货，可带电报放货的传真件和保函）去船公司或船代换取提货单（小提单）。

（3）背书正本提单有以下两种形式：

1）提单上收货人栏显示“订舱人”，则由发货人背书。

2）提单上收货人栏显示真正的收货人，则需收货人背书。

注：背书是指在票据背面或者粘单上记载有关事项并签章的票据行为。

（四）报检

检验检疫局根据“商品编码”中的监管条件，确认此票货是否要做商检。

（五）报关（清关）

（1）外贸公司负责清关。

（2）报关资料包括带背书正本提单/电放副本、装箱单、发票、合同、小提单。

（3）海关。

1）通关时间：1个工作日以内。

2）特殊货物：2～3个工作日。

3）查验。技术查验：依据单据和具体货物决定是否查验；随机查验：海关放行科放行后，电脑自行抽查。

（六）办理货物交接单

（1）货代凭带背书的正本提单（电放放货的传真件和保函）去船公司或船代的箱管部办理货物交接单。

（2）货物交接单是集装箱进出港区、场站时，回箱人、运箱人与箱管人或其代理之间交换集装箱及其他机械设备的凭证，并具有管箱人发放集装箱凭证的功能。它分进场和出场两种，交换手续均在码头堆场大门口办理。

注：拼箱货（CFS条款交货）。

（七）提箱

（1）货代凭小提单和拖车公司的“提箱申请书”到箱管部办理进口集装箱超期使用费、卸箱费、进口单证费等费用的押款手续。

（2）若押款人不是提单上所注明的收货人，押款人必须出具同意为收货人押款并支付相应费用的保证函（保函）。

（3）押款人押款完毕经船代箱管部授权后，到进口放箱岗办理提箱手续，领取集装箱设备交接单，并核对其内容是否正确。

（4）收货人拆空进口货物后，将空箱返回指定的回箱地点。

（5）空箱返回指定堆场后，收货人要及时凭押款凭证，到箱管部办理集装箱费用的结算手续。

（八）提货

（1）货代或收货人凭小提单，联系拖车去船代指定的码头、场站提取货物。

（2）押款人到箱管部办理集装箱押款结算手续。

注：拼箱货需要到船公司或船代理签取散货分提单（分单），提货时用小提单和分单到码头提取货物。

（九）费用及其他

针对不同情况，按照商议的价格计算。

海关、商检工作时间：9：00—11：30，13：30—17：30。

报关行工作时间：8：30—12：00，13：00—18：00，节假日休息。

进口一定要查验货物。

正常情况下进口可在码头免费存放七天。

任务三　综合案例三

一、任务导入

保定谦海物流中心某业务如图 6－5 所示。

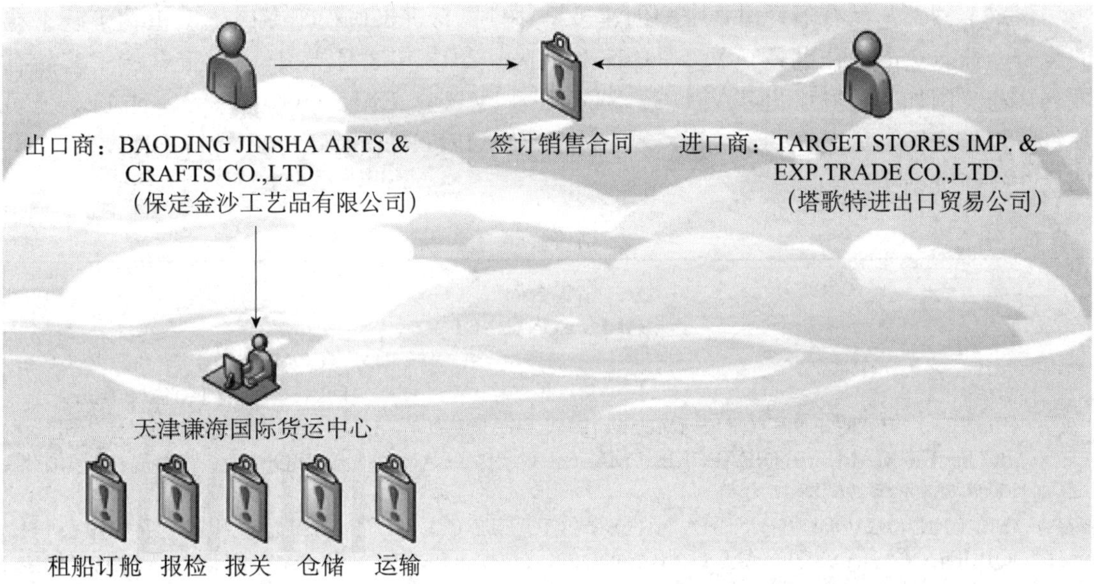

图 6－5　保定谦海物流中心案例

（1）保定金沙工艺品有限公司与美国的塔歌特进出口贸易公司签订销售合同，出口一批植物工艺干花。

（2）保定金沙工艺品有限公司委托天津谦海国际货运中心代理该批货物的仓储、国内运输、国际货运代理和报关报检等业务。

（3）保定谦海物流中心是天津谦海国际货运中心在保定设立的分支机构。

（4）保定谦海物流中心负责货物的仓储和运输作业。

1）DRIED FLOWER 0676 和 DRIED FLOWER 0680 拣货出库，运输到天津谦海国际货运中心，准备出口到美国。

2）DRIED FLOWER 0677 拣货出库，运输到明朗装饰有限公司。

3）调度人员根据运输指令制订两批货物的运输计划。

(5) 天津谦海国际货运中心负责货物的租船订舱业务。

二、知识探究

(一) 签订销售合同

进出口商的信息和签订的销售合同如下：

进口商：TARGET STORES IMP. & EXP. TRADE CO., LTD.（塔歌特进出口贸易公司），地址：1000 NICOLLET MALL MINNEAPOLIS，MN55403，OAKLAND，CALIFORNIA，USA（美国加州奥克兰明尼 55403 阿波利斯 1000 号）。

出口商：BAODING JINSHA ARTS & CRAFTS CO., LTD（保定金沙工艺品有限公司），地址：SHAOQILIDIAN，JIANSHENANLU，BAODING，HEBEI PROVINCE，P. R. CHINA（河北省保定市邵七里店建设南路）。

保定金沙工艺品有限公司是中国创建最早并且具有进出口权、专门生产植物工艺干花的合资企业，产品销往世界五十多个国家和地区。2012 年 3 月 15 日，保定金沙工艺品有限公司与美国加利福尼亚州 TARGET STORES IMP. & EXP. TRADE CO., LTD. 公司签订了销售合同，见表 6-14，其中交易商品为 DRIED FLOWER 0676 和 DRIED FLOWER 0680 两个型号。

表 6-14　　销售合同

销售合同
SALES CONTRACT

合同号（CONTRACT NO）：12BGC20
日期（DATE）：MAR 15，2012

买方（BUYER）：TARGET STORES IMP. & EXP. TRADE CO., LTD.（塔歌特进出口贸易公司）
1000 NICOLLET MALL MINNEAPOLIS，MN55403，OAKLAND，CALIFORNIA，USA（美国加州奥克兰明尼 55403 阿波利斯 1000 号）

卖方（SELLER）：BAODING JINSHA ARTS & CRAFTS CO., LTD.（保定金沙工艺品有限公司）
SHAOQILIDIAN，JIANSHENANLU，BAODING，HEBEI PROVINCE，P. R. CHINA（河北省保定市邵七里店建设南路）

This CONTRACT is made by and between the Buyer and the Seller; whereby it is agreed that the Buyer purchases and the Seller supplies the under mentioned goods according to the terms and conditions stipulated below:

本合同经买卖双方同意，相关条款如下：

1. 商品名称、规格、数量、单价、总价

Name of Commodity (商品名称)	Specification (规格)	Quantity (数量)	Unit Price (单价)	Total Amount (总价)
DRIED FLOWER	0676	250PCS	FOB XINGANG 2.09/PC	USD522.50
DRIED FLOWER	0680	2 724PCS	5.41/PC	USD14 736.84
Total value (总值)			USD15 259.34	
WITH 5% MORE OR LESS BOTH IN AMOUNT AND QUANTITY ALLOWED AT THE SELLER OPTION.（5%的溢短装数量由卖方确认。）				

续前表

2. PORT OF LOADING（装运港）：XINGANG，CHINA PORT OF DESTINATION（目的港）：OAKLAND，USA 3. PAYMENT（付款方式）：电汇（T/T） 4. PACKING（包装）：纸箱（CARTON）1 PCS/BOX，2 BOXES/CTN 5. CLAIM（索赔）：WITHIN 30 DAYS AFTER THE ARRIVAL OF THE GOODS AT THE DESTINATION，SHOULD THE QUALITY，SPECIFICATIONS OR QUANTITY BE FOUND NOT IN CONFORMITY WITH THE STIPULATIONS OF THE CONTRACT EXCEPT THOSE CLAIMS FOR WHICH THE INSURANCE COMPANY OR THE OWNERS OF THE VESSEL ARE LIABLE. THE BUYERS SHALL HAVE THE RIGHT ON THE STRENGTH OF THE INSPECTION CERTIFICATE ISSUED BY THE C. C. I. C AND THE RELATIVE DOCUMENTS TO CLAIM FOR COMPENSATION TO THE SELLERS.（在货到目的口岸 30 天内如发现货物品质、规格和数量与合同不符，除属保险公司或船方责任外，买方有权凭中国商检出具的检验证书或有关文件向卖方索赔换货或赔款。） 6. FORCE MAJEURE（不可抗力）：THE SELLERS SHALL NOT BE HELD RESPONSIBLE FOR THE DELAY IN SHIPMENT OR NON-DELIVERY OF THE GOODS DUE TO FORCE MAJEURE，WHICH MIGHT OCCUR DURING THE PROCESS OF MANUFACTURING OR IN THE COURSE OF LOADING OR TRANSIT. THE SELLERS SHALL ADVISE THE BUYERS IMMEDIATELY OF THE OCCURRENCE MENTIONED ABOVE THE WITHIN FOURTEEN DAYS THERE AFTER. THE SELLERS SHALL SEND BY AIRMAIL TO THE BUYERS FOR THEIR ACCEPTANCE CERTIFICATE OF THE ACCIDENT. UNDER SUCH CIRCUMSTANCES THE SELLERS，HOWEVER，ARE STILL UNDER THE OBLIGATION TO TAKE ALL NECESSARY MEASURES TO HASTEN THE DELIVERY OF THE GOODS.（由于人力不可抗力的原因，发生在制造、装载或运输的过程中导致卖方延期交货或不能交货者，卖方可免除责任。在不可抗力发生后，卖方须立即电告买方并在 14 天内以空邮方式向买方提供事故发生的证明文件，在上述情况下，卖方仍须负责采取措施尽快发货。） 7. ARBITRATION（仲裁）：ALL DISPUTES IN CONNECTION WITH THE EXECUTION OF THIS CONTRACT SHALL BE SETTLED FRIENDLY THROUGH NEGOTIATION. IN CASE NO SETTLEMENT CAN BE REACHED，THE CASE THEN MAY BE SUBMITTED FOR ARBITRATION TO THE ARBITRATION COMMISSION OF THE CHINA COUNCIL FOR THE PROMOTION OF INTERNATIONAL TRADE IN ACCORDANCE WITH THE PROVISIONAL RULES OF PROCEDURE PROMULGATED BY THE SAID ARBITRATION COMMISSION. THE ARBITRATION COMMITTEE SHALL BE FINAL AND BINDING UPON BOTH PARTIES. AND THE ARBITRATION FEE SHALL BE BORNE BY THE LOSING PARTIES.（凡有关执行合同所发生的一切争议应通过友好协商解决，如协商不能解决，则将分歧提交中国国际贸易促进委员会按有关仲裁程序进行仲裁，仲裁将是最终的，双方均受其约束，仲裁费用由败诉方承担。） 买方（BUYER）：TARGET STORES IMP. & EXP. TRADE CO.，LTD.（塔歌特进出口贸易公司） 签字（Signature） 卖方（SELLER）：BAODING JINSHA ARTS & CRAFTS CO.，LTD.（保定金沙工艺品有限公司） 签字（Signature）

保定金沙工艺品有限公司备货完成后，签发发票（见表 6－15）和装箱单（见表 6－16）。

表 6-15 发票

保定金沙工艺品有限公司 **BAODING JINSHA ARTS & CRAFTS CO., LTD** **INVOICE**				
SOLD TO: TARGET STORES IMP. & EXP. TRADE CO., LTD. 1000 NICOLLET MALL MINNEAPOLIS, MN55403, OAKLAND, CALIFORNIA, USA P. O. E: XINGANG, CHINA			INV NO.: JINSHA12C20 INV. DATE: APR. 14, 2012 S/C NO.: 12BGC20 P. O. D: OAKLAND, USA	
Mark and Nos.	Description of Goods	Quantity	Units Price	Amount
N/M	DRIED FLOWER 0676	250PCS	2.09/PC	FOB XINGANG USD522.50
	DRIED FLOWER 0680	2 724PCS	6.41/PC	USD14 736.84
	TOTAL			USD15 259.34
SAY TOTAL	USD FIFTEEN THOUSAND TWO HUNDRED AND FIFTY-NINE AND THIRTY-FOUR CENTS ONLY			
				保定金沙工艺品有限公司 BAODING JINSHA ARTS & CRAFTS CO., LTD

表 6-16 装箱单

保定金沙工艺品有限公司 **BAODING JINSHA ARTS & CRAFTS CO., LTD** **PACKING LIST**					
TO	TARGET STORES IMP. & EXP. TRADE CO., LTD. 1000 NICOLLET MALL MINNEAPOLIS, MN55403, OAKLAND, CALIFORNIA, USA		INV. NO.	JINSHA12C20	
			DATE	APR. 14, 2012	
			B/L NO.		
FROM	XINGANG, CHINA		TO	OAKLAND, USA	
Marks and Numbers	Description of Goods	Quantity	PACKAGE	G. W/N. W (KGS)	Measurement
N/M	DRIED FLOWER 0676	250PCS	125CTNS	1/0.5	0.853 (m^3)
	DRIED FLOWER 0680	2 724PCS	1 362CTNS	2.5/1.5	46.613 (m^3)
	TOTAL		1 487CTNS	3 530/2 105.5	47.466 (m^3)
SAY TOTAL	PACKED IN ONE THOUSAND FOUR HUNDRED AND EIGHTY-SEVEN CARTONS ONLY				
					保定金沙工艺品有限公司 BAODING JINSHA ARTS&CRAFTS CO., LTD

（二）核销备案

保定金沙工艺品有限公司在准备好出口货物后，首先向当地外汇管理局进行核销备案，领取核销单号为803720160的核销单。

（三）租船订舱

2012年4月11日，保定金沙工艺品有限公司填制订舱委托书（即托运单）给天津谦海国际货运中心委托其租船订舱（要求签发三份正本提单）。天津谦海国际货运中心是一家综合性物流企业，其承揽的业务包括仓储、国内运输、国际货运代理和报关报检等。

（四）报检报关

2012年4月13日，中国外轮代理总公司天津分公司给天津谦海国际货运中心签发配舱回单（即订舱确认凭证），确定这批货物的装期为2012年4月25日。提单号为APLL654321。通知其于2012年4月20日将货物运至天津谦海国际货运中心堆场，准备集港，货物装入一个40尺的普通集装箱，集装箱号为TRLU6581722，铅封号为TR-LU625308。

2012年4月13日，天津谦海国际货运中心向天津出入境检验检疫局申请报检，检验检疫通过之后，换取出境货物通关单给保定金沙工艺品有限公司，保定金沙工艺品有限公司当天持本次交易的全套单据及出境货物通关单、报关单（电子）向新港海关（0202）申请报关。2012年4月14日，新港海关受理本票业务。

（五）仓储、运输

保定谦海物流中心（以下简称“保定谦海”）是天津谦海国际货运中心在保定设立的分支机构，专门负责保定区域内客户的物流服务。

2012年4月14日，保定金沙工艺品有限公司（以下简称“金沙工艺”）向仓储物流供应商保定谦海出具两份发货通知单。其中，发货通知单1中的货物用于出口，发货通知单2中的货物要运送到大连。同时，将本批出口货物相关信息一并提供给保定谦海客户部，并告知其本批货物由金沙工艺自行办理通关手续。

1. 发货通知单1主要内容

（1）发货通知单号：ASN201204140001。

（2）收货客户：天津谦海国际货运中心。

（3）送货地址：天津市塘沽区新港四号路20号。

（4）邮编：300456。

（5）要求到货时间：2012年4月20日14时。

（6）收货人：包文官。

（7）收货人电话：（022）6530××××。

（8）发货仓库：保定谦海物流中心。

（9）发货地址：河北省保定市利民路91号。

（10）货物名称：DRIED FLOWER 0676、DRIED FLOWER 0680。

（11）发货数量及单位：0676 发 125 箱、0680 发 1 362 箱。

2. 发货通知单 2 主要内容

（1）发货通知单号：ASN201204140002。

（2）收货客户：明朗装饰有限公司。

（3）送货地址：大连市汉考杨路 106 号。

（4）邮编：116000。

（5）要求到货时间：2012 年 4 月 21 日 19 时。

（6）收货人：李丽珠。

（7）收货人电话：0411－305××××。

（8）发货仓库：保定谦海物流中心。

（9）发货地址：河北省保定市利民路 91 号。

（10）货物名称：DRIED FLOWER 0677。

（11）发货数量及单位：200 箱。

同日，保定谦海客户经理张丽君将两份发货通知传递给订单中心、仓储部和配送部。仓储部安排仓管员张琳负责这两批货物的出库操作。配送部根据发货通知准备这两批货物的运输操作。

（六）出库业务

2012 年 4 月 20 日，保定谦海仓储部仓管员张琳根据发货通知单 1 和发货通知单 2 分别编制了出库单号为 OB2012041414 和 OB2012041415 的出库单。其中出库单号为 OB2012041414 的货物用于出口，出库单号为 OB2012041415 的货物送往大连客户处。

张琳查询货物存放情况，该批货物存放在仓库编号为 KF007 的仓库中。张琳根据 OB2012041414 和 OB2012041415 的出库单和现有库存情况分别编制了作业单号为 PK2012041423 和 PK2012041425 的拣货单，遵循的拣货原则是：首先按照生产批次先后顺序进行拣货，当生产批次相同时，则按照入库日期先入先出原则进行拣货。

仓库 KF007 的库存情况见表 6－17。

表 6－17　　仓库 KF007 的库存情况

库区	货位	货品编号	货品名称	规格	单位	库存数量	生产批次	入库日期
1 区	A11005	560003026	DRIED FLOWER 0676	2 件/箱	箱	50	201201	2012－02－02
1 区	A11006	560003026	DRIED FLOWER 0676	2 件/箱	箱	50	201112	2012－02－12
1 区	A11007	560003026	DRIED FLOWER 0676	2 件/箱	箱	50	201201	2012－02－23
1 区	A11008	560003026	DRIED FLOWER 0676	2 件/箱	箱	50	201111	2012－02－23
1 区	A12006	463208824	DRIED FLOWER 0677	2 件/箱	箱	100	201110	2012－02－25
1 区	A12007	463208824	DRIED FLOWER 0677	2 件/箱	箱	100	201109	2012－01－25
3 区	A02001	352400360	DRIED FLOWER 0680	2 件/箱	箱	300	201111	2012－02－19
3 区	A02002	352400360	DRIED FLOWER 0680	2 件/箱	箱	300	201109	2012－02－22
3 区	A02003	352400360	DRIED FLOWER 0680	2 件/箱	箱	300	201111	2012－02－10
3 区	A02004	352400360	DRIED FLOWER 0680	2 件/箱	箱	300	201109	2012－02－19

续前表

库区	货位	货品编号	货品名称	规格	单位	库存数量	生产批次	入库日期
3区	A02005	352400360	DRIED FLOWER 0680	2件/箱	箱	300	201108	2012-01-03
3区	A02006	352400360	DRIED FLOWER 0680	2件/箱	箱	300	201108	2012-01-03
3区	A02007	352400360	DRIED FLOWER 0680	2件/箱	箱	300	201109	2012-01-12
3区	A02008	352400360	DRIED FLOWER 0680	2件/箱	箱	300	201109	2012-01-03
3区	A03001	352400360	DRIED FLOWER 0680	2件/箱	箱	300	201112	2012-01-03
3区	A03002	352400360	DRIED FLOWER 0680	2件/箱	箱	300	201202	2012-01-23
3区	A03003	352400360	DRIED FLOWER 0680	2件/箱	箱	300	201112	2012-01-23
3区	A03004	352400360	DRIED FLOWER 0680	2件/箱	箱	300	201112	2012-01-23
3区	A03005	352400360	DRIED FLOWER 0680	2件/箱	箱	300	201111	2012-01-23
3区	A03006	352400360	DRIED FLOWER 0680	2件/箱	箱	300	201201	2012-01-23
3区	A03007	352400360	DRIED FLOWER 0680	2件/箱	箱	300	201202	2012-02-04
3区	A03008	352400360	DRIED FLOWER 0680	2件/箱	箱	300	201202	2012-01-24
3区	A04001	352400360	DRIED FLOWER 0680	2件/箱	箱	300	201202	2012-01-24
3区	A04002	352400360	DRIED FLOWER 0680	2件/箱	箱	300	201202	2012-02-07
3区	A04003	352400360	DRIED FLOWER 0680	2件/箱	箱	300	201202	2012-02-08

仓管员张琳将拣货单号为PK2012041423的拣货单交给拣货组拣货员王小刚进行拣货作业，拣货单号为PK2012041425的拣货单交给拣货组拣货员李强进行拣货作业。

李强在拣货的过程中，发现DRIED FLOWER 0677库存数量只有200箱，而且其中5箱外包装严重破损。李强将这种情况反映给客户经理张丽君。张丽君又将这种情况反映给保定金沙工艺品有限公司，保定金沙工艺品有限公司与客户进行沟通后，同意按195箱发货。

当天，拣货员完成所有拣货作业并根据拣货情况对拣货单进行反馈。

仓管员张琳于当天对出库单进行反馈，并把两份出库单和对应的出库货物一起交给配送部准备出库配送作业。

（七）配送业务

2012年4月14日，配送部计划员刘国华接到了客户经理张丽君发来的托运单号为YD4610000006811和YD4610000006833的两份运输指令。具体内容见表6-18和表6-19。

表6-18　　托运单 YD4610000006811

托运单号	YD4610000006811	客户编号：PHKH5013
托运人	发货人：保定金沙工艺品有限公司 联系人：张静 联系电话：0312-751×××× 发货地址：河北省保定市利民路91号 联系人：张丽君 联系电话：0312-751×××× 邮编：071000	

包装方式	纸箱
货物详情	货物名称：DRIED FLOWER 包装数量：1 487 件 总重量：3 530KGS 总体积：47.466m³
收货人	天津谦海国际货运中心 联系人：包文官 联系电话：022－6530×××× 地址：天津市塘沽区新港四号路 20 号 邮编：300456
托运要求	（1）发货人联系信息与托运人联系信息相同，送货地联系信息与收货人联系信息相同； （2）发货地址：河北省保定市利民路 91 号； （3）2012 年 4 月 20 日 14 时前送到天津市塘沽区新港四号路 20 号； （4）客户在运单上签字作为回执

表 6－19　　托运单 YD4610000006833

托运单号	YD4610000006833	客户编号：PHKH5013
托运人	发货人：保定金沙工艺品有限公司 联系人：张静 联系电话：0312－751×××× 发货地址：河北省保定市利民路 91 号 联系人：张丽君 联系电话：0312－751×××× 邮编：071000	
包装方式	纸箱	
货物详情	货物名称：DRIED FLOWER 包装数量：195 件 总重量：710KGS 总体积：9.49m³	
收货人	明朗装饰有限公司 联系人：李丽珠 联系电话：0411－305×××× 地址：大连市汉考杨路 106 号 邮编：116000	
托运要求	（1）发货人联系信息与托运人联系信息相同，送货地联系信息与收货人联系信息相同； （2）发货地址：河北省保定市利民路 91 号； （3）2012 年 4 月 21 日 19 时前送到大连市汉考杨路 106 号； （4）客户在运单上签字作为回执	

刘国华在审核完 YD4610000006811 和 YD4610000006833 两个发货申请后，将订单提交给调度程京进行操作。2012 年 4 月 19 日，调度程京根据车辆、作业等情况，按照长途运输计划，计划将托运单号为 YD4610000006811 和 YD4610000006833 的两单货物同时于 2012 年 4 月 20 日 9 时从保定发车，于 2012 年 4 月 20 日 13 时到达天津，14 时从天津出

发，2012 年 4 月 21 日 17 时到达大连。（保定到天津的公路里程为 195km，天津到大连的公路里程为 819km）。2012 年 4 月 19 日，调度程京编制了编号为 YSJH4900033 的运输计划，该运输计划包含托运单号为 YD4610000006811 和 YD4610000006833 两张单内托运货物。车辆信息见表 6－20。

表 6－20　车辆信息

司机姓名	车牌号	联系方式	货厢尺寸（长、宽、高）（m）	车容（m^3）	核载（t）	货厢类型	运作路线
汝成	冀 G607××	1376072××××	10×2.4×2.5	60	10	全厢	保定—天津—大连

2012 年 4 月 20 日 9 时该批货物准时从保定发车，并于 13 时准时到达天津，卸货完成后，15 时从天津出发，由于天气状况等原因，货物于 2012 年 4 月 21 日 23：30 才到达大连客户处。

（八）盘点业务

根据公司日清日结的规定，2012 年 4 月 20 日下班前，仓管员张琳根据库存对金沙工艺所有货品按库区分别编制了 KF007 仓库 6 区（盘点单号：ST0001002）、KF007 仓库 7 区（盘点单号：ST0001003）和 KF007 仓库 8 区（盘点单号：ST0001004）三张盘点单，盘点均采用盲盘形式，其中 KF007 仓库 6 区中货物基础信息见表 6－21。

表 6－21　KF007 仓库 6 区中货物基础信息

货物编号	货物名称	储位区间	规格
352411260	DRIED FLOWER 0688	6 区 A 排	2 件/箱
320005020	DRIED FLOWER 0689	6 区 B 排	2 件/箱

KF007 仓库 6 区货物实际库存如图 6－6 所示。

盘点人员赵公明接到仓管员交给的盘点单后，开始对仓库 6、7、8 区的货物进行全盲盘作业，空货位不需要记录在盘点单中。

（九）通关放行

2012 年 4 月 21 日，海关在太平洋码头重箱堆场检验货物，验关合格后于 2012 年 4 月 22 日在场站收据上加盖海关放行章。

（十）签发提单

2012 年 4 月 26 日，APL 公司天津分公司签发提单给天津谦海货运中心。

（十一）制单要求

（1）请以保定金沙工艺品有限公司的身份填制托运单。

（2）请以保定谦海物流中心仓管员张琳的身份为保定金沙工艺品有限公司 2012 年 4 月 20 日发往大连的货物编制出库单。

（3）请以保定谦海物流中心仓管员张琳的身份为保定金沙工艺品有限公司 2012 年 4 月 20 日发往天津新港的货物编制拣货单。

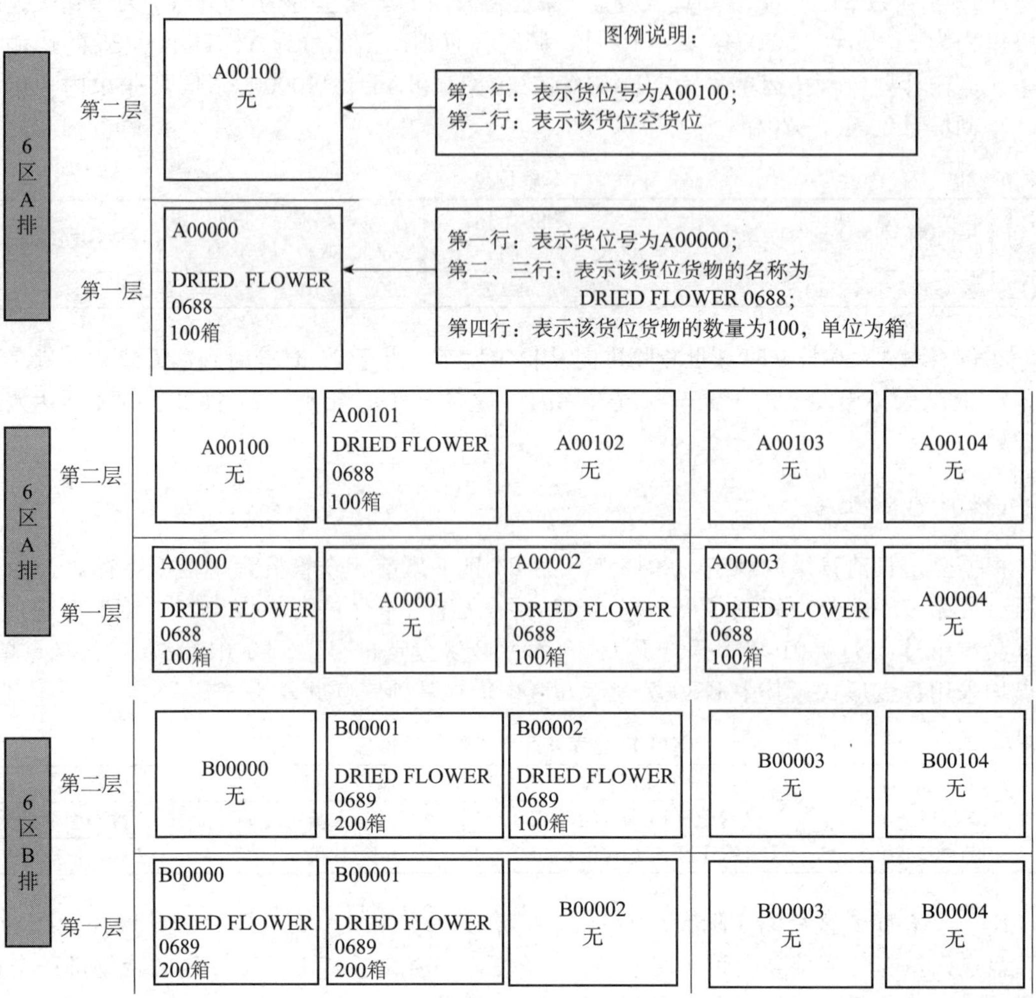

图 6-6 KF007 仓库 6 区货物实际库存

（4）请以保定谦海物流中心盘点人员赵公明的身份填制 2012 年 4 月 20 日 7 号仓库 6 区的盘点单。

（5）请以保定谦海物流中心调度程京的身份为保定金沙工艺品有限公司 2012 年 4 月 20 日发往天津新港的货物编制运输计划。

备注：单据填制过程中，各字段的内容须完全以案例中所提供的信息为准。

三、任务实施

（一）步骤一：填制托运单

1. 制单环节

在制单要求中明确：以保定金沙工艺品有限公司的身份填制托运单，即由发货人保定金沙工艺品自己填写完成之后给天津谦海国际货运中心，委托其租船订舱。

2. 填写依据

保定金沙工艺品有限公司填制托运单依据进出口双方保定金沙工艺品有限公司和塔歌特进出口贸易公司签订的销售确认书、发票、箱单、核销单等基础单据。

有时以信用证作为结算工具，并在案例中有提示信用证内容时，可依据信用证填写。

3. 明细栏目

此时船公司或者船代公司还没有订舱确认，首先确认 D/R 编号、船名航次、集装箱号三个栏目不填写。

“Shipper”栏目严格按照销售确认书的填写；若有电话和传真，直接填写在此处。

“Consignee”栏目有时候会填写“TO ORDER”控制物权。但在本案例填制说明中要求，“Consignee”栏目直接填写收货人名称和地址。

“Notify Party”栏目依据“Consignee”栏目填写，因“Consignee”填写的是实际的收货人，那此处可填写“SAME AS CONSIGNEE”，也可填写实际收货人。本案例的填制说明有要求填写为“与收货人处一致，则直接填写实际收货人即可”。

如果收货人处填写的“TO ORDER”，就必须填写通知方。

装卸港口：此时的装港和卸港的描述要全部与销售确认书的描述一致。

品名、件、重、尺：直接依据发票和箱单的内容如实填写这批干花的商品型号、数量、重量和总尺码，便于船公司配舱。具体的填制规则依据“填制说明”栏目填写。

（二）步骤二：编制出库单

1. 制单环节

在制单要求中明确：以保定谦海物流中心仓管员张琳的身份为保定金沙工艺品有限公司 2012 年 4 月 20 日发往大连的货物编制出库单。

首先确认以保定谦海物流中心仓管员张琳的身份编制出库单；其次确认“编制”的意思为“准备出库单”，即填制此出库单时，还未开始实际的出库作业，并且要求编制的出库单所属为 2012 年 4 月 20 日发往大连的货物。

2. 明细判分

单据表体部分关于两个型号货物的货品名称、货品编号、规格、单位等栏目要求全部正确，如有任意一个栏目不正确，则该行全部判断为错误。

3. 填写依据

本任务中，要求仓管员张琳编制 2012 年 4 月 20 日发往大连的货物出库单，编制依据为：保定金沙工艺品有限公司向仓储物流供应商保定谦海出具的发货通知单 2。

4. “仓管员”“制单人”“实际数量”“收货人”栏目

因该出库单为编制环节，即为出库作业下达任务，还未开始实际的出库作业，可确定出库单中“实际数量”栏目不填写，填了即为错。只需要填写“应出数量”。

“仓管员栏目因没有进行实际的出库作业，仓管员无法做作业反馈，此时不填写。

“制单人”栏目直接填写“张琳”。

“收货人”栏目不填写，填写即为错。

若制单要求中没有说明“以仓管员张琳的身份为保定金沙工艺品有限公司 2012 年 4 月 20 日发往大连的货物编制出库单”，以下几种说明分别填写不同的内容：

（1）“编制”区别于“填制”。如果说明为“以仓管员张琳的身份为保定金沙工艺品有限公司 2012 年 4 月 20 日发往大连的货物填制出库单”，此时的出库单为填制环节，则需要仔细查看任务以确认张琳是否参与实际的出库作业。若参与则需要填写“实际数量”栏目，且“仓管员”和“制单人”全部填写为“张琳”。

（2）确定制单人身份。如果说明为“以单证员张琳的身份为保定金沙工艺品有限公司 2012 年 4 月 20 日发往大连的货物编制出库单，此时的出库单为编制环节，还未开始实际的出库作业，则“实际数量”栏目不填写，“制单人”填写为“张琳”。需要查看任务以确认“仓管员”内容。

（3）单据所属。如果说明为“以仓管员张琳的身份为保定金沙工艺品有限公司 2012 年 4 月 20 日出口的货物编制出库单”。此时的出库单所属货物为用于出口的货物，易与“2012 年 4 月 20 日发往大连的货物”混淆。

（三）步骤三：编制拣货单

1. 制单环节

在制单要求中明确：以保定谦海物流中心仓管员张琳的身份为保定金沙工艺品有限公司 2012 年 4 月 20 日发往天津新港的货物编制拣货单。

首先确认以保定谦海物流中心仓管员张琳的身份编制拣货单，即确认制单人为“张琳”；其次确认“编制”的意思为“准备拣货单”，即填制此拣货单时，装卸搬运组还未开始实际的拣货作业，并且要求编制的拣货单所属为 2012 年 4 月 20 日发往天津新港用于出口的货物。

2. 明细判分

单据表体部分关于用于出口的两种型号货物的库区、储位、货品编号、货品名称、规格、单位、应拣数量、实拣数量的所有栏目要求全部正确，如有任意一个栏目错误则判断为全部错误。

3. 填写依据

本案例中，要求仓管员张琳编制 2012 年 4 月 20 日发往天津新港用于出口的货物的拣货单，编制依据为：保定金沙工艺品有限公司向仓储物流中心已经填制完成的与之对应的编号为 OB2012041414 的出库单和库存表。

4. 易错栏目

因该拣货单为编制环节，即为实际拣货作业下达任务，装卸搬运组还未开始实际的拣货作业，可确定拣货单中“实拣数量”栏目不填写，填了即为错。只需要填写“应拣数量”。

“制单人”栏目的填写依据是“以仓管员张琳的身份”编制，此处直接填写“张琳”。

“拣货人”栏目因还未开始实际拣货作业，所以此处不填写，填写即为错。

若制单要求中没有说明“以保定谦海物流中心仓管员张琳的身份为保定金沙工艺品有限公司 2012 年 4 月 20 日发往天津新港的货物编制拣货单”，以下几种说明分别填写不同的内容：

（1）“编制”区别于“填制”。如果说明为“以保定谦海物流中心仓管员张琳的身份为保定金沙工艺品有限公司 2012 年 4 月 20 日发往天津新港的货物填制拣货单”，此时的拣货单为填制环节，则需要仔细查看任务以确认仓管员张琳是否参与实际的拣货确认作业。若参与则需要填写“实拣数量”栏目，且“制单人”和“拣货人”全部填写为“张琳”。

（2）确定制单人身份。如果说明为“以单证员张琳的身份为保定金沙工艺品有限公司2012年4月20日发往天津新港的货物编制拣货单”，此时的拣货单为编制环节，装卸搬运组还未开始实际的拣货作业。则“制单人”填写为“张琳”。需要查看任务以确认“仓管员”内容。

（3）单据所属。如果说明为“以仓管员张琳的身份为保定金沙工艺品有限公司2012年4月20日发往大连的货物编制拣货单”。此时的出库单所属货物为发往大连用于销售的货物，易与“2012年4月20日发往天津新港（用于出口）的货物”混淆。

5. 货品选择

在拣选出库的商品时，要遵循一定的拣选规则，案例中说明“遵循的拣货原则是：首先按照生产批次先后顺序进行拣货；当生产批次相同时，则按照入库日期先入先出原则进行拣货”，依据库存表选择商品。

DRIED FLOWER 0676的干花共需拣选125箱，每个储位的储存数量为50箱，即这125箱干花来源于3个储位。依据库存表型号为0676的干花库存信息见表6-22。

表6-22　型号为0676的干花库存信息

库区	货位	货品编号	货品名称	规格	单位	库存数量	生产批次	入库日期
1区	A11005	560003026	DRIED FLOWER 0676	2件/箱	箱	50	201201	2012-02-02
1区	A11006	560003026	DRIED FLOWER 0676	2件/箱	箱	50	201112	2012-02-12
1区	A11007	560003026	DRIED FLOWER 0676	2件/箱	箱	50	201201	2012-02-23
1区	A11008	560003026	DRIED FLOWER 0676	2件/箱	箱	50	201111	2012-02-23

依据拣货原则首先按照生产批次选择顺序为：201112（储位A11006）、201111（储位A11008）、201201（储位A11005和A11007），即201112和201111各拣选50箱，共计100箱，还需再拣选25箱。201201有两批可选择，依据拣货原则第二条“当生产批次相同时，则按照入库日期先入先出原则进行拣货”，选择入库日期较早的一批即入库日期为2012-02-02，且储位为A11005的干花25箱。三个储位共拣选型号为0676的干花125箱。

DRIED FLOWER 0680的干花共需拣选1 362箱，每个储位的储存数量为300箱，即这1 362箱干花来源于5个储位。依据库存表型号为0680的干花库存信息见表6-23。

表6-23　型号为0680的干花库存信息

库区	货位	货品编号	货品名称	规格	单位	库存数量	生产批次	入库日期
3区	A02001	352400360	DRIED FLOWER 0680	2件/箱	箱	300	201111	2012-02-19
3区	A02002	352400360	DRIED FLOWER 0680	2件/箱	箱	300	201109	2012-02-22
3区	A02003	352400360	DRIED FLOWER 0680	2件/箱	箱	300	201111	2012-02-10
3区	A02004	352400360	DRIED FLOWER 0680	2件/箱	箱	300	201109	2012-02-19

续前表

库区	货位	货品编号	货品名称	规格	单位	库存数量	生产批次	入库日期
3区	A02005	352400360	DRIED FLOWER 0680	2件/箱	箱	300	201108	2012-01-03
3区	A02006	352400360	DRIED FLOWER 0680	2件/箱	箱	300	201108	2012-01-03
3区	A02007	352400360	DRIED FLOWER 0680	2件/箱	箱	300	201109	2012-01-12
3区	A02008	352400360	DRIED FLOWER 0680	2件/箱	箱	300	201109	2012-01-03
3区	A03001	352400360	DRIED FLOWER 0680	2件/箱	箱	300	201112	2012-01-03
3区	A03002	352400360	DRIED FLOWER 0680	2件/箱	箱	300	201202	2012-01-23
3区	A03003	352400360	DRIED FLOWER 0680	2件/箱	箱	300	201112	2012-01-23
3区	A03004	352400360	DRIED FLOWER 0680	2件/箱	箱	300	201112	2012-01-23
3区	A03005	352400360	DRIED FLOWER 0680	2件/箱	箱	300	201111	2012-01-23
3区	A03006	352400360	DRIED FLOWER 0680	2件/箱	箱	300	201201	2012-01-23
3区	A03007	352400360	DRIED FLOWER 0680	2件/箱	箱	300	201202	2012-02-04
3区	A03008	352400360	DRIED FLOWER 0680	2件/箱	箱	300	201202	2012-01-24
3区	A04001	352400360	DRIED FLOWER 0680	2件/箱	箱	300	201202	2012-01-24
3区	A04002	352400360	DRIED FLOWER 0680	2件/箱	箱	300	201202	2012-02-07
3区	A04003	352400360	DRIED FLOWER 0680	2件/箱	箱	300	201202	2012-02-08

依据拣货原则首先按照生产批次选择顺序为：201108（储位 A02005 和 A02006）、201109（储位 A02002、A02004、A02007、A02008）、201111（储位 A02001、A02003、A03005）、201112（储位 A03001、A03003、A03004）、201201（储位 A03006）、201202（储位 A03002、A03007、A03008、A04001、A04002、A04003），每个储位储存 300 箱，即分别从批次为 201108 和 201109 拣选。

依据第一个拣选原则，批次为 201108（储位 A02005 和 A02006）的干花全部拣选，共计 600 箱；批次为 201109（储位 A02002、A02004、A02007、A02008）的干花拣选 762（300＋300＋162）箱。

因批次为 201109 的干花分别储存在四个储位而只需要选择三个储位，则依据拣货原则第二条“当生产批次相同时，则按照入库日期先入先出原则进行拣货”，按照入库日期 2012-01-03（储位 A02008）、2012-01-12（储位 A02007）、2012-02-19（储位 A02004）、2012-02-22（储位 A02002），拣选储位为 A02008 和 A02007 的干花合计 600 箱（各 300 箱），储位为 A02004 的干花 162 箱，共计 762 箱。

五个储位共拣选型号 0680 的干花 1 362 箱。

拣选时容易出现错误的地方有两处：

（1）忽略拣选原则。在拣选不同型号的干花时，容易忽略案例中特殊说明的拣选原则，而按照库存表自由拣选商品。

（2）型号干扰。在库存表中提供的商品信息有三种型号，分别为 0676、0677 和 0680。在拣选时，注意了拣选原则而忽略了干花的型号。

例如，批次为 201109 的干花型号有 0677 和 0680，而案例只要求拣选型号为 0680 的干花，此处易混淆。

（四）步骤四：填制盘点单

1. 制单环节

制单要求中明确：以保定谦海物流中心盘点人员赵公明的身份填制 2012 年 4 月 20 日 7 号仓库 6 区的盘点单。

首先明确身份为“保定谦海物流中心盘点人员赵公明”，即制单人为“赵公明”；其次确认为“填制盘点单”，即盘点作业已经完成，此时为盘点单做反馈，有实际的作业人员；再次确认盘点的库区为“7 号仓库 6 区”。

2. 盘点方式

在案例中说明“盘点均采用盲盘形式”，则提供的盘点单只给出需要盘点的库区信息为“7 号仓库 6 区”，盘点人依据盘点结果补充完成其他内容。“制单人”“仓库编号”“制单日期”等表头处栏目已给出。

3. 明细判分

单据表体部分关于任意一种盘点货品的货品名称、货品编号、规格、单位等栏目需全部正确，如有任一栏目错误，即判断为全部错误。

4. 填写依据

制单要求中说明：以保定谦海物流中心盘点人员赵公明的身份填制 2012 年 4 月 20 日 7 号仓库 6 区的盘点单。依据此判断制单环节为盘点结果反馈，此时盘点人赵公明依据实际盘点数量填写。

5. “系统库存数量”“实际数量”“盈亏数量”“损坏数量”“盘点人”栏目

由制单要求判定制单环节为盘点结果反馈，即盘点人赵公明已经明确了现在的盘点结果，并将盘点结果填制在盘点单上。

首先，确认“制单人”“仓库编号”“制单日期”等表头处栏目已给出，不需要填写。因盘点方式为“盲盘”，盘点人赵公明不知道“系统库存数量”，而只将实际盘点结果的实际数量填写，没有对比，即“盈亏数量”和“损坏数量”两个栏目也不填写。也就是说，在此案例中表体部分“系统库存数量”“盈亏数量”“损坏数量”三个栏目不填写，填了即为错。

其次，依据库存信息表中提示的“KF007 仓库 6 区中货物基础信息”和“KF007 仓库 6 区货物实际库存”两个表/图共同将盘点的货品信息填制在盘点单的表体部分，且有关一种商品的明细全部正确。

“盘点人”栏目直接填写实际的盘点人“赵公明”。

（五）步骤五：编制运输计划

1. 运输车辆选择

案例说明中，保定谦海物流调度填制保定金沙工艺品有限公司发往天津新港的货物，共计两单货物，货物数量共计 1 487＋195＝1 682 件，总重量 3 530＋710＝4 240KGS，总体积 $47.466\text{m}^3+9.49\text{m}^3=56.956\text{m}^3$。

调度根据运输的货物选择运输车辆的车辆信息见表 6－20。直接将运输车辆车牌号码、司机姓名、联系方式等信息填写进去。

有些情况此处为排除选择运输的车辆。

2. 运输过程计划

首先依据案例信息确定本次运输发生了中转运输，运输路线为“保定—天津—大连”。依据一定的填制规则，可以确定“始发站的到达时间”和“目的站的发车时间”不填写，其他四个栏目依据调度安排的时间填写，具体到小时。

3. 经停站收货时间、目的站收货时间

填写保定金沙工艺品有限公司要求这两批货物到达天津谦海国际货运中心、明朗装饰有限公司的时间，具体到小时。

四、任务评价

评价标准见表 6-24。

表 6-24　评价标准

项目（100 分）	评价标准	成绩
托运单（20 分）	制单环节、填写依据、明细栏目	
出库单（20 分）	制单环节、明细判分、填写依据，以及“仓管员”“制单人”“实际数量”“收货人”栏目	
拣货单（20 分）	制单环节、明细判分、填写依据、货品选择	
盘点单（20 分）	制单环节、盘点方式、明细判分、填写依据，以及“系统库存数量”“实际数量”“盈亏数量”“损坏数量”“盘点人”栏目	
运输计划（20 分）	运输车辆选择、运输过程计划、经停站收货时间、目的站收货时间	

五、拓展练习

2013 年 6 月 12 日，天顺物流有限公司上海站客服人员何华接到上海华威科技有限公司张枫发来的托运请求，要求通过水路将一批空调从上海港运送至天津港。

托运信息如下：

（1）托运方全称：上海华威科技有限公司；地址：上海市长宁区遵义南路 6 号虹桥友谊商城 1 楼；邮编：201400；联系人：张枫；联系方式：021-6718××××。

（2）收货方全称：天津立通科技有限公司；地址：天津市长沙路 2-58 号；邮编：300051；联系人：李杰；联系方式：022-2450××××。

（3）托运物品名称：康宝嵌入式消毒柜；型号：ZTP108E-11E；尺寸：长×宽×高为 0.595×0.489×0.630m；体积：0.183m^3；重量：25kg；数量：500 件；包装方式：纸箱；物品总价值：740 000 元。

（4）托运要求运输方式：水路。

（5）运输路由：上海—天津。

（6）最晚到货日期：2013 年 6 月 17 日 18 时。

（7）付款方式：月结。

（8）取派任务：只取不派。

客服人员何华将业务信息传递给调度人员王飞，根据托运要求王飞安排车辆、司机去托运方处取货。货物取回后，调度人员王飞与船公司进行联系，安排货物存放至码头堆场，准备装船。运价 160 元/t；装船费为 100 元/TEU；需要装 12 个 40 尺柜；装船时间为 2 天；运单号为 YD20130612；交接清单编号为 JJ2013—02。货物到达目的港时间为 2013 年 6 月 17 日 10 时。

制单要求：请你以客服人员何华的身份完成水路货物运单的填制。

六、知识链接

航空货运出口操作流程有以下几步。

（一）发货人

1. 提供货物资料

货物资料包括品名、件数、重量、箱规尺寸、出货时间、目的港，以及目的港收货人名称、地址、电话，发货人名称、地址、电话。

2. 应具备的报关资料

（1）清单、合同、发票、手册、核销单、机电卡等。

（2）填写报关委托书并盖章，同时准备盖章空白信纸 1 份以备报关过程中备份需要，交由委托报关的货代或报关行进行处理。

（3）确认是否具有进出口权以及产品是否需要配额。

（4）根据贸易方式将上述文件或其他必备文件交由委托报关的货代或报关行进行处理。

3. 寻找货运代理

发货人可自由选择货运代理，但应从运价、服务、货代实力和售后服务等方面选择适合的代理公司。

4. 询价

向所选择的货运代理公司进行运价协商，航空运输价格等级分为 M、N、＋45、＋100、＋300、＋500、＋1 000。

各航空公司因所提供的服务不同，给货运代理公司的运价也不同，一般来说重量越大价格就越优惠。也可申请更优惠的运价。

（二）货运代理公司

1. 委托书

发货人与货运代理确定运输价格和服务条件后，货运代理将给发货人一份空白“货物托运委托书”，发货人将如实填写此份托运书，并传真或交回货运代理。

2. 商检

货运代理将检查委托书内容是否齐全（不全或不规范的要补充），了解货物是否要做商检，并对需要做商检的货物进行协助办理。

3. 订舱

货运代理根据发货人的“委托书”，向航空公司订舱（也可由发货人指定航空公司），同时向客户确认航班及相关信息。

4. 接货

(1) 发货人自送货：货运代理应传真货物进仓图给发货人，注明联系人、电话、送货地址、时间等，以便货物及时准确入仓。

(2) 货运代理接货物：发货人需向货运代理提供具体接货地址、联系人、电话、时间等相关信息，以确保货物及时入仓。

5. 运输费用结算

双方在未接货物时应该确定运输费用结算方式。

(1) 预付：本地付费用。

(2) 到付：目的港客人付费用。

6. 小贴士

(1) 运输方式：有直达、空空转运。

(2) 运费组成：空运费（以货代和发货人协商运价为准）、代理费（300 元/票）、报关费单证费（200～250 元/票）、燃油附加费及战争险（以航空公司收费为准，一般情况下分别为 1.0 元/千克）、货站地面处理费（0.4～0.6 元/千克），以及可能因货物不同而产生的其他杂费。

（三）机场货站

1. 理货

当货物送至相关的货站后，货运代理会根据航空公司的运单号码，制作主标签和分标签，贴在货物上，以便于起运港和目的港的货主、货代、货站、海关、航空公司、商检、收货人识别。

2. 过磅

将贴好标签的货物交由货站过安全检查、过磅，以及丈量货物尺寸、计算体积重量，然后货站将整单货物的实际重量和体积重量写入“可收运书”，加盖安检章、可收运章并签名确认。

3. 打单

货运代理根据货站的“可收运书”将全部货物数据打入航空公司的运单上。

4. 特殊处理

可能因货物的重要性、危险性和装运限制（如超大、超重等），货站将要求承运的航空公司代表进行审核，并签字说明，才可入仓。

5. 小贴士

货站的工作时间为 8：30—17：00，货物必须提前 24 小时进货站。

（四）商检

1. 单证

发货人必须出具清单、发票、合同、报检委托书（由报关行或货代提供）。

2. 向商检预约查验时间

不可直接进行商检，需向商检局预约查验时间。

3. **检验**

商检局将抽取货物样品进行检验，或现场评定，做出审核结论。

4. **放行**

检验合格之后，商检局将在“报检委托书”上做出认证。

5. **小贴士**

商检根据各类货物的“商品编码”监管条件进行相应的操作。

商检的工作时间为8：30—12：00。

任务四　综合案例四

一、任务导入

天津振中物流中心某业务如图6-7所示。

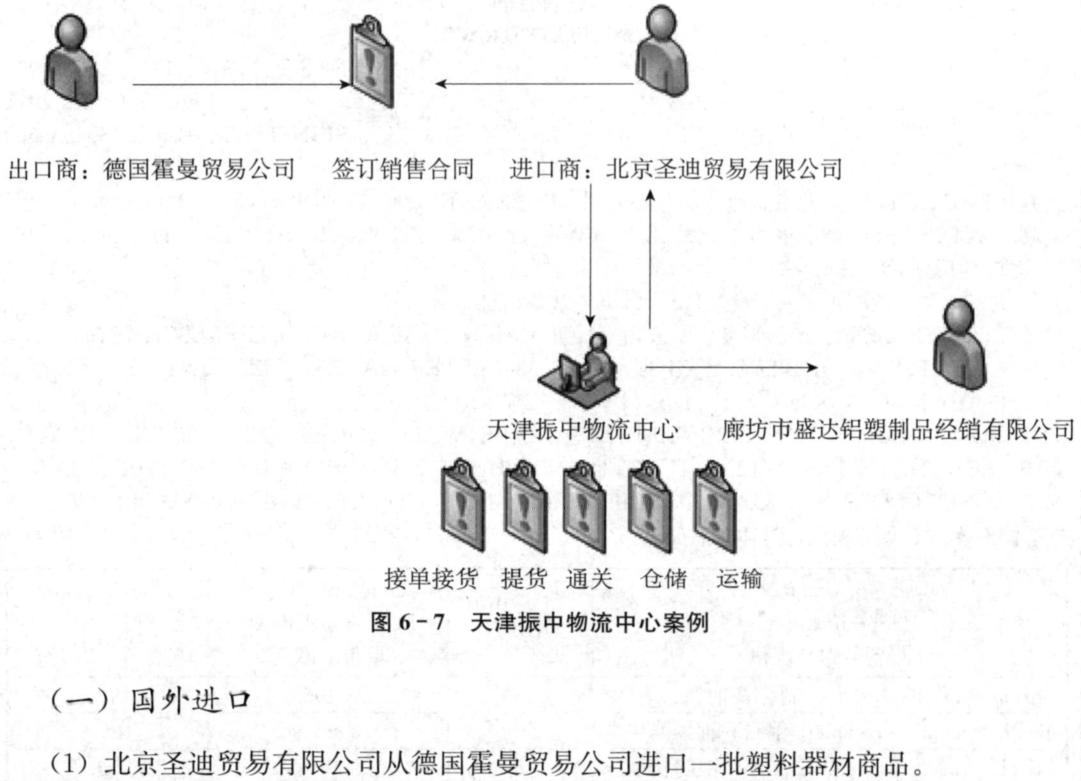

图6-7　天津振中物流中心案例

（一）国外进口

（1）北京圣迪贸易有限公司从德国霍曼贸易公司进口一批塑料器材商品。

（2）北京圣迪贸易有限公司委托天津振中物流中心代理该批货物的进口提货、通关手续以及货物的仓储与配送业务。

（3）天津振中物流中心顺利收到货物，并经检验合格，安排入库业务。

（二）国内销售

（1）天津振中物流中心收到北京圣迪贸易有限公司通知内容如下：

1）此批进口货物中三相电源线要全部运至北京本部。

2）此批进口货物其余商品将运至北京圣迪贸易有限公司廊坊分公司。

（2）北京圣迪贸易有限公司的客户北京顶盛钢材经销有限公司订购的一批钢材从廊坊分公司出库。

（3）天津振中物流中心根据以上订单安排国内公路货物运输业务。

二、知识探究

（一）接单接货

2012 年 4 月 20 日，天津振中物流中心收到有关本批货物的全套单据。部分单据见表 6 - 25～表 6 - 28。

表 6 - 25 销售合同

销售合同
SALES CONTRACT

CONTRACT No.：HT - 2012 - 073
Date：5 OCT，2011
SIGNED AT：Beijing/Steinhagen

买方（THE BUYER）：北京圣迪贸易有限公司（SDEER BEIJING TRADING CO.，LTD）
地址（ADDRESS）：北京市海淀区中和路 13 号（No. 13，ZHONGHE STREET，HAIDIAN DISTRICT，BEIJING，CHINA）
Tel：0086 - 10 - 6788××××　　Fax：0086 - 10 - 6788××××
卖方（THE SELLER）：德国霍曼贸易公司（HORMANN KG VERKAUFSGESELLSCHAFT）
地址（ADDRESS）：UPHEIDER WEG 94 - 98 D - 33803 STEINHAGEN，GERMANY
Tel：49（0）5204 - 91××××　　Fax：49（0）5204 - 91××××
THIS PURCHASE CONTRACT IS MADE BY AND BETWEEN THE SELLER AND THE BUYER, WHEREBY THE SELLER AGREES TO SELL AND THE BUYER AGREES TO BUY THE UNDER - MENTIONED GOODS ACCORDING TO THE TERMS AND CONDITIONS STIPULATED BELOW:
本合同经卖方和买方确认，具体条款如下：

Name of Commodity Specification（商品名称及规格）	Quantity（数量）	Unit Price EUR FOB HAMBURG（单价：欧元）	Total Amount EUR（总价：欧元）
spring shaft 40×3mm 铝制弹簧轴键	180	19.406 6	3 493.18
flexible coupling complete 钢制联轴器	900	3.55	3 195
NF111 wicket door frame profile 钢制扣板	80	25.96	2 076.8
bottom fixture H，V 钢制底部轮架	1 200	2.63	3 156
NF106 lintel profile 顶板上部铝型材	24	84.93	2 038.32
control unit 445R 控制器 230V	100	84.76	8 476

Name of Commodity Specification （商品名称及规格）	Quantity （数量）	Unit Price EUR FOB HAMBURG （单价：欧元）	Total Amount EUR （总价：欧元）
kit main voltage cable 三相电源线 400V	100	6.92	692
SKS activating lit 门用自动控制部件	200	18.18	3 636
steel rolling shutter 3 000×2 200 钢制卷帘门	6	1 697.41	10 184.46
TOTAL VALUE FOB IN EUR			36 948

1. SAY TOTAL EUR THIRTY SEVEN THOUSAND THREE HUNDRED AND NINETY - EIGHT ONLY
2. PORT OF SHIPMENT（装货港）：HAMBURG，GERMANY（德国汉堡港）
3. PORT OF DESTINATION（目的港）：XINGANG，CHINA（中国新港）
4. TIME OF SHIPMENT（装船时间）：BEFORE FEB 2012（2012 年 2 月前）
5. SHIPPING MARK（唛头）：N/M
6. TERMS OF PAYMENT（付款方式）：T/T（电汇）

AFTER RECEIPT OF THE GOODS，THE BUYER SHALL PAY THE TOTAL VALUE OF THE INVOICE TO THE SELLER BY TELEGRAPHIC TRANSFER WITHIN 90 DAYS.（收到货物后，买方应在 90 天内电汇支付发票总额给卖方。）

7. COUNTRY OF ORIGIN & MANUFACTURER（原产国）：GERMANY（德国）
8. INSURANCE（保险）：TO BE COVERED BY THE BUYER FOR 110% OF THE TOTAL INVOICE VALUE AGAINST ALL RISKS AS PER THE CHINA INSURANCE CLAUSES.（买方按中国保险条款投保一切险，投保发票总额的 110%。）
9. CLAIM（索赔）：WITHIN 30 DAYS AFTER THE ARRIVAL OF THE GOODS AT THE DESTINATION，SHOULD THE QUALITY，SPECIFICATIONS OR QUANTITY BE FOUND NOT IN CONFORMITY WITH THE STIPULATIONS OF THE CONTRACT EXCEPT THOSE CLAIMS FOR WHICH THE INSURANCE COMPANY OR THE OWNERS OF THE VESSEL ARE LIABLE. THE BUYERS SHALL HAVE THE RIGHT ON THE STRENGTH OF THE INSPECTION CERTIFICATE ISSUED BY THE C. C. I. C AND THE RELATIVE DOCUMENTS TO CLAIM FOR COMPENSATION TO THE SELLERS.（在货到目的口岸 30 天内如发现货物品质、规格和数量与合同不符，除属保险公司或船方责任外，买方有权凭中国商检出具的检验证书或有关文件向卖方索赔换货或赔款。）
10. FORCE MAJEURE（不可抗力）：THE SELLERS SHALL NOT BE HELD RESPONSIBLE FOR THE DELAY IN SHIPMENT OR NON - DELIVERY OF THE GOODS DUE TO FORCE MAJEURE，WHICH MIGHT OCCUR DURING THE PROCESS OF MANUFACTURING OR IN THE COURSE OF LOADING OR TRANSIT. THE SELLERS SHALL ADVISE THE BUYERS IMMEDIATELY OF THE OCCURRENCE MENTIONED ABOVE THE WITHIN FOURTEEN DAYS THERE AFTER. THE SELLERS SHALL SEND BY AIRMAIL TO THE BUYERS FOR THEIR ACCEPTANCE CERTIFICATE OF THE ACCIDENT. UNDER SUCH CIRCUMSTANCES THE SELLERS，HOWEVER，ARE STILL UNDER THE OBLIGATION TO TAKE ALL NECESSARY MEASURES TO HASTEN THE DELIVERY OF THE GOODS.（由于人力不可抗力的原因，发生在制造、装载或运输的过程中导致卖方延期交货或不能交货者，卖方可免除责任。在不可抗力发生后，卖方须立即电告买方及在 14 天内以空邮方式向买方提供事故发生的证明文件，在上述情况下，卖方仍须负责采取措施尽快发货。）
11. ARBITRATION（仲裁）：ALL DISPUTES IN CONNECTION WITH THE EXECUTION OF THIS CONTRACT SHALL BE SETTLED FRIENDLY THROUGH NEGOTIATION. IN CASE NO SETTLEMENT CAN BE REACHED，THE CASE THEN MAY BE SUBMITTED FOR ARBITRATION TO THE ARBITRATION COMMISSION OF THE CHINA COUNCIL FOR THE PROMOTION OF INTERNATIONAL TRADE IN ACCORDANCE WITH THE PROVISIONAL RULES OF PROCEDURE

PROMULGATED BY THE SAID ARBITRATION COMMISSION. THE ARBITRATION COMMITTEE SHALL BE FINAL AND BINDING UPON BOTH PARTIES. AND THE ARBITRATION FEE SHALL BE BORNE BY THE LOSING PARTIES.（凡有关执行合同所发生的一切争议应通过友好协商解决，如协商不能解决，则将分歧提交中国国际贸易促进委员会按有关仲裁程序进行仲裁，仲裁将是最终的，双方均受其约束，仲裁费用由败诉方承担。）

买方（BUYER）：北京圣迪贸易有限公司（SDEER BEIJING TRADING CO.，LTD.）

签字（Signature）

卖方（SELLER）：德国霍曼贸易公司（HORMANN KG VERKAUFSGESELLSCHAFT）

签字（Signature）

表 6-26　　海运提单

<table>
<tr><td colspan="3">Shipper
HORMANN KG VERKAUFSGESELLSCHAFT
UPHEIDER WEG 94-98D-33803 STEINHAGEN</td><td colspan="2" rowspan="2">Sea Waybill</td></tr>
<tr><td colspan="3">Consignee
SDEER BEIJING TRADING CO.，LTD.
NO. 13，ZHONGHE STREET，HAIDIAN DISTRICT，BEIJING，CHINA</td></tr>
<tr><td colspan="3">Notify Party (No liability shall attach to the Carrier or to his Agent for failure to notify. See Clause 14)
SDEER BEIJING TRADING CO.，LTD
No. 13，ZHONGHE STREET，HAIDIAN DISTRICT，BEIJING，CHINA</td><td colspan="2">Delivery Agent
TIANJIN ZHENZHONG LOGISTICS CENTER
TIANJIN BRANCH OFFICE
XINYIN BUILDING，ROOM 2901&2902
300201 TIANJIN，CHINA</td></tr>
<tr><td colspan="2">Place of Receipt
(multimodal transport only)</td><td>Pre-carriage by</td><td>Port of loading
HAMBURG</td><td rowspan="2">Sea Waybill—No.
0020-0075-203.160</td></tr>
<tr><td colspan="2">Vessel
COSCO GLORY</td><td>Voyage No
005E</td><td>Port of transshipment</td></tr>
<tr><td colspan="2">Port of discharge
XINGANG，CHINA</td><td>Place of Delivery
(multimodal transport only)</td><td>Movement
CY/CY</td><td>Freight payable at
DESTINATION</td></tr>
<tr><td colspan="2"></td><td>XINGANG，CHINA</td><td></td><td></td></tr>
<tr><td colspan="5">PARTICULARES FURNISHED BY SHIPPER—CARRIER NOT RESPONSIBLE (See Clause 7.3)</td></tr>
<tr><td>Marks and Numbers
N/M</td><td>Number of packages
Container NO.
Seal NO.
1/40H/
GVDU
5041894/
GVDU
081574</td><td>Description of goods
SHIPPER'S LOAD & COUNT
SAID TO CONTAIN
spring shaft 40×3mm
flexible coupling complete
NF111 wicket door frame profile
bottom fixture H，V
NF106 lintel profile
control unit 445R 230V
kit main voltage cable 400V
SKS activating lit
steel rolling shutter 3 000×2 200</td><td>Gross weight
9 145KGS</td><td>Measurement
40CBM</td></tr>
</table>

OCEAN FRIGHT AND CHARGES Prepaid Collect Rates weight and/or Measurement Subject to correction Total amount due	NO VALUE DECLARED
Place and date of issue：FOR AND ON BEHALF OF THE CARRIER HAMBURG 24/03/2012 Blue anchor Line	

表 6－27　　发票

德国霍曼贸易公司 **HORMANN KG VERKAUFSGESELLSCHAFT** **INVOICE**				
SOLD TO： SDEER BEIJING TRADING CO.，LTD No 13，ZHONGHE STREET，HAIDIAN DISTRICT，BEIJING，CHINA P. O. E：HAMBURG，GERMANY			INV NO：CN0062/12 INV. DATE：MAR. 19，2012 S/C NO：HT-2012-073 P. O. D：XINGANG，CHINA	
Mark and Nos.	Description of Goods	Quantity(PCS)	Units Price(EUR)	Total Amount(EUR)
				FOB HAMBURG
	spring shaft 40×3mm	180	19.406 6	3 493.18
	flexible coupling complete	900	3.55	3 195
	NF111 wicket door frame profile	80	25.96	2 076.8
	bottom fixture H，V	1 200	2.63	3 156
N/M	NF106 lintel profile	24	84.93	2 038.32
	control unit 445R 230V	100	84.76	8 476
	kit main voltage cable 400V	100	6.92	692
	SKS activating lit	200	18.18	3 636
	steel rolling shutter 3 000×2 200	6	1 697.41	10 184.46
	TOTAL	2 790		36 948
SAY TOTAL EUR THIRTY SIX THOUSAND NINE HUNDRED AND FOUR-EIGHT ONLY				
德国霍曼贸易公司 HORMANN KG VERKAUFSGESELLSCHAFT				

表 6－28　　装箱单

德国霍曼贸易公司 **HORMANN KG VERKAUFSGE SELLSCHAFT** **PICKING LIST**					
TO	SDEER BEIJING TRADING CO.，LTD NO 13，ZHONGHE STREET，HAIDIAN DISTRICT，BEIJING，CHINA		INV. NO.	CN0062/12	
			DATE	MAR. 19，2012	
			B/L NO.		
FROM	HAMBURG，GERMANY		TO：		
Marks and Numbers		Description of Goods	Quantity (PCS)	G. W/N. W (KGS)	Measurement

N/M	spring shaft 40×3mm	180	3 810/3 400	
	flexible coupling complete	900	1 100/1 030	
	NF111 wicket door frame profile	80	645/550	
	bottom fixture H，V	1 200	1 294/1254	
	NF106 lintel profile	24	620/550	
	control unit 445R 230V	100	289/240	
	kit main voltage cable 400V	100	55/50	
	SKS activating lit	200	57/49	
	steel rolling shutter 3 000×2 200	6	1 275/1 207	
	TOTAL	2 790	9 145/8 330	
	Numbers of colli：25			
德国霍曼贸易公司 HORMANN KG VERKAUFSGE SELLSCHAFT				

本批货物将于2012年4月25日到天津新港太平洋码头。

（二）换单

天津振中物流中心收到全套单据之后，首先将运费交到相关部门。其中，运费总价为USD1 190.00；保险费率为发票金额的千分之三（0.3%）；杂费等各项费用合计USD796.00。

天津振中物流中心业务员去箱管处换单缴纳相关费用，取得提货单（D/O），顺利换取提货单（D/O）后开始进口报关操作。四十尺高箱自重：3 700KGS。

（三）报检

天津振中物流中心业务员持提货单和报检委托书送到天津检验检疫局申请报检，检验检疫合格之后，天津检验检疫局在提货单上加盖检验检疫合格章，并出具入境货物通关单，见表6-29。

其中，spring shaft 40×3mm 铝制弹簧轴键、flexible coupling complete 钢制联轴器、NF111 wicket door frame profile 钢制扣板、bottom fixture H，V 钢制底部轮架、NF106 lintel profile 顶板上部铝型材、control unit 445R 控制器 230V、SKS activating lit 门用自动控制部件、steel rolling shutter 3 000×2 200 钢制卷帘门属于非法检产品（申报时以弹簧轴键进行申报），kit main voltage cable 三相电源线 400V 属于法检产品。

表 6-29　　入境货物通关单

<table>
<tr><td colspan="2"></td><td colspan="2">中华人民共和国出入境检验检疫
入境货物通关单</td></tr>
<tr><td colspan="4">编号：120600107009216</td></tr>
<tr><td colspan="3">1. 收货人
北京圣迪贸易有限公司</td><td rowspan="3">5. 标记及号码
N/M</td></tr>
<tr><td colspan="3">2. 发货人
德国霍曼贸易公司</td></tr>
<tr><td colspan="2">3. 合同/提（运）单号
HT—2012—073</td><td>4. 输出国家或地区
德国</td></tr>
<tr><td colspan="2">6. 运输工具名称及号码
COSCO GLORY 005E</td><td>7. 目的地
天津</td><td>8. 集装箱规格及数量
1×40’H</td></tr>
<tr><td>9. 货物名称及规格
三相电源线（法检）
弹簧轴键等（非法检）</td><td>10. H. S 编码
8544422900
8302410000</td><td>11. 申报总值
EUR 36 948</td><td>12. 数/重量、包装数量及种类
25/9 145KGS 其他</td></tr>
<tr><td colspan="4">13. 证明
上述货物业已报检/申报，请海关予以放行
签字：　　　　　　　　　　　　日期：</td></tr>
<tr><td colspan="4">14. 备注</td></tr>
<tr><td>B 6353415</td><td colspan="2">① 货物通关</td><td>[2—1—2（2010.1.1）×1]</td></tr>
</table>

（四）通关

2012 年 4 月 25 日货物顺利进港，存放在集装箱堆场。天津振中物流中心国际部报关员根据提交的全套单据填制进口货物报关单（草单），填制完成审核无误之后，录入海关 EDI 系统，向新港海关（0202）申报，海关当天受理本笔业务。北京圣迪贸易有限公司经营单位编码为 1113240346（该公司拥有进出口经营权）。

（五）提货

2012 年 4 月 26 日，海关受理并到堆场实地检验货物，验关合格并在提货单上加盖海关放行章。

天津振中物流中心在堆场掏箱后，直接将货物运至其仓储中心，即境内货源地宝坻区。

（六）入库业务

2012 年 4 月 20 日，天津振中物流中心（以下简称“物流中心”）订单处理中心收到客户北京圣迪贸易有限公司（客户编号为 S0000121）发来的入库通知单，见表 6-30。

表 6－30 **入库通知单**

<table>
<tr><td colspan="7">北京圣迪贸易有限公司
入库通知单</td></tr>
<tr><td colspan="7">入库通知单号：ASN201103130001</td></tr>
<tr><td colspan="3">物流中心：天津振中物流中心
电话：022－5226××××</td><td colspan="4">地址：天津市河西区马场道 59 号
计划到货日期：2012 年 4 月 26 日</td></tr>
<tr><td>序号</td><td>物料编号</td><td>物料名称</td><td>规格</td><td>单位</td><td>计划数量</td><td>备注</td></tr>
<tr><td>1</td><td>4600020—20</td><td>spring shaft 40×3mm 铝制弹簧轴键</td><td>SC—3082443</td><td>件</td><td>180</td><td></td></tr>
<tr><td>2</td><td>4600020—21</td><td>flexible coupling complete 钢制联轴器</td><td>SC—3044204</td><td>件</td><td>900</td><td></td></tr>
<tr><td>3</td><td>4600020—22</td><td>NF111 wicket door frame profile 钢制扣板</td><td>SC—3088896</td><td>件</td><td>80</td><td></td></tr>
<tr><td>4</td><td>4600020—23</td><td>bottom fixture H，V 钢制底部轮架</td><td>SC—3040794</td><td>件</td><td>1 200</td><td></td></tr>
<tr><td>5</td><td>4600020—24</td><td>NF106 lintel profile 顶板上部铝型材</td><td>SC—3083694</td><td>件</td><td>24</td><td></td></tr>
<tr><td>6</td><td>4600020—25</td><td>control unit 445R 控制器 230V</td><td>SC—636815</td><td>件</td><td>100</td><td></td></tr>
<tr><td>7</td><td>4600020—26</td><td>kit main voltage cable 三相电源线 400V</td><td>SC—638094</td><td>件</td><td>100</td><td></td></tr>
<tr><td>8</td><td>4600020—27</td><td>SKS activating lit 门用自动控制部件</td><td>SC—638294</td><td>件</td><td>200</td><td></td></tr>
<tr><td>9</td><td>4600020—28</td><td>steel rolling shutter 3 000×2 200 钢制卷帘门</td><td>SC—9110015</td><td>件</td><td>6</td><td></td></tr>
<tr><td colspan="5">合计</td><td>2 790</td><td></td></tr>
</table>

制单人：陆辉　　审核人：吴松　　第 1 页 共 1 页

2012 年 4 月 26 日 9 时，物流中心收到北京圣迪贸易有限公司的紧急发货指令，要求当天下午送 100 件铝制弹簧轴键（4600020—20）到北京圣迪贸易有限公司的客户北京光亚装饰公司。

物流中心查询库存后，发现该货物无库存。而北京圣迪贸易有限公司有一批进口的 180 件铝制弹簧轴键（4600020—20）于 2012 年 4 月 26 日上午到货，物流中心决定收货后将其中 100 件直接做出库处理装车发货给客户，其他货物正常入库。

货物到达物流中心后，仓管员王璐璐根据入库通知单信息编制入库单号为 ZYJH-DH867 的入库单，计划将货物入库到仓库编号为 KF001 库房的塑料一区。货物验收全部合格。

物流中心仓储部货物的储位分配原则为：被占用的货位不能分配，同类货物相邻，货位号从小到大排列，货物从低层优先存放，如果 A 货架只剩两个储位 A00000（一层）和 A00100（二层），则货物优先存放在较低一层的 A00000。以上商品的货物存放要求见表 6－31。

表 6－31 **货物存放要求**

货物编号	货物名称	储位区间	堆码规则（件/货位）
4600020—20	spring shaft 40×3mm 铝制弹簧轴键	E00100—E00105	200
4600020—21	flexible coupling complete 钢制联轴器	D00100—D00105	200
4600020—22	NF111 wicket door frame profile 钢制扣板	D00000—D00005	100
4600020—23	bottom fixture H，V 钢制底部轮架	E00000—E00005	500
4600020—24	NF106 lintel profile 顶板上部铝型材	F00100—F00105	50
4600020—25	control unit 445R 控制器 230V	G00100—G00105 G00000—G00005	100

续前表

货物编号	货物名称	储位区间	堆码规则（件/货位）
4600020—26	kit main voltage cable 三相电源线 400V	F00000—F00005	100
4600020—27	SKS activating lit 门用自动控制部件	H00000—H00005	100
4600020—28	steel rolling shutter 3 000×2 200 钢制卷帘门	H00100—H00105	2

仓库 KF001 的塑料一区现有库存和货物储位安排如图 6－8 所示。

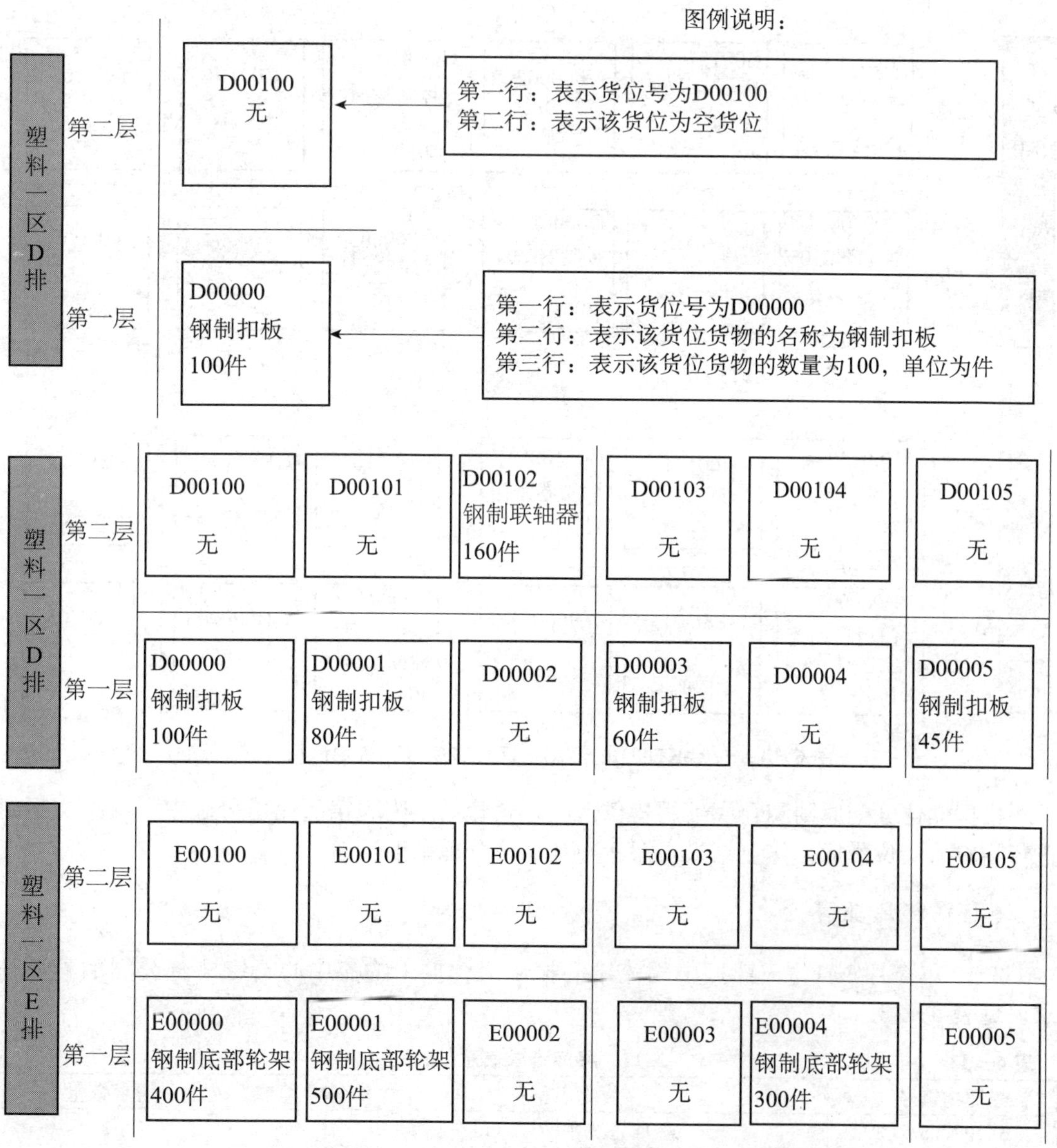

图 6－8　仓库 KF001 的塑料一区现有库存和货物储位

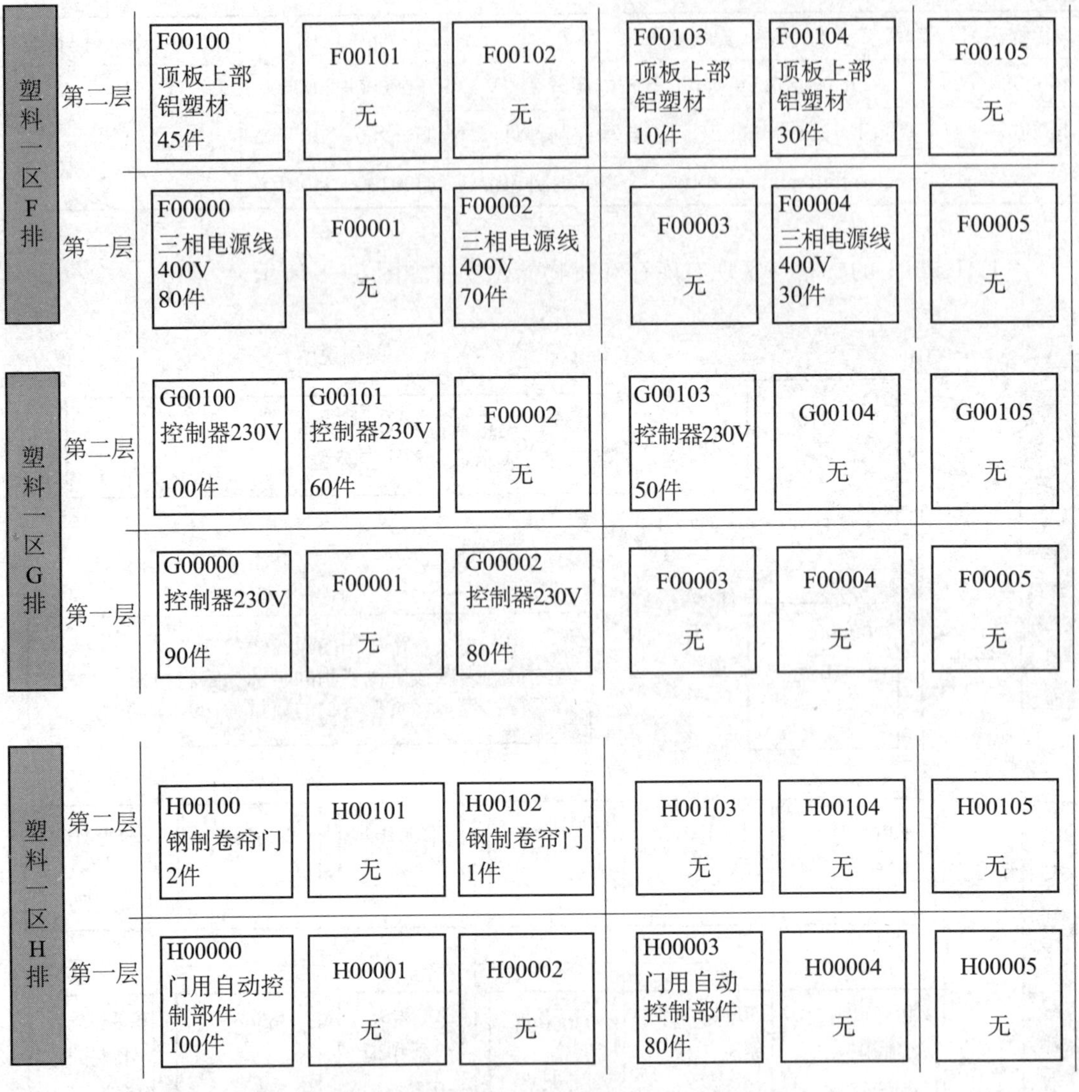

图 6-8 仓库 KF001 的塑料一区现有库存和货物储位（续）

根据储位分配原则和仓库可用货位情况，仓管员王璐璐编制储位分配单，交给搬运组进行物料入储位作业，作业结果由搬运组在储位分配单上反馈。

（七）移库业务

2012 年 5 月 6 日，天津振中物流中心接到天津振中物流中心石家庄分公司的移库请求，见表 6-32。

表 6-32　　移库请求信息

货物编号	货物名称	单位	请求数量
XH98765—01	蓝月亮洗手液 500ml	箱	12
XH98765—02	蓝月亮洗衣液 1 000ml	箱	24
XH98765—03	蓝月亮衣物护理液 500ml	箱	11

天津振中物流中心决定从天津仓库（库房名称：天津仓库）移库给石家庄仓库（库房名称：石家庄仓库），制单及实际出库作业均由天津仓库的李哲负责。

2012 年 5 月 6 日下午，李哲编制编号为 YKZYD20120508 的移库单。5 月 7 日上午，李哲在出库过程中发现蓝月亮洗手液 500ml（编号为 XH98765—01）实际可用库存数量为 10 箱，经与石家庄仓库沟通，确认该货物以实际可用库存数量进行移库，其他货物均按请求数量移库。出库完成后，李哲根据实际出库情况在移库单上进行反馈。当天下午，石家庄仓库仓管员陆翔在接收货物时发现蓝月亮衣物护理液 500ml（编号为 XH98765—03）实际到货数量为 10 箱，经与天津仓库沟通并调查，确定为运输环节出现问题，决定以实际到货数量入库，并根据实际到货数量在移库单上进行反馈。

（八）运输业务

2012 年 5 月 5 日，天津振中物流中心收到北京圣迪贸易有限公司的送货通知，送货信息见表 6－33。

表 6－33　　托运单 YD4610000007311

托运单号	YD4610000007311	客户编号：S0000121
托运人	北京圣迪贸易有限公司 联系人：檀海军；联系电话：010－6435××××；地址：北京市朝阳区新源里信和大厦301；邮编：100000	
包装方式	纸箱	
货物详情	货物名称：三相电源线；数量：10 件；总毛重：55KGS；总体积：1.2m^3	
收货人	北京圣迪贸易有限公司 联系人：檀海军；联系电话：010－6435××××；地址：北京市朝阳区新源里信和大厦301；邮编：100000	
托运要求	2012 年 5 月 8 日 17 时之前送到北京市朝阳区新源里信和大厦 301	

另一张订单信息见表 6－34。

表 6－34　　托运单 YD4610000007312

托运单号	YD4610000007312		客户编号：S0000121	
托运人	北京圣迪贸易有限公司 联系人：檀海军；联系电话：010－6435××××；地址：北京市朝阳区新源里信和大厦 301；邮编：100000			
包装方式	纸箱			
货物详情	货物名称	数量（件）	总毛重（KGS）	总体积（m^3）
	铝制弹簧轴键	40	1 693	20.8
	钢制扣板	4	645	2.6
	顶板上部铝型材	10	1 250	14
	控制器 230V	25	289	8.2
	门用自动控制部件	10	57	1.2
收货人	廊坊市盛达铝塑制品经销有限公司 联系人：刘强；联系电话：0316－286××××；地址：河北廊坊市安次区葛渔城镇；邮编：065000			
托运要求	要求 2012 年 5 月 7 日 17 时之前送到河北廊坊市安次区葛渔城镇			

客服虞丽在审核完这两个客户的业务申请后，将订单提交给调度许平进行操作。

5月5日11时，调度许平根据车辆、作业等情况，编制编号为YSJH4900033的运输计划，该运输计划包含托运单号为YD4610000007311和YD4610000007312的两张单据所托运货物。天津振中物流中心根据公司现有的运力资源，安排班次号为BC0098的津—廊—京班车执行该运输任务，并安排张亮（联系电话：1376072××××）驾驶的车牌号为京G607××的车辆执行该班次的任务，该车的车辆性质为“自有”，核载为6t，车容为52m³。

按照运输计划，该班车于2012年5月6日9时从天津出发，天津振中物流中心将该班车及所载货物信息向天津振中物流中心廊坊分公司发出到站预报。廊坊分公司李强根据该预报及本公司所接订单情况，编制了计划单号为YSJH7300034的运输计划，该运输计划显示，运单号为YD4610000007313的货物由班次号为BC0098的班车执行。同时李强根据预报中该车所载货物信息及计划单号为YSJH4900034的运输计划编制了编号为YS670001的货物运输交接单。

2012年5月6日11时班车BC0098到达天津振中廊坊分公司场站，司机与李强将运单YD4610000007312上的货物进行卸货并交接，然后将运单号为YD4610000007313的货物装车并交接。同时一起施封，封锁1枚，封号为00863，并确认该车无随车设备。然后李强将施封情况在交接单（编号为YS670001）中进行反馈，并与司机进行单据交接。班车BC0098于2012年5月6日13时从廊坊出发，预计2012年5月6日17时到达天津振中物流中心北京分公司场站。

运单号为YD4610000007313的托运单信息见表6-35。

表6-35　　托运单YD4610000007313

托运单号	YD4610000007313	客户编号：S0000699
托运人	河北钢材铝材制品有限公司 联系人：江燕；联系电话：0316-710××××；地址：河北省廊坊市广阳区钢材市场B区29号；邮编：065000	
包装方式	纸箱	
货物详情	货物名称：钢制联轴器；数量：600件；总毛重：1 500KGS；总体积：32m³	
收货人	北京利威科技有限责任公司 联系人：杨昊；联系电话：010-8735××××；地址：北京市朝阳区亮马桥路88号；邮编：100000	
托运要求	2012年5月8日17时之前送到北京市朝阳区亮马桥路88号	

（九）制单要求

（1）请以天津振中物流中心国际部报关员的身份填制进口货物报关单。

（2）请以天津振中物流中心仓管员王璐璐的身份为入库任务编制入库单。

（3）请以天津振中物流中心仓管员王璐璐的身份为铝制弹簧轴键（4600020—20）、钢制底部轮架（4600020—23）编制单号为IB0000120111的储位分配单。

（4）请以天津振中物流中心仓库负责人李哲的身份为移库任务编制移库单并进行反馈。

(5) 请以天津振中物流中心廊坊分公司李强的身份编制编号为 YS670001 的货物运输交接单并进行反馈。

备注：单据填制过程中，各字段的内容须完全以案例中所提供的信息为准。

三、任务实施

（一）步骤一：填制进口货物报关单

1. 制单环节

制单要求中说明：以天津振中物流中心国际部报关员的身份填制进口货物报关单。

因为这批商品中既有法检商品又有非法检商品，依据法检商品的流程操作，这批商品先经过进口检验检疫，获取入境货物通关单后，持其他报关必备单据（合同、发票、箱单等）向新港海关（0202）申请报关，登录海关电子口岸填制进口货物报关单。

2. 填写依据

进口货物报关单的填写依据进出口双方签订的销售确认书或者销售合同、发票、箱单、报关委托书、海运单（提单）等单据。

3. 明细栏目

(1) 经营单位与收货单位。在案例描述中说明“北京圣迪贸易有限公司经营单位编码为1113240346（该公司拥有进出口经营权）”，则可确定“经营单位与收货单位”此两个栏目填制内容一致，均为“北京圣迪贸易有限公司（1113240346）”。收货单位的编码可选择填写。

(2) 备案号、贸易方式、征免性质、征免。该笔贸易的“贸易方式”为一般贸易，双方交易的商品“用途”为外贸自营，故可确定“备案号”为空，“征免性质”为一般征税，“征免”为照章征免。

(3) 成交方式、运费、保费、杂费。本案例中，在销售确认书、合同、发票等多张单据中都有说明，本次交易的“价格条款”为“FOB HAMBURG”。而且说明“运费总价为USD1 190.00，保险费率为发票金额千分之三（0.3%）；杂费等各项费用合计为USD796.00”。

首先，在“成交方式”栏目填写“FOB”。

其次，“运费”“保费”“杂费”三个栏目必须依据填写标准填制。

“运费”：案例提示信息为“运费总价为 USD1 190.00”，即运费是以美元总价表示，报关单中运费栏目填写为“502/3/1 190.00”。

“保费”：案例提示信息为“保险费率为发票金额千分之三（0.3%）”，即保费是以美元费率表示，报关单中保费栏目填写为“1/0.3”。

“杂费”：案例提示信息为“杂费等各项费用合计 USD796.00”，则保费栏目填写“502/3/796.00”。

(4) 集装箱号。从“提单”中的提示信息，可知道集装箱数量和号码为“1/40H/GVDU5041894”，判断为一个 40 尺的高箱。同时提示“四十尺高箱自重 3 700KGS”。

依据“集装箱号”栏目填制标准，则该栏目填写为“GVDU5041894/40/3 700”。

(5) 数量及单位。在填制商品数量及单位栏目时，首先在案例中有提示“spring shaft 40×3mm 铝制弹簧轴键、flexible coupling complete 钢制联轴器、NF111 wicket door frame profile 钢制扣板、bottom fixture H，V 钢制底部轮架、NF106 lintel profile 顶板上部铝型材、control unit 445R 控制器 230V、SKS activating lit 门用自动控制部件、steel rolling shutter 3 000×2 200 钢制卷帘门属于非法检产品（申报时以弹簧轴键进行申报），kit main voltage cable 三相电源线 400V 属于法检产品”。即这批商品中既有法检商品又有非法检商品，在申报时，非法检商品以弹簧轴键进行申报。

第一行填报法检商品“三相电源线”，“数量及单位”栏目分多栏填报，法定第一计量单位为“千克”。在装箱单（PACKING LIST）中说明三相电源线的总毛重为“50 千克”；成交数量为“100 件”，无法定第二计量单位。则该栏目填写分两行填写，第一行填写“50 千克”，第二行填写“100 件”。

第二行填报非法检商品“弹簧轴键”，“数量及单位”栏目分多栏填报，法定第一计量单位为“千克”。在装箱单（PACKING LIST）中说明弹簧轴键等非法检商品的总毛重为“8 280 千克”，成交数量为“2 960 件”，无法定第二计量单位。则该栏目填写分两行填写，第一行填写“8 280 千克”，第二行填写“2 960 件”。

4. 易错栏目

在填制进口货物报关单时，容易填错的栏目有以下几个：

(1) 区分法检与非法检。在填制进口货物报关单时，容易疏忽商品是否为法检商品，在填报时未将商品进行区分，而将所有的商品进行填报。

(2) 填报顺序。法检商品与非法检商品的填报顺序为“先填报法检商品再填报非法检商品”，容易将填报顺序颠倒。

(3) 数量及单位。区分了商品的法检与非法检，在填制非法检商品的“数量及单位”栏目时，未将所有的非法检商品合并求和，而是只填报了非法检商品的代表弹簧轴键的重量和总数量。

(二) 步骤二：编制入库单

1. 制单环节

在制单要求中说明：以天津振中物流中心仓管员王璐璐的身份为入库任务编制入库单。

首先确认“以天津振中物流中心仓管员王璐璐的身份”，即制单人身份为仓管员王璐璐；其次确认“编制”的意思为“下达入库指令”，即填制入库单时，还未开始实际的入库作业。

2. 明细判分

单据表体部分关于任意一件塑料器材商品的货品名称、货品编号、规格、单位等栏目必须全部正确，如有任意一个栏目不符合则全部判断为错误。

3. 填写依据

天津振中物流中心仓管员王璐璐在填制入库单时依据订单中心的入库通知单。

4. “实际数量”“仓管员”“制单人”栏目

在准备入库单时，实际的入库作业还未开始，首先确认“实际数量”栏目不填写实际的收塑料器材数量，填了即为错。只填写“应收数量”。

同时因没有开始实际的入库作业，仓管员无法对入库作业做反馈，“仓管员”栏目也不填写，填了即为错。

“制单人”栏目填写“王璐璐”。

（三）步骤三：编制储位分配单

1. 制单环节

制单要求中说明：以天津振中物流中心仓管员王璐璐的身份为铝制弹簧轴键（4600020—20）、钢制底部轮架（4600020—23）编制单号为IB0000120111的储位分配单。

首先，可以确认是“以仓管员王璐璐的身份编制储位分配单”，编制即为“下达储位分配的任务”，此时还未开始实际的储位分配操作，注意个别栏目的填写。

其次，需要入库进行储位分配的商品只有铝制弹簧轴键（4600020—20）、钢制底部轮架（4600020—23）两种商品。

2. 明细判分

单据表体部分有关铝制弹簧轴键、钢制底部轮架的货品名称、货品编号、规格、单位等几个栏目需全部填写正确，若其中任意一个栏目填写错误，即全部判断为错误。

3. 填写依据

天津振中物流中心仓管员王璐璐为铝制弹簧轴键、钢制底部轮架编制的储位分配单依据入库单、商品的货物存放要求、库存及货物储位安排填写。因为此时合格的商品全部入库，可以确认这批塑料器材入库的具体数量，完成储位的分配。

4. “实放数量”“制单人”“仓管员”栏目

因制单要求中说明：以天津振中物流中心仓管员王璐璐的身份为铝制弹簧轴键（4600020—20）、钢制底部轮架（4600020—23）编制单号为IB0000120111的储位分配单。

首先，以仓管员王璐璐身份编制储位分配单，即可确认制单时还未开始实际的储位分配作业，可确定“实放数量”栏目不填写，填了即为错，只填写“应放数量”。

其次，“制单人”栏目填写“王璐璐”；“作业人”栏目为空，因此时还未开始作业，填了即为错。“仓管员”栏目此时为下达操作储位分配的角色，所以此处填写“王璐璐”。

以下几种情况需要注意：

（1）若制单要求中说明“以制单中心王璐璐的身份编制储位分配单”，则“制单人”栏目填写“王璐璐”；“仓管员”栏目的填写需要查看案例确认实际的作业人员；“实放数量”栏目应在编制环节不填写。

（2）若制单要求中说明“以仓管员王璐璐的身份填制储位分配单”，则“制单人”栏目填写“王璐璐”；“仓管员”栏目的填写“王璐璐”；“实放数量”和“作业人”栏目填写要看王璐璐或其他仓管员是否参与实际储位分配作业，若参与，则填写实际的商品数量，反之亦然。

5. 易错栏目

（1）商品选择。此储位分配单中只需要分配两种商品铝制弹簧轴键（4600020—20）、钢制底部轮架（4600020—23）的储位，其他商品暂不入库。若不仔细查看制单要求和案例说明，很容易忽略，而将所有合格的商品进行储位分配。

(2) 商品数量。案例中说明“2012 年 4 月 26 日 9 时，物流中心收到北京圣迪贸易有限公司的紧急发货指令，要求当天下午送 100 件铝制弹簧轴键（4600020—20）到北京圣迪贸易有限公司的客户北京光亚装饰公司。”

2012 年 4 月 26 日收到的 180 件铝制弹簧轴键，有 100 件要于当日送至北京光亚装饰公司，即这 100 件铝制弹簧轴键只完成入库而不进行上架直接出库，不进行储位分配。若不仔细阅读案例，容易忽略而将 180 件铝制弹簧轴键全部进行储位分配而上架。

(3) 储位选择。在进行储位分配时，案例中说明该库遵循的“储位分配原则为：被占用的货位不能分配，同类货物相邻，货位号从小到大排列，货物从低层优先存放，如果 A 货架只剩两个储位 A00000（一层）和 A00100（二层），则货物优先存放在较低一层的 A00000”。

1) 依据储位分配原则、商品的货物存放要求、库存及货物储位安排表，对商品铝制弹簧轴键（4600020—20）进行储位分配。

铝制弹簧轴键（4600020—20）的货物存放要求见表 6-36。

表 6-36　　铝制弹簧轴键存放要求

货物编号	货物名称	储位区间	堆码规则（件/货位）
4600020—20	spring shaft 40×3mm 铝制弹簧轴键	E00100— E00105	200

即每个储位可储存一托盘，最大储存量为 200 件商品。铝制弹簧轴键共有 180 件入库，但实际需要进行储位分配的只有 80 件。该种商品的储位区间为 E00100～E00105。

按照货物储位安排（见图 6-9）和储位分配原则，在储位区间 E00100～E00105 中，该区段储位全部为空，未被占用，都可以选择；80 件铝制弹簧轴键储存在一个储位内，货位号从小到大排列，优先选择 E00100；该区间储位全部在第二层，无优先低层。

则最后可确定这 80 件铝制弹簧轴键分配的储位为“E00100，80 件”。

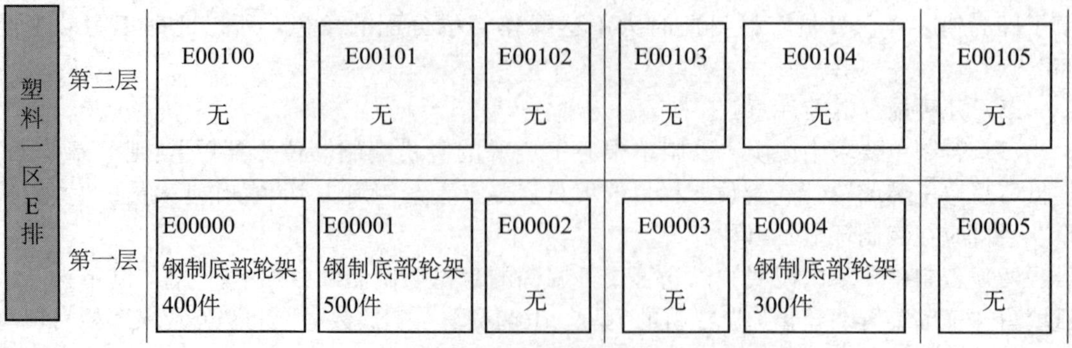

图 6-9　货物储位安排

2) 依据储位分配原则、商品的货物存放要求、库存及货物储位安排表，对商品钢制底部轮架（4600020—23）进行储位分配。

钢制底部轮架（4600020—23）的货物存放要求见表 6-37。

表 6-37　钢制底部轮架存放要求

货物编号	货物名称	储位区间	堆码规则（件/货位）
4600020—23	bottom fixture H，V 钢制底部轮架	E00000—E00005	500

即每个储位可储存一托盘，最大储存量为 500 件商品。钢制底部轮架共有 1 200 件入库，实际需要进行储位分配的也为 1 200 件，即分配在 3 个储位下。该种商品的储位区间为 E00000～E00005。

按照货物储位安排（见图 6-9）和储位分配原则，在储位区间 E00000～E00005 中，被占用的货位为 E00000、E00001、E00004，可分配的储位有 E00002、E00003、E00005；该区段内储存的商品全部为钢制底部轮架；1 200 件钢制底部轮架储存在三个储位内，货位号从小到大排列，先后选择顺序依次为 E00002、E00003、E00005；这三个储位全部在第一层，无优先低层。

则最后可确定这 1 200 件铝制弹簧轴键分配的储位为“E00002，500 件；E00003，500 件；E00005，200 件”。

（四）步骤四：编制移库单

1. 制单环节

制单要求中说明：以天津振中物流中心仓库负责人李哲的身份为移库任务编制移库单并进行反馈。

从制单要求分析，虽然制单要求中说为移库任务编制移库单，但同时要求对移库单进行反馈，说明仓库负责人李哲参与了实际的移库作业。

制单环节为从源库移出环节。“制单人”和“出库人”参与了实际的移库作业。

2. 明细判分

单据表体部分关于移出库商品蓝月亮洗手液和蓝月亮衣物护理液的商品的明细，即货品名称、货品编号、规格、单位等必须全部正确，如有任意一个栏目错误即全部判断为错误。

3. 填写依据

本案例中的移库单的制单环节为已经完成了移库的前半部分环节，已经从源库出库，准备移入目的库操作。此时的填写依据为“移库请求信息”（见表 6-32）和实际的移出库作业。由移出库负责人依据实际移库信息填制移库单。

4. “制单人”“出库人”“请发数量”“实发数量”“收货人”“实收数量”栏目

制单要求中说明：以天津振中物流中心仓库负责人李哲的身份为移库任务编制移库单并进行反馈。

制单环节为：移库环节中的出库任务结束后，天津仓库即移出库作业单据反馈。

“制单人”和“出库人”栏目全部填写“李哲”。李哲参与了实际的移出库作业，并对移库单进行作业反馈，同时可确认“实发数量”填写实际的“移出库”数量。

因还未将移库的货品移入目的库，所以“收货人”和“实收数量”不填写，填了即为错。

以下几种情况需要注意：

（1）下达移库指令。若制单要求说明为“以天津振中物流中心仓库负责人李哲的身份为移库任务编制移库单”。这种情况下处于“编制”环节，还未开始实际的移库作业，只为移库作业下达指令。此时只填写“制单人”和“请发数量”两个栏目，其他几个栏目暂不填写。

（2）目的库收货。若制单要求说明为“以石家庄振中物流中心仓库负责人××的身份为移库任务编制移库单”。这种情况下，移库作业已经完成从源库移出操作，而为目的库移入做准备，还未完成实际移入目的库操作。此时“制单人”“出库人”“请发数量”“实发数量”四个栏目依据实际情况填写，“收货人”“实收数量”还未操作，此时也不需要填写。

若制单要求说明为“以石家庄振中物流中心仓库负责人××的身份为移库任务填制移库单”。这种情况下，移库作业已经完成从源库移出和到目的库移入的操作，此时“制单人”“出库人”“请发数量”“实发数量”“收货人”“实收数量”六个栏目需要依据案例内容全部填写。

5. 易错栏目

按照“移库请求”要求，蓝月亮洗手液 500ml 移库数量即应“请发数量”为 12 箱。而在案例中描述为“5 月 7 日上午，李哲在出库过程中发现蓝月亮洗手液 500ml（编号为 XH98765—01）实际可用库存数量为 10 箱，经与石家庄仓库沟通，确认该货物以实际可用库存数量进行移库，其他货物均按请求数量移库”。即商品实际移出库数量（实发数量）和移入库数量（实收数量）为 10 箱。若不仔细查看案例易忽略此内容。

（五）步骤五：编制货物运输交接单

1. 制单环节

制单要求说明：以天津振中物流中心廊坊分公司李强的身份编制编号为 YS670001 的货物运输交接单并进行反馈。

说明在始发站廊坊编制货物运输交接单，在始发站做记录，目的站不填写，填写即为错。

2. 明细判分

单据表体部分运单号为 YD4610000007313 的这份运单下的每一种货物的明细必须全部正确。若一份运单下的一票商品描述的任意一个栏目，即运单号、客户名称、包装方式、货物名称、件数（件）、总体积（m^3）、总重量（kg）等栏目不符合，则该行全部判断为错误。

3. 发站记事、到站记事

这一票货物从始发站廊坊出发，必须由北京站记录发站记事，施封枚数和铅封号要依据信息全部填写，并且将随车设备进行描述，到达目的站时，检验施封是否有损坏。

四、任务评价

评价标准见表 6－38。

表 6－38　　评价标准

项目（100 分）	评价标准	成绩
进口货物报关单（20 分）	制单环节、填写依据、明细栏目	
入库单（20 分）	制单环节、明细判分、填写依据，以及“实际数量”“仓管员”“制单人”栏目	
储位分配单（20 分）	制单环节、明细判分、填写依据，以及“实放数量”“制单人”“仓管员”栏目	
移库单（20 分）	制单环节、明细判分、填写依据，以及“制单人”“出库人”“请发数量”“实发数量”“收货人”“实收数量”栏目	
货物运输交接单（20 分）	制单环节、明细判分、发站记事、到站记事	

五、拓展练习

2013 年 5 月 11 日 10 时，郑州路路通物流有限公司的客服代表刘伟接到来自郑州辉煌印务有限公司发来的运输请求。具体内容见表 6－39。

表 6－39　　托运单 YD20130000001

托运单号	YD20130000001	客户编号：S0003211
托运人	郑州辉煌印务有限公司 联系人：张宇；联系电话：0371－5637××××；地址：郑州市中原区大学北路 43 号	
包装方式	纸箱	
物品详情	物品名称：作业本；数量：50 箱；总重量：1 000kg；总体积：1.8m^3	
收货人	郑州辉煌印务有限公司徐州销售处 联系人：戴晨；联系电话：1375560××××；地址：徐州市中山南路 10 号	
托运要求	（1）要求上门取货和送货，送货地联系信息与收货人联系信息相同； （2）要求 2013 年 5 月 13 日 17 时之前送到徐州市中山南路 10 号； （3）凭客户签字的运单作为回执； （4）不投保	

郑州路路通物流有限公司场站人员郑帅安排货运员宋林已将货物取回，并把取回的货物卸车，然后逐一查验。场站人员郑帅编制编号为 YSJJD001 的货物运输交接单，待货物核查无误后将货物集中到场站特定货位，宋林等待交接后进行干线发运作业，使用车牌豫 A—931××、车型 6t、24m^3 的厢车进行运输作业。发车时间为 2013 年 5 月 12 日 10 时，预计到达时间为 2013 年 5 月 13 日 14 时。

制单要求：请你根据以上资料制作一张货物运输交接单。

六、知识链接

（一）定期航班进口业务程序（空运代理流程）

1. 代理预报

在国外发货之前，由国外代理公司将运单、航班、件数、重量、品名、实际收货人，以及收货人地址、联系电话等内容通过传真或 E-mail 的形式发给目的地代理公司。

收到预报后，代理应特别注意中转航班和分批货物。

2. 交接单、货

货物入境时，与货物同机到达的随机单据（运单、发票、装箱单等）一起存入航空公司或机场的监管仓库，进行进口货物舱单录入，将货物的相关信息通过终端发给海关留存，供报关用。

航空公司地面代理向货运代理公司交接的有以下几种：

（1）国际货物交接清单。

（2）总运单、随机文件。

（3）货物。

3. 理货、理单与仓储

代理公司从航空公司接货后，即短驳进自己的监管仓库仓储；对于国外代理提供的随机单证要及时与货物核对，如有异议应立即与货主联系催齐单证，使之符合报关条件。

（1）理货的主要内容：检查每票的件数和受损情况；按照大货、小货，重货、轻货，单票货、混载货，危险品、贵重，冷冻、冷藏品分别堆存、进仓。

（2）理单的主要内容：集中托运、总运单下拆单；分类理单、清号；编配各类单证。

4. 到货通知

货物到港后，货运代理应从航空运输的实效出发，为减少货主仓储费，避免缴纳海关滞报金，应尽快通知货主到货情况，提醒货主备齐有关单证，尽快报关。

5. 制单、报关

按照海关要求和货物的实际情况缮制报关单证以向海关申报进口。一般进口报关程序分为初审、审单、征税、验放四个步骤。

6. 报关期限与滞报金

按《海关法》规定，进口货物报关期限为自运输工具进境之日起 14 日内，超过这一期限报关的，由海关征收滞报金，标准为货物到岸价的万分之五，按天收取。

7. 收费、放货

办完报关、报检等进口手续后，货主须凭盖有海关放行章、动植物报检章、卫生检疫报验章的进口提货单到所属监管仓库付费提货；货运代理公司一般在放货前先将费用收妥，主要有到付运费、单证费、报关费、仓储费、装卸费、航空公司仓储费、代垫税金和佣金等。

8. 送货与转运

（1）送货上门业务。

（2）转运业务：主要指清关后将货物转运至内地。

（3）进口货物转关和监管运输。

（二）海运的进口流程

海运的进口操作流程如图 6－10 所示。

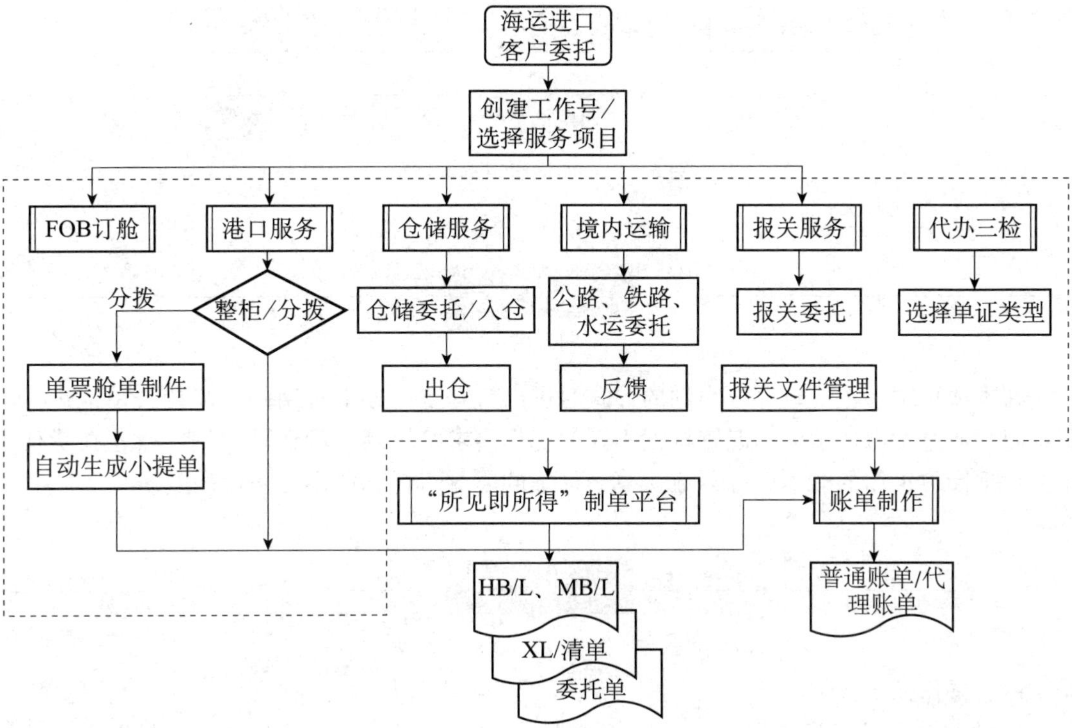

图 6-10　海运的进口操作流程

（三）海运的出口作业流程和基本环节

海运的出口流程如图 6-11 所示，海运出口的基本环节如图 6-12 所示。

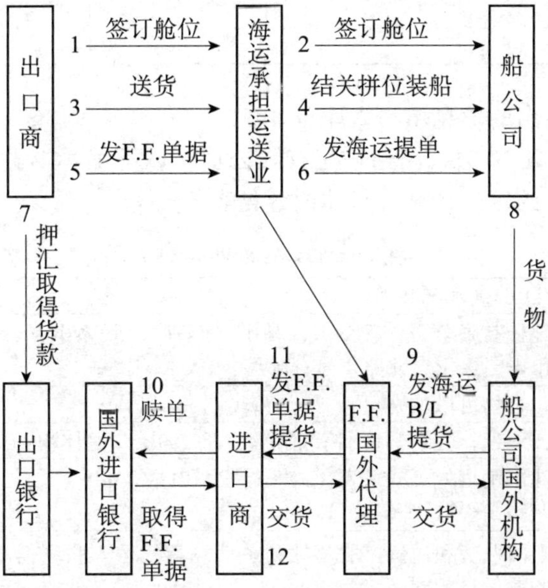

图 6-11　海运出口流程

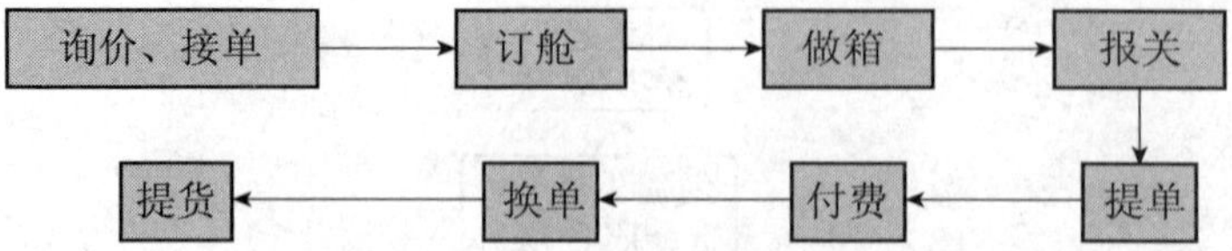

图 6-12　海运出口基本环节

项目小结

在本项目中，主要以综合实训的形式对进出口综合业务中常用的物流相关单证进行巩固练习。通过学习，学生应能够根据不同的工作需求，填制各种运输单据，具备在货代类企业单证岗位工作的能力，并养成认真、仔细的职业习惯和严谨的职业态度。

实训练习

一、操作题

1. 李华作为天天配送中心的一名仓管员，于 2017 年 6 月 5 日收到物美超市送来的一批入库货品，要求入库。送货车牌号为京 A98B××，司机为马云，货品明细见表 6-40。

表 6-40　　货品明细

入库货品名称	数量（箱）	规格（袋）
笔记本	100	20×100
铅笔盒	150	12×150
笔筒	120	15×120

制单要求：根据给出的信息填写入库单。

2. 2017 年 11 月 9 日 10 时，路通物流有限公司（以下简称"路通"）北京站客服刘华收到一份带有客户签章的发运计划，具体内容见表 6-41。

表 6-41　　托运单 YD4610000004955

托运单号	YD4610000004955	客户编号：PHKH5013
托运人	北京乐天地毯有限公司［联系人：马山（经理）；联系电话：010-6435××××；地址：北京市丰台区丰台北路 1 号；邮编：100000］	
包装方式：	纸箱包装，货物可以堆叠	
货物详情	货物名称：地毯；数量：40 件；总重量：2 100kg；总体积：$11m^3$	
收货人	乐天地毯沈阳销售处（联系人：钱海；联系电话：024-3231××××；地址：沈阳市和平区文艺路 23 号；邮编：110000）	
托运要求	（1）要求上门取货和送货，取货地联系信息与托运人联系信息相同，送货地联系信息与收货人联系信息相同； （2）要求 2017 年 11 月 14 日 17 时之前送到目的地； （3）凭客户签字的运单作为回执	